Gesetzgebungskompetenzen als Prüfungsmaßstab der Landesverfassungsgerichte im Volksgesetzgebungsverfahren

Europäische Hochschulschriften Recht

European University Studies in Law

Publications Universitaires Européennes de Droit

Band/Volume 6296

Fynn Dunka

Gesetzgebungskompetenzen als Prüfungsmaßstab der Landesverfassungsgerichte im Volksgesetzgebungsverfahren

Eine Untersuchung anhand der Volksinitiative sowie des Volksbegehrens

PETER LANG

Bibliografische Information der Deutschen Nationalbibliothek
Die Deutsche Nationalbibliothek verzeichnet diese Publikation in der Deutschen Nationalbibliografie; detaillierte bibliografische Daten sind im Internet über http://dnb.d-nb.de abrufbar.

Zugl.: Kiel, Univ., Diss., 2022.

D 8
ISSN 0531-7312
ISBN 978-3-631-87560-5 (Print)
E-ISBN 978-3-631-87815-6 (E-PDF)
E-ISBN 978-3-631-87816-3 (EPUB)
DOI 10.3726/b19680

Peter Lang – Berlin · Bern · Bruxelles · New York · Oxford · Warszawa · Wien

Diese Publikation wurde begutachtet.

www.peterlang.com

Meinen Eltern

Vorwort

Die vorliegende Arbeit wurde im Wintersemester 2021/2022 von der Rechtswissenschaftlichen Fakultät der Christian-Albrechts-Universität zu Kiel als Dissertation angenommen. Literatur und Rechtsprechung wurden bis Juni 2021 berücksichtigt.

Mein besonderer Dank gilt meinem Doktorvater, Herrn Prof. Dr. Christoph Brüning, für die stets angenehme und hilfreiche Betreuung sowie wertvolle Anregungen bei der Themenfindung.

Herrn Prof. Dr. Sebastian Graf von Kielmansegg möchte ich für die zügige Erstellung des Zweitgutachtens danken.

Dem Präsidium der Christian-Albrechts-Universität zu Kiel danke ich für die großzügige Förderung im Rahmen des Landesgraduiertenstipendiums.

Weiterhin möchte ich meinen Freunden danken. Sie haben nicht nur den Fortschritt der Arbeit mit wertvollen Diskussionen und Anregungen vorangebracht, sondern vor allem für die stets willkommene Ablenkung gesorgt, *um auch mal den Kopf freizubekommen.*

Mein größter Dank gilt aber meiner Familie, insbesondere meinen Eltern, ohne deren bedingungslose Unterstützung und stetigen Rückhalt das Studium und die Promotion nicht möglich gewesen wären. Ihnen ist diese Arbeit gewidmet.

Kiel, Deutschland
Fynn Dunka
Februar 2022

Inhalt

Inhaltsverzeichnis

Abkürzungsverzeichnis

a.A.	Andere Ansicht
a.a.O.	Am angeführten Ort
aF	Alte Fassung
AöR	Archiv des öffentlichen Rechts
Art.	Artikel
AS	Amtliche Sammlung von Entscheidungen er Oberverwaltungsgerichte Rheinland-Pfalz und Saarland mit Entscheidungen der Verfassungsgerichtshöfe beider Länder
Az.	Akzenteichen
BaWü	Baden-Württemberg
BayVBL	Bayrische Verwaltungsblätter
BayVerfGH	Bayerischer Verfassungsgerichtshof
BayVerfGHE	Entscheidungen des Bayerischen Verfassungsgerichtshofs
BerlVerfGH	Berliner Verfassungsgerichtshof
Bnd.	Band
BRD	Bundesrepublik Deutschland
BremStGH	Bremischer Staatsgerichtshof
BremStGHE	Entscheidungen des Bremischen Staatsgerichtshofes
BT	Bundestag
BVerfG	Bundesverfassungsgericht
BVerfGE	Amtliche Entscheidungssammlung des Bundesverfassungsgerichts
BVerfGG	Bundesverfassungsgerichtsgesetz
Dass.	Dasselbe
Ders.	Derselbe
DÖV	Die öffentliche Verwaltung
DVBl.	Deutsche Verwaltungsblätter
ff.	Folgende
Fn.	Fußnote
FS	Festschrift
GeschO	Geschäftsordnung
GG	Grundgesetz
GvoBl	Gesetz- und Verordnungsblatt
h.M.	Herrschende Meinung
HambVerF	Hamburger Landesverfassung

HessStGH	Hessischer Staatsgerichtshof
JA	Juristische Arbeitsblätter
JöR	Jahrbuch des öffentlichen Rechts
JuS	Juristische Schulung
JZ	Juristen Zeitung
Krit.	kritisch
KritV	Kritische Vierteljahrsschrift für Gesetzgebung und Rechtswissenschaft
LKV	Landes- und Kommunalverwaltung
LVerf	Landesverfassung
LVerfG	Landesverfassungsgericht
LVerfGE	Entscheidungen der Verfassungsgerichte der Länder
m.w.N.	mit weiteren Nachweisen
N.F.	Neue Fassung
NiedStGH	Niedersächsischer Staatsgerichtshof
NJW	Neue Juristische Wochenschrift
NordÖR	Zeitschrift für Öffentliches Recht in Norddeutschland
NRW	Nordrhein-Westfalen
NVwZ	Neue Zeitschrift für Verwaltungsrecht
NVwZ-RR	Neue Zeitschrift für Verwaltungsrecht Rechtsprechungs-Report
NWVBl.	Nordrhein-Westfälische Verwaltungsblätter
RGZ	Reichsgerichtshof für Zivilsachen
RLP	Rheinland-Pfalz
Rn.	Randnummer
RuP	Recht und Politik
SaarlVerfGH	Saarländischer Verfassungsgerichtshof
SächsVerfGH	Sächsischer Verfassungsgerichtshof
SH	Schleswig-Holstein
StaatsGH	Staatsgerichtshof
ThürVBl.	Thüringer Verwaltungsblätter
ThürVerfGH	Thüringer Verfassungsgerichtshof
Urt.	Urteil
VAbstG	Volksabstimmungsgesetz
VerfGH	Verfassungsgerichtshof
VG	Verwaltungsgericht
Vgl.	Vergleiche
VVDStRL	Veröffentlichung der Vereinigung der Deutschen Staatsrechtler
VwGO	Verwaltungsgerichtsordnung
ZAP	Zeitschrift für Anwaltspraxis

ZfIR	Zeitschrift für Immobilienrecht
ZG	Zeitschrift für Gesetzgebung
ZParl	Zeitschrift für Parlamentsfragen
ZRP	Zeitschrift für Rechtspolitik
NRWVerfGHE	Entscheidungen des Verfassungsgerichtshofs Nordrhein-Westfalens
MedR	Medizinrecht

Einleitung

„Bürgerinnen und Bürger haben das Recht, den Landtag im Rahmen seiner Entscheidungszuständigkeit mit bestimmten Gegenständen der politischen Willensbildung zu befassen.“ – Art. 48 Abs. 1 S. 1 LVerf SH

Die Landesverfassung Schleswig-Holsteins stellt mit diesem Artikel die Weichen für direkte Demokratie. Mit der Regelung zu der Volksinitiative öffnet die Landesverfassung das Eingangstor für das sogenannte Volksgesetzgebungsverfahren, welches durch einen aus dem Volk eingebrachten Gesetzentwurf initiiert wird und gegebenenfalls mit einer direkten Abstimmung des Volkes über den Gesetzentwurf endet – dem sogenannten Volksentscheid. Im Gegensatz zum vorherrschenden parlamentarischen Gesetzgebungsprozess ist das Volk hier maßgeblicher Initiator und Entscheider zugleich.

Die direkte Demokratie erfreut sich steigender Beliebtheit (einer vergangenen Studie aus dem Jahre 2010 von TNS-Emnid im Auftrag der Bertelsmann-Stiftung nach wünschen sich gar 84 Prozent der Befragten eine weitergehende Teilnahmemöglichkeit als Wahlen[1]) und Beteiligungszahlen und drängt weiter in das öffentliche Meinungsbild als Korrektur und Ergänzung möglicherweise bestehender Mängel in vorhandenen oder fehlenden gesetzlichen Regelungen. Von Seiten des Volkes wird dabei ein breit gefächertes Themenfeld angesteuert, wobei insbesondere Initiativen zu Mietsachen und Umweltfragen hervorzuheben sind.[2]

Doch obwohl sich die Volksgesetzgebung – in unterschiedlicher Ausgestaltung[3] – mittlerweile auf Landesebene etabliert hat, sind nicht alle Fragen rund um direktdemokratische Elemente in der Bundesrepublik abschließend geklärt und beschäftigen auch heute noch Literatur und die Gerichte. Die Diskussion um direkte Demokratie gliedert sich dabei in zwei Strömungen: Einerseits werden die generelle Zulässigkeit sowie der politische Nutzen und damit einhergehende Gefahren sowohl auf Landes- als auch auf Bundesebene hinterfragt;[4]

1 Dazu *Montag*, Konrad-Adenauer-Stiftung Ausgabe 96 September 2011, S. 3 weitere Nachweisen und Studiendetails.

2 Vgl. beispielhaft zum Fall Deutsche Wohnen *Hien*, ZfIR 2019, 226 ff.

3 Hier vor allem das Volksbegehren und der Volksentscheid, das dreistufige Volksgesetzgebungsverfahren mitsamt Volksinitiative existiert nicht in allen Bundesländern.

4 Beispielhaft *Seybold*, DÖV 2018, 293 ff.

diese Diskussion ist vor allem verfassungspolitisch geprägt, wartet aber auch mit komplexen juristischen Problemen auf. Andererseits beschäftigt auch die praktische Umsetzung dieser Verfahrensarten weiterhin die Rechtswissenschaft. Insbesondere der letzten Problematik soll sich diese Untersuchung widmen.

Die Volksinitiative stammt aus der Bevölkerung und kann je nach den Regelungen des einschlägigen Bundeslandes schon mit wenigen Hürden verfolgt werden. Dass es dabei zu Komplikationen mit der bestehenden Rechtslage kommt, ist unumgänglich. Abseits von Verstößen gegen einfachgesetzliche Normen oder mangelnder Zulässigkeitsvoraussetzungen ist vor allem das Spannungsfeld zwischen der Volksinitiative auf Landesebene und dem Grundgesetz sowohl von Interesse als auch Brisanz. Nicht selten kommt es vor, dass Volksinitiativen oder äquivalent funktionierende Volksbegehren[5] aufgrund entgegenstehender Bestimmungen des Grundgesetzes als unzulässig bewertet werden.[6] Dabei tritt vor allem eine Konstellation häufiger auf, die auch im Zentrum dieser Untersuchung steht: Die Inkompatibilität eines volksgesetzgebungsinitiierten Gesetzentwurfes mit den Gesetzgebungskompetenzen des Landes.

In dieser Konstellation ist nach wie vor nicht eindeutig geklärt, ob dem Landesverfassungsgericht – welches gegebenenfalls im Falle der festgestellten Unzulässigkeit der Initiative mit der Überprüfung ebendieser betraut ist – eine entsprechende Prüfungsbefugnis hinsichtlich der Unvereinbarkeit des Initiativgegenstandes mit den Gesetzgebungskompetenzen zusteht. Derartige Konstellationen haben die Rechtsprechung schon mehrfach beschäftigt,[7] wobei eine Überprüfung stets als zulässig betrachtet wurde.

---

5 So sei an dieser Stelle schon vermerkt, dass sich das Volksgesetzgebungsverfahren entweder in dreistufiger Form – die Volksinitiative als Eingangsverfahren – oder zweistufiger Form wiederfindet, wobei bei Letzterem das Volksbegehren als Eingangsverfahren fungiert.

6 So zuletzt mit Brisanz auch für die restlichen Bundesländer das Volksbegehren „Mietenstopp" in Bayern oder die Volksinitiative zum Fracking-Verbot in Schleswig-Holstein. Siehe zu ersterem BayVerfGH v. 16.7.2020 – Vf. 32-IX-20, NVwZ 2020, 1429 ff., zu letzterem LVerfG SH v. 6.12.2019 – 2/18, LVerfGE 30, 470.

7 Exemplarisch aus jüngerer Rechtsprechung LVerfG SH v. 6.12.2019 – 2/18, LVerfGE 30, 470; LVerfG Hamburg v. 7.5.2019 – 4/18, LVerfGE 30, 141; BremStGH v. 20.2.2020 – St 1/19 (juris); BerlVerfGH v. 13.5.2013 – 32/12, LVerfGE 24, 26; VerfGH BaWü v. 18.5.2020 – 1 GR 24/19 (juris); BayVerfGH v. 16. Juli 2019 – Vf. 41-IX-19, MedR 2020, 399 ff. Es sei anzumerken, dass es sich bei dem Großteil der Verfahren um Zulässigkeitsfragen hinsichtlich eines Volksbegehrens handelt. Diese bilden allerdings auch einen Konflikt zwischen Volksgesetzgebung und den Gesetzgebungskompetenzen ab und sind demnach mit aufgeführt.

Regelmäßig wird der Überprüfungskompetenz aber nicht die Aufmerksamkeit zugewandt, die sie aufgrund ihres dogmatisch komplexeren Hintergrundes verlangt. Dasselbe gilt für die Bearbeitung dieser Thematik in Kreisen der Literatur, in der das Thema zwar immer mal Erwähnung findet,[8] insgesamt aber nicht den Schwerpunkt der Bearbeitung darstellt oder der verstrichene Zeitraum seit der Bearbeitung[9] eine Neubetrachtung rechtfertigt. Diese Lücke soll mit der vorliegenden Bearbeitung geschlossen werden. Dabei spielt nicht nur die Bewertung der bestehenden Ansichten aus Rechtsprechung und Literatur eine Rolle. Zeitgleich dient sie auch als ein Versuch des Ausblicks in die Zukunft, da eine vermehrte Nutzung direktdemokratischer Elemente zu erwarten ist. Weitere Konflikte zwischen der Volksgesetzgebung und der Gesetzgebungskompetenz des Landes sind dabei absehbar.

8 So beispielweise bei *Blackstein*, Landesverfassungsgericht SH, S. 204 ff.; *Caspar*, LVerf SH Kommentar, Art. 41 Rn. 15 ff.; *Rozek*, Prüfungs- und Entscheidungsmaßstab, S. 240 ff.

9 So bei *Rozek*, Prüfungs- und Entscheidungsmaßstab, dessen detaillierte Bearbeitung aus dem Jahre 1993 stammt.

Gang der Untersuchung und Problemaufriss

Im Zentrum der Untersuchung steht die Überprüfung kompetenzwidriger volksgesetzgebungsinitiierter Gesetzentwürfe durch die Landesverfassungsgerichte. Ausgehend von der Beantragung einer Volksinitiative respektive eines Volksbegehrens, dessen Gegenstand ein solcher Gesetzentwurf darstellt, erfolgt eine erste Zulässigkeitsprüfung durch den Landtag oder Teile der Exekutive, welche ihrerseits durch die Landesverfassungsgerichte hinsichtlich ihrer Rechtmäßigkeit überprüft wird. Wird die Zulässigkeit mangels Vorliegens einer Gesetzgebungskompetenz versagt, ist das Landesverfassungsgericht somit zur Überprüfung der Gesetzgebungskompetenz aufgerufen.

Vielfach wird von den Landesverfassungen oder einfachem Landesrecht eine derartige Prüfung vorgeschrieben.[10] Nach überwiegender Meinung ist das Landesverfassungsgericht als Ausfluss der getrennten Verfassungsräume aber lediglich zur Überprüfung anhand der Landesverfassung befugt; die Prüfung anhand des Grundgesetzes obliegt dem Bundesverfassungsgericht.[11] Den Landesverfassungsgerichten wäre eine Überprüfung des Gegenstandes der Volksinitiative bzw. des Volksbegehrens, wie vorgeschrieben, hinsichtlich der Konformität mit den Gesetzgebungskompetenzen somit grundsätzlich untersagt.

Ausgehend von der Unzulässigkeit der prinzipiellen Grundgesetzanwendung ist dessen Aufrechterhaltung sowie Legitimität hinsichtlich zahlreicher Durchbrechungen näher zu betrachten. Dabei spielen insbesondere solche Vorschriften eine wichtige Rolle, die auf den Verfassungsbereich der Länder einwirken, indem sie entweder externe Anforderungen stellen[12] oder möglicherweise trotz ihrer Verankerung im Grundgesetz einen gleichzeitigen Bestandteil der

---

10 Beispielhaft Art. 48 Abs. 1 S. 1 LVerf SH; Art. 76 LVerf Brandenburg für das Verfahren der Volksinitiative, siehe dazu den Erster Abschnitt, D.

11 Beispielhaft BVerfG v. 7.5.1957 – 2 BvR 2/56, BVerfGE 6, 376 (382); *dass.* v. 18.7.2018 – 1 BvR 1675/16, 745/17, 836/17, 981/17, BVerfGE 149, 222 (282), im Überblick *Bethge*, Landesverfassungsgerichtsbarkeit Bnd. II, S. 17 (27 ff.); *Dederer*, Maunz/Dürig GG Bnd. VI, Art. 100 Rn. 62 zur Kompetenz der Landesverfassungsgerichte; ferner *Morgenthaler*, BeckOK GG, Art. 100 Rn. 15; *Detterbeck*, Sachs GG, Art. 100 Rn. 12 zum Überprüfungsmaßstab des Bundesverfassungsgerichts; *Müller-Terpitz*, Maunz/Schmidt-Bleibtreu/Klein/Bethge BVerfGG, § 80 Rn. 180 ff.

12 Sog. Durchgriffsnormen, siehe Zweiter Abschnitt, D.III.

Landesverfassung ausmachen[13]. Überleitend wird sodann auf die Besonderheiten der Überprüfung im Volksgesetzgebungsverfahren Bezug genommen.

Diese Untersuchung gliedert sich dabei in vier Abschnitte.

So gilt zunächst, das Volksgesetzgebungsverfahren sowie seine Unterteilung in einzelne Verfahrensstadien unter Abgrenzung verwandter direktdemokratischer Elemente zu konkretisieren und hinsichtlich seiner Zulässigkeit sowohl auf Landes- als auch Bundesebene zu hinterfragen. Anschließend erfolgt eine Darstellung des Verfahrensablaufs.

Überleitend zum zweiten Abschnitt steht das generelle Verhältnis der Verfassungsgerichtsbarkeiten im Fokus, welches aufgrund der Durchführung der Prüfung der Gesetzgebungskompetenzen durch die Landesverfassungsgerichte verletzt sein könnte.

Besonderheiten des Volksgesetzgebungsverfahrens sind sodann im dritten Abschnitt zu erörtern. Das im zweiten Abschnitt aufgefundene Ergebnis ist unter Betrachtung der besonderen Konzeption der landesverfassungsgerichtlichen Prüfung hinsichtlich seiner Fortführung unter Einbezug von Stimmen aus Literatur und der Rechtsprechung zu betrachten.

Eine Zusammenfassung der Ergebnisse beschließt die Arbeit.

13 Sog. Bestandteilsnormen, siehe Zweiter Abschnitt, D.II.

Erster Abschnitt - Die Volksinitiative

A. Die Volksinitiative

Die Volksinitiative hat zwar vermehrten Einzug in den Alltag der Bevölkerung erhalten, dennoch sind noch nicht alle Einzelheiten geklärt. Dabei bereitet insbesondere ihre Einordnung in den Prozess der Volksgesetzgebung sowie die Abgrenzung der Volksinitiative zu verwandten Elementen Schwierigkeiten, welche im Folgenden näher zu betrachten sind.

I. Der demokratische Ursprung der Volksinitiative

Die Volksinitiative als Bestandteil der Volksgesetzgebung findet ihren Ursprung in der Demokratie, welche nicht nur das Wesen der Volksgesetzgebung prägt, sondern auch maßgeblich für die Frage der Zulässigkeit der Volksgesetzgebung in der derzeitigen Verfassungslage ist.

1. Das Art. 20 Abs. 1 S. 1 GG zugrundeliegende Demokratieprinzip

Eine allgemeingültige Definition der Demokratie ist nicht aufzufinden.[14] Sprachwissenschaftlich setzt sich das aus dem altgriechischen stammende Wort Demokratie aus „demos" (das Volk) und „kratein" (herrschen) zusammen[15] und kommt somit in seiner Übersetzung am ehesten der Herrschaft des Volkes gleich.[16] Von einer Herrschaft des Volkes kann indes nur dann auszugehen sein, wenn das Volk auch Inhaber der Staatsgewalt ist.[17] Dafür muss das Volk

---

14 Die Demokratie wird teilweise als Typus begriffen und ist damit nach gängiger Definition der Beschreibung durch allgemeine Logik nicht zugänglich (zumindest einstimmige Meinung, dass sich eine generelle Demokratiedefinition nicht finden lässt), sondern lässt sich nur durch konstitutive Merkmale beschreiben, dazu bspw. *Dreier*, Dreier GG Bnd. II, Art. 20 Rn. 60; *Huster/Rux*, BeckOK GG, Art. 20 Rn. 61; *Kotzur*, v. Münch/Kunig GG Bnd. I, Art. 20 Rn. 1 ff.; ferner auch *Horn*, Verfassungstheorie, S. 743 (745 Rn. 5).

15 *Meier*, Entstehung des Begriffs Demokratie, S. 8 ff.

16 *Möller*, Volksgesetzgebung, S. 156.

17 Dies ergibt sich aus dem Wortlaut des Art. 20 Abs. 2 S. 1 GG, ferner *Möller*, Volksgesetzgebung, S. 7.

selbstbestimmt[18] in seiner Entscheidungsfindung sein – und grade nicht fremdbestimmt, wie es beispielsweise im Rahmen der Monarchie oder Diktatur der Fall wäre.

Daraus folgt der mittlerweile allgemein anerkannte änderungsfeste Kern[19] des Demokratieprinzips, welcher besagt, dass unter Zugrundelegung des Leitbilds der politisch selbstbestimmten und gleichberechtigten Bürger eine Legitimation durch das Volk im Wege von regelmäßigen und freien Wahlen (freilich handelt es sich dabei dann schon um eine Konkretisierung, die jedoch an die häufiger anzutreffende parlamentarische Demokratie angelehnt ist) einzuholen ist.[20] Jedwede Ausübung von Staatsgewalt bedarf einer demokratischen Legitimation, welche sich auf das Volk zurückführen lässt.[21] Dies führt zu einer Identität der Regierenden und der Regierten.[22] Zur Funktionsfähigkeit der demokratischen Willensbildung ist zudem eine gewisse Bündelung der politischen Kräfte[23] vorausgesetzt, welche vor allem durch das bestehende Parteiensystem gewährleistet wird. Von zentraler Wichtigkeit ist zuletzt das Mehrheitsprinzip, unter dessen Anwendung die Entscheidungen des Volkes getroffen werden.[24]

Schon dabei belasten allerdings reale Ausformungen des Demokratieprinzips den Versuch, der allgemeinen Begriffsbestimmung habhaft zu werden. Im Grundsatz gilt, die Differenzierung zwischen Prinzip und Realisierung des Prinzips möglichst einzuhalten.[25] Gleichwohl lässt sich durch die Beschreibung des

---

18 BVerfG v. 17.1.2017 – 2 BvB 1/13, BVerfGE 144, 20, (208); *Kelsen*, Wesen, S. 19; auch *Müller-Franken*, DÖV 2005, 489 (492 ff.).

19 *Sommermann*, Mangoldt/Klein/Starck GG Bnd. II, Art. 20 Rn. 81.

20 Dazu *Jarass*, Jarass/Pieroth GG, Art. 20 Rn. 5 ff.; *Kotzur*, v. Münch/Kunig GG Bnd. 1, Art. 20 Rn. 43 ff.; *Sachs*, Sachs GG, Art. 20 Rn. 12; *Sommermann*, Mangoldt/Klein/Starck GG Bnd. II, Art. 20 Rn. 82 ff.; siehe auch *Fabio*, Staatslexikon Bnd. 1, D Demokratie I 2, zum Wesen auch *Thoma*, Grundprobleme der Demokratie, S. 66; ähnlich *Emde*, Legitimation, S. 384; *Grzeszick*, Maunz/Dürig GG Bnd. III, Art. 20 Rn. 17.

21 Auch als „*ununterbrochene Legitimationskette*" bezeichnet, BVerfG v. 15.2.1978 – 2 BvR 268/76, BVerfGE 47, 253 (275); *dass.* v. 30.7.2019 – 2 BvR 1685/14, 2631/14, BVerfGE 151, 202 (274 ff.), vgl. dazu auch *D'Atena*, JöR N.F. Bnd. 47, 1999, 1 (3); *Hofmann*, Schmidt-Bleibtreu GG, Art. 20 Rn. 40.

22 Formulierung nach *Schmitt*, Verfassungslehre, S. 234; vgl. ferner auch *Böckenförde*, FS Kurt Eichenberger zum 60. Geburtstag 1982, S. 301 (303).

23 *Sommermann*, Mangoldt/Klein/Starck GG Bnd. II, Art. 20 Rn. 85.

24 Dazu *Gusy*, AöR 106 (1981), 329 ff.; *Sommermann*, Mangoldt/Klein/Starck GG Bnd. II, Art. 20 Rn. 86.

25 Siehe zum Prinzip und seiner Konstruktion *Kotzur*, v. Münch/Kunig GG Bnd. I, Art. 20 Rn. 16 ff.

änderungsfesten Kerns erkennen, dass eine Trennung nicht immer trennscharf zu vollziehen ist.

Im Grundgesetz wird das Demokratieprinzip in Art. 20 Abs. 1 GG zugrunde gelegt und durch Art. 79 Abs. 3 GG besonders geschützt. Unter Hinzunahme des Art. 20 Abs. 2 GG folgt, dass alle Macht vom Volke ausgeht, welches diese nach Maßgabe des Art. 20 Abs. 2 S. 2 GG durch Wahlen und Abstimmungen ausübt. Die Realisierung des Demokratieprinzips des Grundgesetzes erkennt somit zwei Möglichkeiten des demokratischen Handelns des Volkes an. Wahlen stellen dabei die in der Bevölkerung selbst sowie rechtlich gesehen häufigere Form der Ausübung von Staatsgewalt dar. Eine Wahl im Sinne des Grundgesetzes wird dabei schlicht als Personalentscheidung definiert,[26] Abstimmungen hingegen als Sachentscheidungen.[27] Die Inhaberschaft der Staatsgewalt beim Volk führt indes nicht gleichzeitig zur Ausübungsbefugnis von Staatsgewalt[28] (im Sinne einer sachlichen Letztentscheidungsbefugnis). In heutigen Demokratiesystemen entscheidet das Volk regelmäßig nicht mehr selbst, indem es fundierte Entscheidungen trifft; viel eher wird die Entscheidungsfindung auf anderweitige Organe verlagert, welche sodann Staatsgewalt ausüben. Staatsgewalt in diesem Sinne wird als sämtliches amtliches Handeln mit Entscheidungscharakter definiert.[29]

Die Variabilität des Ziels der Stimmabgabe und die dem Volk gegebenenfalls zustehende Letztentscheidungsbefugnis resultieren in einer Anzahl von verschiedenen demokratischen Systemen, innerhalb derer teilweise die Personal-, teilweise die Sachentscheidung dominanter und häufiger auftritt.[30] Von Relevanz sind dabei die beiden Formen, die sich maßgeblich durch den Bezugspunkt

---

26 *Möller*, Volksgesetzgebung, S. 9; *Schmidt-Assmann*, AöR 116 (1991), 329 (352); *Sommermann*, Mangoldt/Klein/Starck GG Bnd. II, Art. 20 Rn. 158.

27 *Hufschlag*, Plebiszitäre Komponenten, S. 40; *Möller*, Volksgesetzgebung, S. 9; *Schmidt-Assmann*, AöR 116 (1991), 329 (354); *Sommermann*, Mangoldt/Klein/Starck GG Bnd. II, Art. 20 Rn. 161; siehe auch *Badura*, Staatsrecht, D 12, S. 38, wonach Abstimmungen schon qua Definitionen plebiszitäre Entscheidungen sind.

28 Dabei ist zu beachten, dass Ausübung und Inhaberschaft grundsätzlich nicht immer gleichzustellen sind, vgl. dazu *Peine*, Der Staat 1979, 375 (384).

29 BVerfG v. 31.10.1990 – 2 BvF 3/89, BVerfGE 83, 60 (73); *dass.* v. 24.5.1995 – 2 BvF 1/92, BVerfGE 93, 37 (68); *dass.* v. 5.12.2002 – 2 BvL 5/98, BVerfGE 107, 59 (87); *Schröder*, JA 2017, 809 (812); *Sodan/Ziekow*, Grundkurs ÖffR, § 6 Rn. 4.

30 So bspw. die gleich näher zu behandelnde Form der direkten und repräsentativen Demokratie, aber auch die Demokratie im parlamentarischen und präsidialen System, die Konkordanz- und Konkurrenzdemokratie, zur Darstellung siehe *Frevel/Voelzke*, Demokratie, S. 111 3.2.5 ff.

der Ausübung von Staatsgewalt unterscheiden und die Volksinitiative wesentlich prägen: die repräsentative und die direkte Demokratie.

2. Die repräsentative Demokratie

Die repräsentative Demokratie wird uneinheitlich bezeichnet und häufig mit der mittelbaren[31] oder parlamentarischen[32] Demokratie gleichgesetzt. Ihrem Wesen nach zeichnen sich diese durchaus verschiedenen Demokratieformen[33] jedoch immer durch eine Gemeinsamkeit aus: Die Staatsgewalt geht durch Wahlen vom Volk aus, Bezugsobjekt der Wahl durch das Volk ist jedoch keine unmittelbare Sachentscheidung, sondern ein jeweiliger Vertreter oder Repräsentant.[34]

Daraus folgt eine differenzierte Intensitätszuordnung zwischen Inhaberschaft und letztendlicher Ausübung der Staatsgewalt. Durch den entscheidenden Zwischenakt des parlamentarischen Gesetzgebungsverfahrens wird die tatsächliche Letztausübung von Staatsgewalt auf das Repräsentationsorgan verlagert und fußt selbst nicht mehr unmittelbar auf einer Entscheidung des Volkes, sondern lediglich mittelbar. Die notwendige demokratische Legitimation ergibt sich also aus der direkten Wahl der Abgeordneten durch das Volk,[35] die sodann stellvertretend für das Volk in der Sache entscheiden. Dabei ist einerseits eine Direktwahl des Repräsentanten möglich.[36] Andererseits können auch Mittelsmänner

---

31 Vgl. *Grzeszick*, Maunz/Dürig GG Bnd. III, Art. 20 Rn. 66; *Haverkate*, Verfassungslehre, S. 354; *Kelsen*, Wesen, S. 25; *Peine*, Der Staat 1979, 375 (384).

32 Der maßgebliche Einfluss im Gesetzgebungsprozess wird durch die Parlamente gewährleistet, in welchen sich die Volksvertreter bzw. Abgeordneten zusammenfinden, vgl. *Badura*, StaatsR, D 1. S. 378 Rn. 11.

33 Dazu *Grzeszick*, Maunz/Dürig GG Bnd. III, Art. 20 Rn. 66, der weiterhin auf das durch die Terminologien unterschiedlich ausgedrückte Verhältnis von Staatsvolk und Staatsorganen eingeht.

34 Dies ergibt sich bereits aus vorstehend genannter Unterscheidung zwischen Wahl und Abstimmung. Dazu sei ausgeführt, dass es zumindest auf der Ebene des Grundgesetzes grundsätzlich gesehen keine Abstimmungen des Volkes – also direkte Sachentscheidungen – gibt.

35 Siehe dazu Fn. 21.

36 So ganz grundsätzlich im bestehenden Demokratiesystem der Bundesrepublik Deutschlands, auf nähere Einzelheiten hinsichtlich der unterschiedlichen Handhabung bei Direkt- und Listenmandaten soll in diesem Kontext nicht weiter eingegangen werden.

gewählt werden, die dann wiederum die Repräsentanten wählen[37]; ein solches System besteht beispielweise in den Vereinigten Staaten von Amerika[38].

Abstimmungen sind in einem rein repräsentativ ausgestalteten System systemfremd. Werden die Abgeordneten, die die Sachentscheidung treffen, vom Volk legitimiert, handelt es sich qua Definition um eine Wahl und keine Abstimmung. Eine Abstimmung erfordert damit immer eine direkte Beteiligung des Volkes an Sachfragen, die unmittelbar zu einer Entscheidung führt.[39]

Das repräsentative Demokratiesystem gibt dem Bürger mithin die Möglichkeit, anhand von freien, gleichen, unabhängigen und geheimen Wahlen gewisse Volksvertreter zu wählen, es zieht sich danach aber gänzlich aus dem Prozess der Entstehung eines Gesetzes – von der Einbeziehung, Beratung und schlussendlichen Verkündung – zurück.[40]

3. *Die direkte Demokratie*

Auch die direkte Demokratie wird terminologisch uneinheitlich bezeichnet, von plebiszitärer[41], unmittelbarer[42] bis sachunmittelbarer[43] Demokratie. Diese Termini werden in der vorliegenden Untersuchung als Synonym gebraucht.

Die direkte Demokratie zeichnet sich dadurch aus, dass die Staatsgewalt nicht nur vom Volke ausgeht, sondern auch von diesem direkt in der Sache

---

37 Bspw. in den USA *„electoral collage"* genannt, siehe *Furtak*, Demokratische Regierungssysteme, S. 106.

38 Vgl. dazu *Furtak*, Demokratische Regierungssysteme, S. 96 ff., siehe auch *Gebhart*, Direkte Demokratie Speyer, S. 13 (22 ff.).

39 Im Ergebnis auch *Badura*, Staatsrecht, D 12, S. 381, wonach Abstimmungen plebiszitäre Entscheidungen darstellen.

40 Dabei darf hingegen nicht unbeachtet bleiben, dass das Volk bzw. letztlich der Einzelne natürlich über die ihm zustehenden Grundrechte Einfluss auf den Gesetzgebungsprozess nehmen kann, sei es insbesondere durch Demonstrationen, dabei vor allem die konstitutiven Art. 8 GG und Art. 5 Abs. 1 GG.

41 *Fell*, Plebiszitäre Einrichtungen, S. 3; *Peine*, Der Staat 1979, 375 (384); *Rittger*, Demokratie, S. 9; *Badura*, StaatsR, D 10, S. 378, der hingegen nur von plebiszitären Elementen spricht.

42 *Schmitt*, Volksentscheid und Volksbegehren, S. 9; ähnlich *Haverkate*, Verfassungslehre, S. 354.

43 *Neumann*, Sachunmittelbare Demokratie, S. 147; als unmittelbar *Maurer*, StaatsR., § 7 Rn. 34.

unmittelbar ausgeübt wird.[44] Es fehlt der maßgebliche Zwischenakt zwischen Stimmenabgabe und Sachentscheidung. Die Letztentscheidungskompetenz liegt somit beim Volk, der Entscheidung des Volkes wohnt damit eine Abschlussfunktion des Entscheidungsprozesses inne. Ein solches Demokratiesystem lässt sich beispielweise in der Schweiz vorfinden.[45]

II. Die Verfassungslage in der Bundesrepublik Deutschland

Das demokratische Prinzip ist nach derzeitiger Verfassungslage in Form der parlamentarischen Demokratie realisiert worden. Dies ergibt sich schon aus Art. 20 Abs. 2 S. 2 GG, wonach die Staatsgewalt „durch besondere Organe" ausgeübt wird.[46] Aus der systematischen Betrachtung des Grundgesetzes lässt sich weiterhin entnehmen, dass Art. 38 Abs. 1 S. 2 GG das freie Mandat des Abgeordneten statuiert und somit von dessen Repräsentationsfunktion und eigener Entscheidungsmöglichkeit ausgeht. Zuletzt streitet dafür auch das Gesetzgebungsverfahren. Das Volk ist weder über Art. 76 Abs. 1 GG initiativberechtigt hinsichtlich des Einbringens von Gesetzesentwürfen, noch besitzt es besondere Rechte während des gesetzgeberischen Hauptverfahrens oder verkündet das Gesetz.[47] Der Beschluss des Gesetzes obliegt nach Maßgabe des Art. 77 Abs. 1 GG weiterhin dem Bundestag. Sämtliche Letztentscheidungen werden somit durch das Parlament getätigt. Dem Volk steht somit zunächst lediglich die Möglichkeit zu, über Wahlen das Staatshandeln zu determinieren.

Obwohl die repräsentative Demokratie prinzipiell einen Ausschluss der Bevölkerung aus dem Prozess der staatlichen Entscheidungsfindung vorsieht, wird dieses Prinzip in gewissen Punkten aufgeweicht. Ein repräsentatives Demokratiesystem kann durch Elemente der direkten Demokratie angereichert und somit vermischt werden. Auch wenn im parlamentarischen Demokratiesystem die Wahl im Vordergrund steht, lässt das Grundgesetz in Art. 20 Abs. 2 S. 2 GG

---

44 Damit ergibt sich eine Identität von Regierenden und Regierten, das Volk wird also durch das Volk regiert, vgl. dazu *Badura*, Staatsrecht, D 10, S. 377; *Möller*, Volksgesetzgebung, S. 8; *Schmitt*, Verfassungslehre, S. 234.

45 *Böhm*, DÖV 2013, 1 ff.; *Bütler*, Direkte Demokratie Speyer, S. 175 ff.; *Paus/Schmidt*, JA 2012, 48 ff.

46 Vgl. *Möller*, Volksgesetzgebung, S. 7; ferner *Maurer*, StaatsR., § 7 Rn. 39 zu der Rechtslage im Bundesgebiet.

47 Siehe dazu die maßgeblichen Artikel des Grundgesetzes zum Gesetzgebungsverfahren, insbesondere Art. 76, 77, 78 ff. GG, welche ihrerseits keine Mitwirkung der Bevölkerung im Gesetzgebungsverfahrens vorsehen.

selbst unter Nennung der Abstimmungen, welche unmittelbaren Entscheidungscharakter des Volkes begründen, direktdemokratische Elemente dem Grunde nach zu. Inwiefern sich diese auch praktisch auf Bundesebene wiederfinden und inwiefern weitere Elemente in zulässiger Weise hinzuzufügen wären, wird noch zu zeigen sein. In dieser Diskussion offenbart sich aber schon der Zwiespalt der Verfassungslage im Bundesstaat. Einerseits ergibt sich auf Bundesebene eine Zuwendung zur parlamentarischen Demokratie, andererseits sehen die jeweiligen Landesverfassungen direktdemokratische Elemente vermehrt vor. Aus ebenjener Trennung entwickelt sich auch die maßgebliche Diskussion um die generelle Zulässigkeit auf Landesebene. Verfassungspolitische Gesichtspunkte[48] treiben die Diskussion um eine Erweiterung auf Bundesebene weiter voran.

III. Die Volksgesetzgebung

Die Volksgesetzgebung sieht ein mehrstufiges Verfahren vor, das mit dem Ziel der Schaffung, Aufhebung oder Änderung von Gesetzen verfolgt wird.[49] Es werden sämtliche Aspekte des Gesetzgebungsverfahrens in die Hände des Volkes gelegt, womit die Volksgesetzgebung als das direktdemokratischste Element im Rahmen einer repräsentativen Demokratie anzusehen ist.[50] Die Volksgesetzgebung stellt mithin einen Unterfall der oben definierten Abstimmungen im Sinne des Art. 20 Abs. 2 S. 2 GG dar.[51]

Das Verfahren der Volksgesetzgebung gliedert sich dabei in der Regel in zwei aufeinander aufbauende direktdemokratische Elemente: das Volksbegehren und anschließend der Volksentscheid[52] (im Folgenden als zweistufiges Volksgesetzgebungsverfahren bezeichnet). Mitunter wird diesen beiden Verfahrensarten die Volksinitiative als Initiativverfahren vorangestellt, so dass sich in diesem Fall ein dreistufiges Volksgesetzgebungsverfahren ergibt. Im Fall einer fehlenden Initiative fungiert im zweistufigen Verfahren das Volksbegehren als dessen Äquivalent. Die Volksgesetzgebung existiert nur auf Landesebene, auf Bundesebene ist sie nicht zugänglich.

---

48 Siehe dazu beispielsweise *Danwitz*, DÖV 1992, 601 ff.

49 *Berlit*, KritV 1993, 318 (330); *Neumann*, Sachunmittelbare Demokratie, S. 182.

50 *Meerkamp*, Quorenfrage, S. 60; weiterhin mit ähnlicher Formulierung und im Kern identischen Inhalt *Berlit*, KritV 1993, 318 (330); *Rux*, Direkte Demokratie in Deutschland, S. 40, der die Volksgesetzgebung als klassische Form der direkten Demokratie beschreibt.

51 *Möller*, Volksgesetzgebung, S. 11.

52 Dazu Erster Abschnitt, D.III.

1. Die Volksinitiative

Die Volksinitiative bezeichnet ein Recht der Bevölkerung, bestimmte Themen der politischen Willensbildung dem Parlament vorzulegen, welches sich sodann mit der Initiative zu beschäftigen hat; dabei verfolgt die Initiative grundsätzlich das Ziel, eine Änderung oder Aufhebung bestehender Gesetze oder den Erlass neuer Gesetze zu bewirken.[53] Es handelt sich aus der dogmatischen Betrachtung um ein Initiativrecht des Volkes.[54] Die Bevölkerung wird somit direkt in den politischen Entscheidungsfindungsprozess einbezogen. Umgangssprachlich ausgedrückt handelt es sich damit um eine Initiative „von unten" und nicht „von oben",[55] wie es bei der Einleitung des Gesetzgebungsprozesses in der repräsentativen Demokratie der Fall wäre.

Mit der Volksinitiative korrespondiert indes keine rechtliche Entscheidungspflicht, das Parlament muss nicht im Sinne der Initiative entscheiden.[56] Es ergibt sich nur eine inhaltliche Befassungspflicht mit dem eingebrachten Initiativthema.[57] Sollte das Parlament dem Anliegen der Initiative dennoch nachkommen, setzt im Folgenden das herkömmliche Gesetzgebungsverfahren ein. Bei einer negativen Entscheidung zulasten der Initiative kann sich gegebenenfalls ein weiteres Verfahren anschließen, alternativ ist auch die Möglichkeit gegeben, Rechtsmittel einzulegen. Aufgrund der in den einzelnen Bundesländern divergierenden Regelungen sind allerdings zwei Arten von Volksinitiativen vorzufinden: diejenige als Teil der Volksgesetzgebung und die isolierte Initiative.

Die volksgesetzgebungsintegrierte Initiative charakterisiert sich dadurch, dass sie als Zulässigkeitsvoraussetzung für ein sich anschließendes Volksbegehren und dann gegebenenfalls einen Volksentscheid normiert ist. Dies folgt aus einer systematischen Betrachtung der jeweiligen Artikel in der Landesverfassung,

---

53 *Estel*, Direkte Demokratie, S. 78.

54 *Estel*, Direkte Demokratie, S. 79; *Maurer*, Plebiszitäre Elemente, S. 4.

55 Der Ausdruck folgt der Annahme, dass dem Volk grundsätzlich keine Initiativrechte zustehen, diese also stets von den Repräsentativorganen ausgehen; ferner wird bspw. das Referendum durch die Initiierung des Parlaments oder der Regierung als „Initiative von Oben" bezeichnet, vgl. *Berlit*, KritV 1993, 318 (331); *Montag*, Konrad-Adenauer Stiftung, Ausgabe 96 September 2011, 4; *Möller*, Volksgesetzgebung, S. 22; *Wolff*, Unmittelbare Gesetzgebung, S. 11; *Rux*, Direkte Demokratie in Deutschland, S. 41, der auf die unterschiedliche Terminologie je nach Initiator eingeht.

56 *Estel*, Direkte Demokratie, S. 79; *Maurer*, Plebiszitäre Elemente, S. 4.

57 Explizit *Schulz*, LVerf SH Handkommentar, Art. 48 Rn. 40; *Maurer*, Plebiszitäre Elemente, S. 3 f.

wonach die Erfolglosigkeit der Volksinitiative konditional mit der Zulässigkeit des sich anschließenden Volksbegehrens verknüpft ist, sich also eine „Wenn, dann“ Beziehung ergibt. So verhält es sich, um es hier schon als Beispiel zur Verdeutlichung zu nennen, in Schleswig-Holstein, Art. 48, 49 LVerf SH. Erst wenn die Volksinitiative negativ beschieden wird, schließt sich das weitergehende Verfahren an, der negative Bescheid stellt also ein notwendiges Zwischenstadium dar.[58]

Dieses dreistufige Verfahren ist nur in den Bundesländern Brandenburg[59], Hamburg[60], Sachsen[61] und auch Schleswig-Holstein[62] vorzufinden. In den übrigen Bundesländern ergeben sich im zweistufigen Verfahren aber Parallelen beim Volksbegehren und dem Volksentscheid.[63] Dabei ist erkennbar, dass sich der Verfahrensaufbau dem Grunde nach ähnelt, jedoch auf die Volksinitiative als Vorstadium des Volksbegehrens verzichtet wird. Der Konflikt zwischen eingebrachtem Gegenstand und dessen Vereinbarkeit mit den Gesetzgebungskompetenzen tritt hier, vergleichbar mit der Problematik um die Volksinitiative, beim Volksbegehren auf.[64] Die isolierte Volksinitiative als Gegensatz dazu ist nicht in jedem Bundesland ein Instrument, welches dem Volk die Möglichkeit zur Einbringung von Gesetzentwürfen gewährt, mitunter fehlt ein vergleichbares

58 Vergleiche den Wortlaut von Art. 48, 49 LVerf SH; ferner *Möller*, Volksgesetzgebung, S. 16.

59 Siehe Art. 76 LVerf Brandenburg, dessen Nichtzustimmung zur Voraussetzung des Volksbegehrend nach Art. 77 Abs. 1 LVerf Brandenburg gemacht wird.

60 Siehe Art. 50 Abs. 1 LVerf Hamburg, nach Art. 50 Abs. 2 S. 4 LVerf Hamburg wird die gescheiterte Initiative zur Zulässigkeitsvoraussetzung des Volksbegehrens gemacht

61 Siehe Art. 71 Abs. 1 LVerf Sachsen, wobei hier die Bezeichnung Volksantrag gewählt wird; dies ändert nichts an der Sache, dass der Volksantrag gemäß Art. 72 Abs. 1 LVerf Sachsen Voraussetzung des sich anschließenden Volksbegehrens- und Entscheids ist.

62 Siehe Art. 48, 49 LVerf SH.

63 Volksbegehren und Volksentscheid finden sich in jeder Landesverfassung wieder, dabei ersetzt das Volksbegehren die Volksinitiative hinsichtlich ihres Zwecks als Initiativrecht, siehe im Einzelnen Art. 48, 49 LVerf Niedersachsen; Art. 60 LVerf Meckenburg-Vorpommern; Art. 70 LVerf Bremen; Art. 62 ff. LVerf Berlin; Art. 81 LVerf Sachsen-Anhalt; Art. 82 LVerf Thüringen; Art. 68 LVerf NRW; Art. 109 LVerf Rheinland-Pfalz; Art. 99, 100 LVerf Saarland; Art. 59 ff. LVerf BaWü; Art. 71 ff. LVerf Bayern; Art. 117 ff. LVerf Hessen; siehe zu den einzelnen Bestimmungen im Näheren *Rux*, Direkte Demokratie in Deutschland, S. 404 ff.

64 Siehe dazu das Volksbegehren „Mietenstopp“, BayVerfGH v. 16.7.2020 – Vf. 32-IX-20, NVwZ 2020, 1429 ff, dessen Zulässigkeit auch maßgeblich an der fehlenden Gesetzgebungskompetenz des Landes scheiterte.

Verfahren sogar.[65] Allerdings vermag sie die Abgrenzung der Initiative zum Petitionsrecht zu erschweren.

Die Volksinitiative ist nämlich nur dann als Teil des dreistufigen Volksgesetzgebungsverfahrens anzusehen, wenn in ihr auch die Ausübung von Staatsgewalt zu sehen ist.[66] Das Petitionsrecht stellt kein eigenes plebiszitäres Element dar, dennoch gestaltet sich die Einordnung in den Kontext der Volksinitiative als schwierig. Dabei werden die Begrifflichkeiten teilweise miteinander vermengt, wenn die Volksinitiative als „qualifizierte Massenpetition"[67] bezeichnet wird.

Das Petitionsrecht ist in Deutschland auf verfassungsrechtlicher Ebene durch Art. 17 GG garantiert und stellt gemäß seinem Wortlaut das Recht dar, „sich einzeln oder in Gemeinschaft mit anderen schriftlich mit Bitten oder Beschwerden an die zuständigen Stellen und an die Volksvertretung zu wenden (Art. 17 Abs. 1 GG)", also die mit einem materiellen Bescheidungsanspruch versehene Garantie des freien Zugangs des Einzelnen zu grundsätzlich allen staatlichen Institutionen mit dem Ziel, durch schriftliche Anträge staatliches Handeln zu veranlassen oder zu lenken.[68]

Teilweise wird eine Untergliederung zwischen Petition und der Volksinitiative gar nicht weiter vorgenommen.[69] Daraus folgt, dass der Durchführung einer Volksinitiative keine eigene Anwendung von Staatsgewalt zugemessen wird,[70]

---

65 Kein derartiges Verfahren ist in den Bundesländern Bremen, Thüringen, Saarland, Bayern und Hessen vorzufinden.

66 *Neumann*, Sachunmittelbare Demokratie, S. 193, der die Volksinitiative als Teil des Volksabstimmungsverfahrens nur dann den Abstimmungen zuordnet, wenn sie auch der staatlichen Willensbildung dient. Maßgeblich dafür ist die Abgrenzung zwischen Petition und Initiative.

67 *Berlit*, KritV 1993, 318 (329); *Jung*, BayVBL 1996, 618 ff.

68 Vgl. *Seidel*, Petitionsrecht, S. 18 f.; *Jarass*, Jarass/Pieroth GG, Art. 17 Rn. 1 ff.; umfassend zum Petitionsrecht *Krings*, JuS 2004, 474 ff.

69 So wird teilweise angenommen, dass das Petitionsrecht zu einem Element der bürgerlichen Beteiligung an der staatlichen Willensbildung und somit Teil des sog. Status activus sei, was im Ergebnis die Grenzen zu plebiszitären Elementen erheblich auflöst bzw. diese vom Resultat gesehen gleichstellt; vgl. *Korinek*, Recht und Staat, Nr. 474/475, 1 (37 ff.); ferner *Mehde*, ZG 2001, 145 (156 ff.).

70 *Meerkamp*, Quorenfrage, S. 64, 438, wonach auch die Initiative im Rahmen der Volksgesetzgebung die Funktion einer Petition einnehmen würde bzw. die Petition den hoheitlichen Teil der Initiative überwiegt; *Jung*, BayVBL 1995, 238 (240), welcher die Initiative als Vorfeldregelung, die lediglich Ergänzungscharakter besitzt, beschreibt.

was deren Einordnung in den Kontext der Volksgesetzgebung erschwert[71]. Andererseits wird der Volksinitiative genau diese Wirkung zugesprochen,[72] womit sie mit der Petition nicht vergleichbar ist. Bei der Abgrenzung ist es unabdingbar, zwischen der volksgesetzgebungsintegrierten und der isolierten Volksinitiative zu differenzieren.

Volksgesetzgebungsintegrierte Initiative und Petitionsrecht unterscheiden sich dadurch, dass das Petitionsrecht kein bürgerliches Teilhaberecht hinsichtlich der Beteiligung an der Staatswillensbildung noch am sonstigen Verfahren der staatlich-politischen Entscheidungsfindung begründet.[73] Es beschränkt sich rein traditionell auf ein Bitte- und Beschwerderecht[74] mit dem primären Ziel, das Parlament oder die öffentliche Stelle auf bestimmte Probleme hinzuweisen, also eine Thematisierungsfunktion[75]. Damit kann es allenfalls mit einer Initiative verglichen werden, die keinen Teil des Volksgesetzgebungsverfahrens darstellt.[76] Denn im Unterschied dazu ist in der Volksgesetzgebung das Verfahren nach der Initiative nicht beendet, bei einer Petition hingegen schon[77] (und nach der Behandlung einer isolierten Volksinitiative auch). Die Volksinitiative ist in der Gesamtschau darauf gerichtet, spätestens durch den

---

71 Dies fußt in dem Verständnis des Volksgesetzgebungsverfahrens als eigenständiges Gesetzgebungsverfahren, welches vom Volk initiiert ist, siehe *Neumann*, Sachunmittelbare Demokratie, S. 182. Die fehlende Ausübung von Staatsgewalt – und damit die Annäherung an das Petitionsrecht – würde die Initiative inhaltlich der eher der politischen Willensbildung zuordnen, womit sie dann mangels staatlicher Willensbildung kein Gesetzesinitiativrecht darstellen kann, siehe dazu im Überblick *Neumann*, Sachunmittelbare Demokratie, S. 193 ff.

72 *Horn*, BayVBL 1995, 609 (612); *Möller*, Volksgesetzgebung, S. 15 m.w.N.

73 Vgl. zum Inhalt des Petitionsrechts *Gnatzy*, Schmidt-Bleibtreu GG, Art. 17 Rn. 5; *Langenfeld*, Hnd. StaatsR. Bnd. III, § 39 Rn. 9 ff.; *Pagenkopf*, Sachs GG, Art. 17 Rn. 4 ff.

74 Vgl. *Brenner*, Mangoldt/Klein/Starck GG Bnd. I, Art. 17 Rn. 11; *Jarass*, Jarass/Pieroth GG, Art. 17 Rn. 3.

75 Vgl. *Pagenkopf*, Sachs GG, Art. 17 Rn. 4 ff.

76 Teilweise wird hingegen auch eine weitere Differenzierung vorgenommen: In diesem Zusammenhang wird die volksgesetzgebungsintegrierte Initiative untersucht, diese berechtigt jedoch nicht zum Einlegen von Gesetzesentwürfen. Sie sei damit dem Wesen des Petitionsrechts deutlich näher als eine solche Initiative, die auch Gesetzesentwürfe zulässt, siehe *Möller*, Volksgesetzgebung, S. 15, 16. Dies ist vorliegend jedoch unerheblich, da die Initiative in Schleswig-Holstein ausdrücklich des klaren Wortlauts der Art. 44, 48 LVerf SH auch Gesetzesentwürfe zulässt.

77 Siehe dazu bereits die obigen Ausführungen zur Volksgesetzgebung und den Elementen der Volksgesetzgebung, weiterhin *Möller*, Volksgesetzgebung, S. 16.

das Volksgesetzgebungsverfahren abschließenden Volksentscheid eine direkte Entscheidung des Volkes herbeizuführen. Damit steht bei einer volksgesetzgebungsintegrierten Initiative schon die Entscheidungsfunktion, die auch den Initiativgegenstand konkretisiert, selbst im Vordergrund, nicht lediglich die einer Petition anhaftende Thematisierungsfunktion.[78] Insofern kann ihr die Anwendung von Staatsgewalt zugemessen werden. Eine inhaltliche Angleichung ist in den Fällen der isolierten Initiative aber nicht von der Hand zu weisen.[79]

Damit lässt sich zusammenfassen, dass die Volksinitiative dem Volk die Möglichkeit einräumt, bestimmte Themen zur inhaltlichen Befassung an das jeweilige Landesparlament zu geben, somit ein Initiativrecht des Volkes von unten darstellt. Von weiterer Relevanz ist nach der Ausgangsfrage nur die Volksinitiative im Rahmen eines Volksgesetzgebungsverfahrens.

2. *Volksbegehren und Volksentscheid*

Im Rahmen des dreistufigen Volksgesetzgebungsverfahrens schließt sich an eine negative Volksinitiative gegebenenfalls ein Volksbegehren, anschließend ein Volksentscheid an;[80] das zweistufige Verfahren wird direkt mit dem Begehren eingeleitet.

Das Volksbegehren stellt das Recht der Gesetzesinitiative dar, welches unter bestimmten Voraussetzungen aus der Bevölkerung mit dem Ziel verfolgt wird, das gesetzgebende Verfahren auszulösen.[81] Dabei steht im Rahmen des Begehrens aber weniger die inhaltliche Auseinandersetzung im Vordergrund, es soll vielmehr ein gesellschaftlicher und kultureller Meinungsstand der Bevölkerung über das angeregte Thema erreicht werden.[82] Das Begehren ist somit als ein Antrag auf einen Volksentscheid zu sehen, der aus dem Volk stammt und auch an das Volk gerichtet ist.[83] Sollte das Parlament das Begehren ablehnen oder ändern, schließt sich dem Begehren der Volksentscheid an. Auch dieses Element

---

78 Vgl. umfassend zum Unterschied der isolierten Volksinitiative und der Petition *Möller*, Volksgesetzgebung, S. 21 m.w.N.; mit selben Ergebnis *Pagenkopf*, Sachs GG, Art. 17 Rn. 6.

79 Siehe *Möller*, Volksgesetzgebung, S. 21 f.

80 Dazu *Möller*, Volksgesetzgebung, S. 13; ferner die jeweiligen Fassungen der Landesverfassung, siehe III.A.7.a).

81 *Estel*, Direkte Demokratie, S. 80; *Paterna*, Volksgesetzgebung, S. 24.

82 Vgl. *Möller*, Volksgesetzgebung, S. 17.

83 *Hufschlag*, Plebiszitäre Komponenten, S. 40 f.; *Magsaam*, Mehrheit, S. 59; *Möller*, Volksgesetzgebung, S. 16.

führt nicht dazu, dass die Letztentscheidungskompetenz auf das Volk verlagert wird,[84] insofern ergeben sich Ähnlichkeiten zum vorstehend behandelten Initiativrecht. Aufgrund der Vergleichbarkeit von Volksinitiative und Volksbegehren und ihrer Funktion im Prozess der Volksgesetzgebung ist auch im Verfahren des Volksbegehrens fraglich, ob das Landesverfassungsgericht den eingebrachten Gegenstand auf seine Vereinbarkeit mit den Gesetzgebungskompetenzen prüfen darf. Dies lässt sich auch daran erkennen, dass das Volksbegehren in der Mehrzahl der Bundesländer als Gesetzesinitiativrecht vorgesehen ist, und nicht die Volksinitiative.[85]

Der sich anschließende Volksentscheid stellt eine finale Abstimmung des Volks über das eingebrachte Thema dar, welcher eine rechtserhebliche Wirkung für sich beansprucht.[86] Damit wird die Letztentscheidungsbefugnis auf das Volk verlagert, welches im Rahmen von Abstimmungen über das Zustandekommen bestimmter Gesetze entscheidet, die sonst zuständigen Repräsentationsorgane werden im Rahmen des Zustandekommens nicht berücksichtigt.[87] Der Volksentscheid ist das einzige direktdemokratische Element, das auch auf Bundesebene dem Volk gegenüber zugänglich ist.[88] Denn in Art. 29 Abs. 2 S. 1 GG wird geregelt, dass das Volk im Wege eines Volksentscheids darüber abstimmen kann und muss, sollte es zu einer Neugliederung des Bundesgebiets kommen.[89] Schon definitionsgemäß handelt es sich dabei aber nicht um den Volksentscheid als Teil des Volksgesetzgebungsverfahrens, da gerade kein vom Volk initiierter Gesetzentwurf zur Abstimmung steht.

In der Gesamtschau stellt das Volksgesetzgebungsverfahren somit einen direktdemokratischen Prozess dar, der mit einem von dem Volk erarbeiteten, eingeleiteten und letztlich entschiedenen Gesetz endet.[90] Die im Rahmen der repräsentativen Demokratie sonst maßgeblichen Repräsentativorgane der Bevölkerung sind im Rahmen dieses Verfahrens nicht vorgesehen.

---

84 *Estel*, Direkte Demokratie, S. 81.

85 Vgl. Art. 48, 49 LVerf Niedersachsen; Art. 60 LVerf Meckenburg-Vorpommern; Art. 70 LVerf Bremen; Art. 62 ff. LVerf Berlin; Art. 81 LVerf Sachsen-Anhalt; Art. 82 LVerf Thüringen; Art. 68 LVerf NRW; Art. 109 LVerf Rheinland-Pfalz; Art. 99, 100 LVerf Saarland; Art. 59 ff. LVerf BaWü; Art. 71 ff. LVerf Bayern; Art. 117 ff. LVerf Hessen.

86 *Hufschlag*, Plebiszitäre Komponenten, S. 42; vgl. *Meerkamp*, Quorenfrage, S. 66.

87 *Estel*, Direkte Demokratie, S. 81; die von *„gänzlicher Abschaltung"* der Repräsentationsorgane spricht.

88 Vgl. *Hufschlag*, Plebiszitäre Komponenten, S. 41.

89 Zum Überblick bspw. *Schubert*, Sachs GG, Art. 29 Rn. 1 ff.

90 Ähnlich *Berlit*, KritV 1993, 318 (330); *Neumann*, Sachunmittelbare Demokratie, S. 182.

IV. Zusammenfassung

Die Verfassungslage nach dem Grundgesetz sieht eine Realisierung in Form der repräsentativen Demokratie vor, in deren Rahmen aber auf Landesebene direktdemokratische Elemente vorzufinden sind. Das wichtigste unter ihnen ist das Volksgesetzgebungsverfahren, welches sich dreistufig in eine Volksinitiative, ein Volksbegehren sowie einen Volksentscheid, zweistufig ohne Volksinitiative aufgliedert.

B. Elemente der direkten Demokratie

Das Volksgesetzgebungsverfahren respektive die in diesem Verfahren inkludierten Elemente sind dabei von anderen direktdemokratischen Elementen abzugrenzen. Es sei angemerkt, dass im Folgenden direktdemokratische und plebiszitäre Elemente als Synonym gebraucht werden, inhaltliche Unterschiede bestehen nicht.

I. Die isolierte Volksinitiative

Zur Abgrenzung der volksgesetzgebungsintegrierten Initiative und der isolierten Volksinitiative sei vollumfänglich auf die Erwägungen zur Abgrenzung mit dem Petitionsrecht verwiesen.[91] Eine solche Initiative gibt es in den Ländern Berlin[92], Baden-Württemberg[93], Niedersachsen[94], Nordrhein-Westfalen[95], Mecklenburg-Vorpommern[96], Sachsen-Anhalt[97] und Rheinland-Pfalz[98]. Die isolierte Initiative soll im weiteren Bearbeitungsverlauf keine Relevanz mehr beanspruchen.

II. Das Referendum

Das Referendum unterscheidet sich von der Volksgesetzgebung insofern, als die Abstimmung und insbesondere das Abstimmungsthema nicht aus dem Volk stammen, sondern fremdinitiiert sind, in der Regel vom Parlament

---

91 Dazu Erster Abschnitt, A.III.1.
92 Siehe Art. 61 Abs. 2 LVerf Berlin.
93 Siehe Art. 59 Abs. 2 LVerf Baden-Württemberg.
94 Siehe Art. 47 LVerf Niedersachsen.
95 Siehe Art. 67 LVerf NRW.
96 Siehe Art. 59 LVerf Mecklenburg-Vorpommern.
97 Siehe Art. 80 LVerf Sachsen-Anhalt.
98 Siehe Art. 108a LVerf Rheinland-Pfalz.

oder der jeweiligen Regierung.[99] Je nach Gegenstand der Abstimmung ergeben sich unterschiedliche Bezeichnungen, so beispielweise als Gesetzes- oder Verfassungsreferendum.[100]

III. Die Volksbefragung

Eine weitergehende Möglichkeit zur Einbeziehung des Volkes stellt die Volksbefragung dar. Dabei handelt es sich um eine offizielle Befragung des Volkes, regelmäßig initiiert durch das Parlament oder die Regierung.[101] Gegenstand der Befragung stellen bestimmte politische Angelegenheiten dar und sie dient der Schaffung einer fundierten demokratischen Legitimation.[102] Die Volksbefragung führt zu keinerlei Rechtsverbindlichkeit.[103] Damit stellt die Volksbefragung keinen Teil des Volksgesetzgebungsverfahrens dar und beansprucht somit rein informatorische Wirkung.[104]. Dasselbe gilt für eine von Seiten des Volks initiierte Befragung (auch Volks-Enquete genannt).[105] Aufgrund der fehlenden Verbindlichkeit ist die Befragung nicht mit einer Initiative aus dem Volk vergleichbar. Sie kann unter Umständen aber ein Instrument darstellen, um sich vor Anstrengung des Volksgesetzgebungsverfahren über bestimmte Umstände zu informieren.[106] Das Grundgesetz selbst erwähnt die Volksbefragung in Art. 118 GG.

IV. Zusammenfassung

Die Volksinitiative stellt ein Element der direkten Demokratie dar, welches das Volk befähigt, Gesetzesinitiativen in das Parlament einzubringen. Eine

---

99 Vgl. *Montag*, Konrad Adenauer Stiftung, Ausgabe 96 September 2011, 4; *Möller*, Volksgesetzgebung, S. 22; *Rux*, Direkte Demokratie in Deutschland, S. 42; *Wolff*, Unmittelbare Gesetzgebung, S. 11.

100 *Estel*, Direkte Demokratie, S. 81.

101 *Estel*, Direkte Demokratie, S. 78; *Martini*, DÖV 2015, 981 (981).

102 Vgl. zum Hintergrund der Volksbefragung *Pestalozza*, NJW 1981, 733 (734); *Rommelfanger*, Referendum, S. 37 ff., der die Volksbefragung als konsultatives Referendum bezeichnet.

103 *Degenhart*, Der Staat 1992, 468 (469); *Estel*, Direkte Demokratie, S. 78; *Hufschlag*, Plebiszitäre Komponenten, S. 49; *Maurer*, Plebiszitäre Elemente, S. 4.

104 Ähnlich *Estel*, Direkte Demokratie, S. 78; *Pestalozza*, NJW 1981, 733 (734).

105 *Klages/Paulus*, Direkte Demokratie, S. 19.

106 Ähnlich *Maurer*, Plebiszitäre Elemente, S. 4, der darauf abstellt, dass der Befragung durchaus politisches Gewicht zukommt, da sich das Parlament dem so entstandenen Stimmungsbild nur schwer entziehen kann.

grundgesetzliche Regelung ist dabei nicht vorhanden, die Initiative ist lediglich in vielen Landesverfassungen verankert. Dabei kann sie Teil eines breiter angelegten Volksgesetzgebungsverfahrens, aber auch als eigenständiges Verfahren ausgestaltet sein. Dennoch wird die Letztentscheidungsbefugnis beim Zustandekommen von Gesetzen nicht auf das Volk verlagert. In der weiteren Darstellung soll nur die Volksinitiative im Rahmen des Volksgesetzgebungsverfahrens eine zentrale Rolle einnehmen.

C. Die Zulässigkeit der Volksgesetzgebung

Die Zulässigkeit der tatsächlichen Implementierung der Volksgesetzgebung in das bestehende Demokratiesystem der Bundesrepublik Deutschland unter Achtung des Grundgesetzes ist indes weiterhin unklar und diskussionsbedürftig. Dies gilt zumindest für die hypothetische Einführung derartiger Mitwirkungsmöglichkeiten des Volkes in das Grundgesetz selbst. Nicht weniger interessant und von Relevanz ist hingegen auch die Zulässigkeit auf Landesebene.

I. Zulässigkeit auf Landesebene

Die Zulässigkeit der Volksgesetzgebung auf Landesebene misst sich an Art. 28 Abs. 1 GG.

1. Das Bundesstaatsprinzip

Das Gegenüberstehen des Bundesstaats und der damit einhergehenden Funktionsfähigkeit des Staates als Ganzem sowie die im einzelnen bestehende gliedstaatliche Verfassungsautonomie charakterisieren sämtliche Konflikte der Landesverfassung mit Art. 28 Abs. 1 GG und machen einen Ausgleich der widerstreitenden Interessen erforderlich.

Grundgesetzlich benennt der Art. 20 Abs. 1 GG die Bundesrepublik Deutschland als demokratischen und sozialen Bundesstaat. Der damit zum Ausdruck gebrachte Föderalismus bezeichnet in seinem Kern die Zusammenlegung mehrerer Einzelstaaten (im Folgenden als Glied- oder Bundesstaaten bezeichnet) zu einem Gesamtstaat, welcher als übergeordnetes Staatengebilde fungiert, ohne dass die jeweiligen Gliedstaaten ihre jeweilige Staatsqualität verlieren.[107] Die

---

107 Siehe zum historischen Ursprung *Huster/Rux*, BeckOK GG, Art. 20 Rn. 1 ff.; ebenso zur Differenzierung zwischen Bundesstaat, Föderalismus und Staatenbund, siehe dazu auch *Sachs*, Sachs GG, Art. 20 Rn. 55 ff.

Staatsqualität der Bundesstaaten ist mittlerweile allgemein anerkannt.[108] Aus staatstheoretischer Betrachtung wird sie über die Prüfung der drei Staatskriterien festgestellt: Staatsterritorium, Staatsvolk und eine eigene Staatsgewalt.[109] Bei genauerer Betrachtung ergibt sich, dass sowohl das Kriterium des Volkes als auch das des Territoriums zu der jeweiligen Bundesbetrachtung teilweise identisch[110] ist. Eine direkte Zuordnung des Volkes zum jeweiligen Bundesland in Abgrenzung zum Bundesstaat ließe sich dann vornehmen, wenn eine exklusive Landesstaatsangehörigkeit existieren würde. Dies ist jedoch nicht der Fall, auch wenn den Ländern grundsätzlich im Rahmen ihrer Verfassungsautonomie offensteht, eigene Bestimmungen zur Landesangehörigkeit im Rahmen der Vereinbarkeit mit dem Bundesstaatsprinzip einzuführen[111]. Selbst wenn Bundesländer eine eigenständige Staatsangehörigkeit einführen sollten, wird diese durch die Regelung des Art. 33 Abs. 1 GG unter Zugrundelegung der gemeinsamen Deutschen Staatsangehörigkeit nach Art. 116 GG relativiert.[112] Selbiges gilt für das Territorium, welches zwar einerseits geographisch als jeweiliges Bundesland abgrenzbar ist, sich aber gleichzeitig in den Gesamtkontext des Bundesterritoriums einfügt.[113] Im Gegensatz dazu ergibt sich die Staatsgewalt schon aus der Kompetenzabgrenzung der Gesetzgebung, welche sich nach den Art. 70 ff. GG vollzieht. Den jeweiligen Gliedstaaten wird originär eigene Staatsgewalt zugeordnet,[114] innerhalb der der Bund (bei Nichtvorliegen

---

108 Beispielhaft zur anerkannten Staatsqualität der Bundesländer BVerfG v. 23.10.1951 – 2 BvG 1/51, BVerfGE 1, 14 (34); *dass.* v. 19.9.2018 – 2 BvF 1/15, 2/15 – BVerfGE 151, 1 (103 f.); *Huster/Rux*, BeckOK GG, Art. 20 Rn. 7 f.; *Mehde*, Maunz/Dürig GG Bnd. IV, Art. 28 Rn. 1; *Nolte/Tams*, LVerf SH Kommentar, Art. 1 Rn. 7 ff; *Sachs*, Sachs GG, Art. 20 Rn. 65 ff.

109 Zurückführend auf *Jellinek*, Staatslehre, S. 394 ff.

110 Vgl. BVerfG v. 31.10.1990 – 2 BvF 2, 6/89, BVerfGE 83, 37 (53); *Rozek*, Prüfungs- und Entscheidungsmaßstab, S. 31.

111 *Grawert*, Hnd. StaatsR. Bnd. II, § 16 Rn. 33.

112 *Rozek*, Prüfungs- und Entscheidungsmaßstab, S. 32; *Thedieck*, Deutsche Staatsangehörigkeit, S. 135 ff.

113 Beispielhaft dazu Art. 1 Abs. 1 LVerf NRW; Art. 44 Abs. 1 LVerf Thüringen; Art. 23 Abs. 2 LVerf Baden-Württemberg; Art. 64 LVerf Bremen, in welchem zusätzlich die europäische Eingliederung verbürgt ist.

114 Vgl. bspw. *Sachs*, Sachs GG, Art. 20 Rn. 65; ferner, wenn das Bundesverfassungsgericht von keiner vom Bund abgeleiteten, aber anerkannter staatlichen Hoheitsmacht spricht, BVerfG v. 23.10.1951 – 2 BvG 1/51, BVerfGE 1, 14 (34).

der jeweiligen Bundeskompetenzen) keine eigene Staatsgewalt mehr ausüben kann.[115]

Staatstheoretische Überlegungen sind hingegen für eine Bestimmung der Staatsqualität der Gliedstaaten nicht zielführend, da sie den Bezugspunkt zur Feststellung der Staatsqualität unbeachtet lassen. Vorangegangene staatstheoretische Überlegungen sind aus der Sicht eines externen Betrachters getroffen. Für die Bestimmung der Staatsqualität von Gliedstaaten kommt es aufgrund der Zuordnung und Anerkennung der Staatsqualität jedoch nur auf eine verfassungsrechtliche Auslegung und Determinierung der Staatsqualität an.[116] Eine staatstheoretische Bestimmung ist insofern obsolet, solange das Grundgesetz die Staatsqualität der Gliedstaaten anerkennt. Ebenjene Anerkennung folgt aus der Verteilung der Gesetzgebungskompetenzen sowie aus Art. 30 GG oder Art. 31 Abs. 1 GG und letztendlich der Absicherung aus Art. 79 Abs. 3 GG.[117]

2. *Die Verfassungsautonomie als Konsequenz der Länderstaatlichkeit*

Wichtigster Ausfluss der eigenen Staatsqualität ist die Verfassungsautonomie[118], mithin die Möglichkeit, eine eigene Landesverfassung zu entwerfen und zu erschaffen[119]. Damit geht die zunächst umfassende Befugnis einher, sich eigenständige Regelungen über die interne Organisation geben zu können,[120]

---

115 Dies ergibt sich aus der systematischen Betrachtung der Gesetzgebungsvorschriften im Grundgesetz seit der Föderalismusreform, durch welche den Ländern die grundsätzliche Gesetzgebungskompetenz nach Art. 70 GG zugeordnet ist.

116 Vergleiche dazu *Isensee*, Hnd. StaatsR. Bnd. VI, § 126 Rn. 69; *Rozek*, Prüfungs- und Entscheidungsmaßstab, S. 30.

117 *Rozek*, Prüfungs- und Entscheidungsmaßstab, S. 29 f.

118 BVerfG v. 29.1.1974 - 2 BvN 1/69, BVerfGE 36, 342 (361); *dass.* v. 21.11.2017 - 2 BvR 2177/16, BVerfGE 147, 185 (210); *Bethge*, Maunz/Schmidt-Bleibtreu/Klein/Bethge BVerfGG, § 91 Rn. 85; *Blackstein*, Landesverfassungsgericht SH, S. 30; *Dreier*, Dreier GG Bnd. II, Art. 28 Rn. 42; *Hanebeck*, Bundesstaat, S. 229, 231; *Huster/Rux*, BeckOK GG, Art. 20 Rn. 7 ff.; *Mehde*, Maunz/Dürig GG Bnd. IV, Art. 28 Rn. 3; *Menzel*, Landesverfassungsrecht, S. 160 ff.; *Grawert*, NJW 1987, 2329 (2330); *Isensee*, Hnd. StaatsR. Bnd. VI, § 126 Rn. 80 ff.; *Rozek*, Prüfungs- und Entscheidungsmaßstab, S. 36 ff.; *Schneider*, DÖV 1987, 749 (750).

119 BVerfG v. 15.10.1997 - 2 BvN 1/95, BVerfGE 96, 345 (368 ff.); zu den Eigenarten der Landesverfassung siehe *Pestalozza*, NVwZ 1987, 744 (748).

120 BVerfG v. 23.10.1951 - 2 BvG 1/51, BVerfGE 1, 14 (31); *Blackstein*, Landesverfassungsgericht SH, S. 31; *Huster/Rux*, BeckOK GG, Art. 20 Rn. 7; bis hin zum Verfassen eigener Landesgrundrechte, vgl. *Nolte/Tams*, LVerf SH Kommentar, Art. 1 Rn. 8.

innerhalb derer die Bundesländer zudem einen weiten Spielraum für die jeweiligen Umsetzungen besitzen.[121] Als Ausfluss des Bundesstaatsprinzips und der gliedstaatlichen Verfassungsautonomie existieren damit in der Bundesrepublik Deutschland zwei nebeneinanderstehende Verfassungsräume, der Verfassungsraum des Bundes mitsamt dem Grundgesetz und der Verfassungsraum der Länder respektive den Landesverfassungen.

Die parallele Existenz eigener Landesverfassungen ist dem Grundgesetz selbst nicht fremd. Maßgeblich lässt sich dies an dem Homogenitätsprinzip des Art. 28 Abs. 1 GG ablesen. Dessen Wortlaut legt nahe, dass das Grundgesetz schon selbst von der Möglichkeit paralleler Landesverfassungen ausgeht, die sodann aber den Grundsätzen des republikanischen, demokratischen und sozialen Rechtsstaates entsprechen müssen. Auch Art. 100 Abs. 1 GG setzt ausweislich seines Wortlauts die Existenz eigener Landesverfassungen voraus. Zuletzt sei in diesem Zusammenhang auf Art. 142 GG verwiesen, welcher im Falle der Normenkollision zwischen Grundgesetz und Landesverfassung die Landesverfassung für weiterhin wirksam erklärt und somit auch erkennbar von deren Existenz ausgeht.[122]

Die jeweiligen Verfassungsräume sind theoretisch getrennt und unabhängig voneinander zu begreifen, es besteht dennoch keine vollständige Bezugslosigkeit.[123] Das Grundgesetz als dominierende Bundesverfassung liefert in dieser Hinsicht Bestimmungen, an die sich die jeweilige Landesverfassung beziehungsweise der Landesverfassungsgeber bei der Konzeption des eigenen Verfassungsraumes zu halten haben. Derartige Verknüpfungen werden im Bereich des landesverfassungsrechtlichen Überprüfungsmaßstabes relevant.

3. *Die Rechtswirkung von Art. 28 Abs. 1 GG*

Die für die Länder wichtigste Verknüpfung stellt das Homogenitätserfordernis nach Art. 28 Abs. 1 S. 1 GG dar. Auch wenn die Dogmatik des Art. 28 Abs. 1 GG lange Zeit nicht stringent beantwortet wurde,[124] gilt es als herrschend, dass

---

121 BVerfG v. 23.10.1951 – 2 BvG 1/51, BVerfGE 1, 14 (34).

122 Vgl. dazu *Menzel*, Landesverfassungsrecht, S. 140, wonach aufgrund der Existenz der Normen die Existenz von Landesverfassungen auf der Hand liege; ferner *Hanebeck*, Bundesstaat, S. 229.

123 *Milleker*, DVBl. 1969, 129 (135) Fn. 103; vgl. auch ähnlich *Lerche*, VVDStRL 21 (1964), 66 (83, 84) Fn. 65.

124 Im Kern ging es in der früheren Judikatur um die Frage, ob die Wirkung des Art. 28 Abs. 1 GG nur jeweils für das Land oder aber im Land selbst gilt und so gegebenenfalls unmittelbares Landesverfassungsrecht darstellt. Dabei wurde zunächst lediglich eine Bindungswirkung für das Land bevorzugt, vgl. BVerfG v. 5.4.1952 – 2 BvH 1/52,

Art. 28 Abs. 1 GG keine absolute Uniformität mit den Grundsätzen des demokratischen und sozialen Rechtsstaates verlangt, sondern lediglich Homogenität[125].

Die Unklarheit um die Wirkung der Homogenitätsklausel bezieht sich darauf, ob Art. 28 Abs. 1 GG einen externen Rahmen für die Landesverfassungen darstellt, innerhalb dessen sich der Landesverfassungsgeber frei bewegen darf, oder ob die Bestimmungen der Homogenitätsklausel direkte Teile der Landesverfassung selbst darstellen.[126]

Das Bundesverfassungsgericht urteilte, dass Art. 28 GG lediglich eine Verpflichtung der Länder darstelle, insofern nicht in den Ländern, sondern für die Länder gelte.[127] Die Mindesthomogenität stellt demnach keinen Teil der Landesverfassung selbst dar, sondern lediglich eine externe Vorgabe. Im Schrifttum wurde vermehrt der Ansatz vertreten, dass Art. 28 GG im Wege des Phänomens des Hineinwirkens in die Landesverfassung unmittelbares Landesverfassungsrecht darstellt,[128] der Normenkonflikt werde über Art. 31 GG aufgelöst.[129] Eine weitere Auffassung sieht im grundsätzlichen Einklang mit dem

---

BVerfGE 1, 208 (236); *dass.* v. 23.1.1957 – 2 BvF 3/56, BVerfGE 6, 104 (111). Gegenteilig dann aber beispielsweise BVerfG v. 22.7.1969 – 2 BvK 1/67, BVerfGE 27, 44 (55 ff.); in welcher Art. 28 Abs. 1 GG mit der Bestandteil-Theorie gleichgesetzt wurde, ferner *Engels*, Sachs GG, Art. 28 Rn. 29, vgl. insgesamt dazu *Rozek*, Prüfungs- und Entscheidungsmaßstab, S. 108 ff.

125 BVerfG v. 7.4.1959 – 2 BvF 2/58, BVerfGE 9, 268 (279); *dass.* v. 22.2.1994 – 1 BvL 30/88, BVerfGE 90, 60 (84); *dass.* v. 7.5.2001 – 2 BvK 1/00, BVerfGE 103, 332 (349); *Hanebeck*, Bundesstaat, S. 233; *Mehde*, Maunz/Dürig GG Bnd. IV, Art. 28 Rn. 2; *Menzel*, Landesverfassungsrecht, S. 240 ff.; *Vitzthum*, VVDStRL Heft 46 (1988), 7 (29), welcher zutreffend zusammenfasst: „*Geboten ist Homogenität der Struktur, nicht Kongruenz der Montur*"; siehe auch *Sacksofsky*, NVwZ 1993, 235 (236); *Jutzi*, Landesverfassungsrecht und Bundesrecht, S. 33.

126 Diese Diskussion spielt an dieser Stelle durchaus noch keine Rolle. Dabei geht es um die Frage, ob Art. 28 Abs. 1 S. 1 GG als direktes Landesverfassungsrecht in den Prüfungsmaßstab der Landesverfassungsgerichte fällt.

127 BVerfG v. 5.4.1952 – 2 BvH 1/52, BVerfGE 1, 208 (236); *dass.* v. 23.1.1957 – 2 BvF 3/56, BVerfGE 6, 104 (111); beispielhaft auch BVerfG v. 31.10.1990 – 2 BvF 2, 6/89, BVerfGE 83, 37 (50); *dass.* v. 31.10.1990 – 2 BvF 3/89, BVerfGE 83, 60 (70 ff.). Diese Rechtsprechung war hingegen lange Zeit nicht stringent, siehe dazu *Rozek*, Prüfungs- und Entscheidungsmaßstab, S. 108 ff.

128 *Burmeister*, Landesverfassungsgerichtsbarkeit Bnd. II, S. 399 (429); *Eller*, Bindung, S. 148 ff., *Engels*, Sachs GG, Art. 28 Rn. 30; *Schmidt*, AöR 87 (1962), 253 (280); stellvertretend *Rozek*, Prüfungs- und Entscheidungsmaßstab, S. 104 m.w.N.

129 *Engels*, Sachs GG, Art. 28 Rn. 30.

Bundesverfassungsgericht Art. 28 GG als Pflichten der Länder an, ohne dass dabei aber eine explizite Kollisionsregelung getroffen wird.[130]

Im Ergebnis wird man diesen Auffassungen dem Grunde nach nicht folgen können. Vorzugswürdig ist es, Art. 28 GG als Normativbestimmung an den Landesgesetzgeber (und Verfassungsgeber) anzusehen,[131] welcher eine eigene Nichtigkeitsfolge ohne Heranziehung von Art. 31 GG beinhaltet.[132]

Dafür streitet zunächst der Wortlaut des Artikels, welcher unter Verwendung der Bezeichnung „muss (…) entsprechen“ schon sprachgebräuchlich gewisse Leitprinzipien aufstellt, die den äußeren Rahmen bilden und an die sich der Normadressat zu halten hat.[133] Zutreffend wird zudem angeführt, dass ein Einbezug die Verfassungsautonomie des Gliedstaates beeinträchtigen würde.[134] Dies ergibt sich aus der Überlegung, dass die Verfassungsautonomie einen weitreichenden Umsetzungsspielraum für die Landesverfassung garantiert. Zwar muss sich die Landesverfassung dabei an grundgesetzlichen Grenzen – und damit vor allem an dem Homogenitätserfordernis – orientieren. Diese Grenzen sind ihr aber kraft des Bundesstaatsprinzips von außen auferlegt.[135] Es wird also der externe Rahmen der Verfassung bestimmt. Anders verhält es sich, wenn man die Homogenitätsklausel schon als Landesverfassungsrecht selbst begreift. Damit wird grundgesetzlich direkt das interne Landesverfassungsrecht bestimmt. Auch wenn die Auswirkungen praktisch marginal ausfallen dürften, unter Beachtung der Verfassungsautonomie spielen sie eine gewichtige Rolle. Insofern ist es zustimmungswürdig, dass Art. 28 Abs. 1 GG kein Landesverfassungsrecht darstellt. Dies würde zu dem Widerspruch führen, dass einerseits durch das Homogenitätserfordernis die gliedstaatliche Verfassungsautonomie zum Ausdruck kommt; diese andererseits aber direkt aufgrund der Wirkung als Landesverfassungsrecht dadurch eingeschränkt wird, indem der Landesverfassung eine

---

130 *Engels*, Sachs GG, Art. 28 Rn. 30.

131 Zustimmend BVerfG-K v. 31.3.2016 – 2 BvR 1576/13, NVwZ-RR 2016, 521 (523); *Engels*, Sachs GG, Art. 28 Rn. 31; *Hellermann*, BeckOK GG, Art. 28 Rn. 3; *Rozek*, Prüfungs- und Entscheidungsmaßstab, S. 115; dazu auch *Ernst*, v. Münch/Kunig GG Bnd. I, Art. 28 Rn. 8.

132 BVerfG v. 29.1.1974 – 2 BvN 1/69, BVerfGE 36, 342 (362 ff.); *Rozek*, Prüfungs- und Entscheidungsmaßstab, S. 116.

133 *Rozek*, Prüfungs- und Entscheidungsmaßstab, S. 115.

134 Vgl. auch *Rozek*, Prüfungs- und Entscheidungsmaßstab, S. 115.

135 Siehe *Rozek*, Prüfungs- und Entscheidungsmaßstab, S. 115, welcher von der externen Einwirkung auf die jeweilige Landesverfassung spricht.

Norm vordiktiert wird.[136] Zudem ist das Prinzip des Phänomens der in die Landesverfassung hineinwirkenden Bundesverfassung abzulehnen, wie noch näher zu untersuchen sein wird. In dem Fall kann Art. 28 Abs. 1 GG erst recht nicht mithilfe des Phänomens zum Bestandteil erklärt werden.

Systematisch wird zusätzlich angeführt, dass die Bestimmung des Art. 28 Abs. 3 GG überflüssig sei, wenn Art. 28 Abs. 1 GG schon eigenständiges Landesverfassungsrecht darstelle.[137] Diese Auffassung verdient insofern Zustimmung, als dass mangels unmittelbarer Verfassungsrechtsqualität keine gliedstaatliche Gewährleistung getroffen wird, sich an Art. 28 Abs. 1 GG zu halten (was durchaus ein rein akademisches Problem sein sollte). Insofern fungiert Art. 28 Abs. 3 GG als externe Kontrollinstanz zur Einhaltung des Art. 28 Abs. 1 GG, was wiederum zutreffend für eine externe Rahmenbedingung als eigenständiges Landesverfassungsrecht spricht.

Die Rechtsfolge eines Verstoßes gegen das Homogenitätsgebot ergibt sich nicht aus Art. 31 GG, sondern aus Art. 28 Abs. 1 GG selbst. Art. 31 GG regelt dabei schlicht, dass Bundesrecht das Landesrecht bricht. Terminologisch enthält der Artikel somit eine Kollisionsregelung, was sich durch die Verwendung des Begriffes „bricht" widerspiegelt. Eine derartige Kollisionslage zwischen Bundesrecht und Landesrecht setzt jedoch voraus, dass sich die entgegenstehenden Normen auf denselben Regelungsgehalt bezüglich desselben Adressaten beziehen und jeweils eine unterschiedliche Rechtsfolge anordnen.[138] Eine solche Annahme ist im Verstoß der Landesverfassung gegen die Mindesthomogenität jedoch nicht zu erblicken; es mangelt schon an den unterschiedlichen Normadressaten[139] zwischen Landesverfassung und Grundgesetz; mithin besteht ein divergierender Regelungsanspruch.[140] Zutreffend zeigt sich gerade im Fall der Überschreitung der Mindesthomogenität die Wirkung des Art. 28 Abs. 1 GG. Im Fall der fehlenden Kollisionsregelung des Art. 28 Abs. 1 GG und der fehlenden Kollisionslage, welche eine Anwendung des Art. 31 GG begründet, würden

136 Vgl. *Rozek*, Prüfungs- und Entscheidungsmaßstab, S. 115.

137 *Rozek*, Prüfungs- und Entscheidungsmaßstab, S. 115.

138 BVerfG v. 4.6.1969 – 2 BvR 173, 295, 659, 660, 678, 729, 737, 735/66, BVerfGE 26, 116 (135); *dass.* v. 28.5.2008 – 2 BvL 8/08, BVerfGE 121, 233 (239); SächsVerfGH v. 21.9.1995 – Vf. 1-IV-95, NJW 1996, 1736 (1737); *Gubelt/Hanschel*, v. Münch/Kunig GG Bnd. I, Art. 31 Rn. 9; *März*, Mangoldt/Klein/Starck GG Bnd. II, Art. 31 Rn. 40; *Wiederin*, Bundesrecht und Landesrecht, S. 307 ff.

139 *Rozek*, Prüfungs- und Entscheidungsmaßstab, S. 116.

140 *Rozek*, Prüfungs- und Entscheidungsmaßstab, S. 116; im Ergebnis auch *Engels*, Sachs GG, Art. 28 Rn. 31.

divergierende Landesverfassungen bis zur Umsetzung der Mindesthomogenität im Wege des Art. 28 Abs. 3 GG oder des Bundeszwangs nach Art. 37 GG weiterhin gültig bleiben; die damit bundesstaatlich nicht akzeptable Lösung[141] wird darüber gelöst, dass Art. 28 GG eigenständig die Nichtigkeit im Fall der Verletzung anordnet.

Mitunter wird Art. 28 Abs. 1 GG auch als spezielle Kollisionsnorm zu Art. 31 GG gesehen.[142] Unabhängig von dem genauen dogmatischen Hintergrund ist eine Kollisionsregelung über Art. 31 GG zu versagen. Damit wird das Homogenitätsprinzip zutreffend als eine Art Negativkompetenz[143] beschrieben, die Konfliktsituationen zwischen Bundes- und Landesverfassung bereits präventiv regelt und seine eigene Rechtsfolge der Nichtigkeit beinhaltet.[144]

Art. 28 Abs. 1 GG stellt mithin Programmsätze auf, die durch eine externe Einwirkung den Organisationsrahmen der Gliedstaaten festlegen, ohne dabei selbst Landesverfassungsrecht darzustellen. Ziel der Vorschrift ist es, zu einer homogenen Anwendung der Verfassung zu gelangen,[145] mithin eine Zersplitterung in verschieden Verfassungsräume zu verhindern, die in wesentlichen Punkten voneinander abweichen. Eine vollständige Anpassung der Landesverfassung an das Grundgesetz würde der gliedstaatlichen Verfassungsautonomie zuwiderlaufen. Gefordert wird somit ein Mindestmaß an Homogenität, hingegen keine Uniformität mit dem Grundgesetz[146].

Das Hinzufügen von direktdemokratischen Elementen als Realisierung des Demokratieprinzips in der eigenen Landesverfassung könnte somit grundsätzlich von der eigenen Verfassungsautonomie gedeckt sein, da es dem Landesverfassungsgeber zunächst offensteht, wie er das demokratische Prinzip auf Landesebene verwirklichen will.[147] Trotzdem kann ein Verstoß gegen Art. 28 Abs. 1 S. 1 GG nicht mit dem Hinweis auf die Verfassungsautonomie ausgeräumt werden.

---

141 *Werner*, Homogenitätsprinzip, S. 76.

142 *Engels*, Sachs GG, Art. 28 Rn. 31; zum Grundsatz *Gubelt/Hanschel*, v. Münch/Kunig GG Bnd. I, Art. 31 Rn. 2; *Jutzi*, Landesverfassungsrecht und Bundesrecht, S. 33; *Wiederin*, Bundesrecht und Landesrecht, S. 307 ff.

143 *März*, Bundesrecht bricht Landesrecht, S. 191; *Dreier*, Dreier GG Bnd. II, Art. 28 Rn. 73; *Engels*, Sachs GG, Art. 28 Rn. 31.

144 Vgl. *Rozek*, Prüfungs- und Entscheidungsmaßstab, S. 117.

145 *Mehde*, Maunz/Dürig GG Bnd. IV, Art. 28 Rn. 1 ff.

146 Nochmals Fn. 125.

147 Vgl. BerLVerfGH v. 6.10.2009 – VerfGH 63/08, LVerfGE 20, 23 (42).

4. Die Vereinbarkeit der Volksgesetzgebung mit der Mindesthomogenität

Die Realisierung des Demokratieprinzips im Grundgesetz ist in Form der repräsentativen Demokratie erfolgt. Wenn nun nach Art. 28 Abs. 1 S. 1 GG ein Entsprechen mit der Demokratie „nach diesem Grundgesetze" verlangt wird, offenbart sich ein Konfliktfeld einerseits mit dem generell vom Grundgesetz zugrunde gelegten Demokratieverständnis. Andererseits ist zu erörtern, ob aufgrund der zu verlangenden Mindesthomogenität eine Angleichung an das parlamentarische Demokratiesystem des Grundgesetzes zu erfolgen hat, was sich insbesondere aus einem gebotenen Übergewicht des parlamentarischen Gesetzgebers ergeben könnte.

a) Vereinbarkeit mit der Demokratieanforderung

Aufgrund der grundsätzlich bestehenden Deckungsgleichheit der Demokratieanforderung des Art. 28 Abs. 1 GG und des Art. 20 Abs. 1, 2 GG[148] könnte die Mindesthomogenität vergleichbare Strukturen auf Landesebene fordern, also eine Volksvertretung, welche durch vom Volk ausgehende und an den Kriterien des Art. 38 Abs. 1 GG ausgerichteten Wahlen abgelöst und neu legitimiert wird.[149] Dafür spricht auch der Wortlaut selbst, wenn auf die Grundsätze im Sinne dieses Grundgesetzes hingewiesen wird. Die Volksvertretung übt dabei die Staatsgewalt, welche nach Art. 20 Abs. 1 S. 2 GG beim Volk liegt, aus. Ein derartiges Verständnis ist aber schon auf den ersten Blick fehlerhaft, da der Wortlaut des Grundgesetzes unter Bezeichnung von Abstimmungen ignoriert wird. Ferner wird nicht ausreichend zwischen dem Prinzip und seiner Realisierung differenziert. Prägnant verstoßen direktdemokratische Elemente schon ihrer Bezeichnung nach nicht gegen das Demokratieprinzip des Art. 20 Abs. 1 S. 1 GG; sie führen zu direkten Entscheidungsmöglichkeiten des Volkes und stellen damit demokratische Elemente dar; erreichen also eine Identität von Regierenden und Regierten und dienen der freien Entscheidungsmöglichkeit des Volkes unter Wahrung des Mehrheitsprinzips. Ferner weist Art. 20 Abs. 1 S. 2 GG selbst ein gleichrangiges Nebeneinander von Wahlen und Abstimmungen auf. Eine Unzulässigkeit ist jedoch im Hinblick auf ein möglich gebotenes Übergewicht des parlamentarischen Gesetzgebers zu stützen.

---

148 Vgl. *Henneke*, Schmidt-Bleibtreu/Hofmann/Henneke GG, Art. 28 Rn. 13.
149 Vgl. BVerfG v. 23.10.1951 - BvG 1/51, BVerfGE 1, 14 (33).

b) Kein Übergewicht des parlamentarischen Gesetzgebers

Art. 28 Abs. 1 S. 2 GG lässt erkennen, dass auch in den Ländern Repräsentationsstrukturen existieren müssen.[150] Eine gänzliche Ablösung der Ausformung der repräsentativen durch die direkte Demokratie ist somit unzulässig und würde das Homogenitätsprinzip verletzen; dem Verfassungsgeber des Landes sind damit Beschränkungen gesetzt. Die Beschränkung auf das Vorhandensein repräsentativer Strukturen darf aber nicht uferlos gewertet werden, sondern ist im Spannungsfeld zwischen Grundgesetzbindung des Landes und eigener gliedstaatlicher Verfassungsautonomie zu bewerten und auszugleichen. Genau in diesem Spannungsfeld liegt das mögliche Gebot eines Übergewichts des parlamentarischen Gesetzgebers.

In Schrifttum und Rechtsprechung lässt sich erkennen, dass direktdemokratische Elemente unter Verweis auf die Verfassungsautonomie als zulässig bewertet werden;[151] Restriktionen werden überwiegend nur noch anhand von Negativbestimmungen vollzogen, so dass auf eine konkrete Ausgestaltung direktdemokratischer Elemente verzichtet und deren Zulässigkeit angenommen wird, wenn bestimmte Kriterien nicht erfüllt sind.[152]

Die Zulässigkeitsbeschränkungen lassen sich darauf herunterbrechen, dass dem parlamentarischen Gesetzgeber zwar kein krasses Übergewicht und kein prinzipieller Vorrang gegenüber der Volksgesetzgebung gewährt wird, Art. 28 Abs. 1 S. 1, 2 GG aber einen unfähigen parlamentarischen Gesetzgeber verhindern soll,[153] das Parlament also nicht aus seiner Rolle als Repräsentationsorgan durch eine alleinige Zuweisung von Befugnissen an das Volk gedrängt werden dürfe.[154] Die Grenze der Zulässigkeit direktdemokratischer Elemente liegt

---

150 *Huber*, AöR 126 (2001), 165 (184); *Kersten*, DÖV 1993, 896 (900); *Mehde*, Maunz/Dürig GG Bnd. IV, Art. 28 Rn. 66.

151 Zuletzt BVerfG-K v. 31.3.2016 – 2 BvR 1576/13, NVwZ-RR 2016, 521 (524); ferner beispielhaft *Dreier*, Dreier GG Bnd. II, Art. 28 Rn. 67; *Henneke*, Schmidt-Bleibtreu/Hofmann/Henneke GG, Art. 28 Rn. 15; *Herdegen*, Handbuch StR VI, § 129 Rn. 16; *Jarass*, Jarass/Pieroth GG, Art. 28 Rn. 7; *Jürgens*, Direkte Demokratie, S. 271 m.w.N.

152 Bspw. *Huber*, AöR 126 (2001), 165 (175 ff.); *Jarass*, Jarass/Pieroth GG, Art. 28 Rn. 7; *Tettinger/Schwarz*, Mangoldt/Klein/Starck GG Bnd. II, Art. 28 Rn. 47. Dazu krit. *Dreier*, Dreier GG Bnd. II, Art. 28 Rn. 67, Fn. 291.

153 Ähnlich auch *Feuchte*, BaWü LVerf Kommentar, Art. 25 Rn. 13, welcher fordert, dass dem Parlament eine „*kraftvolle Betätigung*" verbleiben müsse,

154 *Mehde*, Maunz/Dürig GG Bnd. IV, Art. 28 Rn. 66; ähnlich auch *Huber*, ZG 2009, 311 (312 f.), welcher jedoch für eine aus der Organtreue abgeleitete Pflicht des Landtages votiert, auf das durch Volksgesetzgebung zustande gekommene Gesetz Rücksicht zu nehmen; *ders.*, a.a.O. (319 ff.). Zu den praktischen Erwägungen einer

demnach in der Funktionsweise und der Möglichkeit der Einflussnahme des parlamentarischen Gesetzgebers.[155] Sollte dieser tatenlos bei der Umsetzung von Volksgesetzgebung zuschauen müssen, ergäbe sich die Unvereinbarkeit direktdemokratischer Elemente mit dem Homogenitätsgebot.[156] Beispielhaft wird angeführt, dass im Rahmen von Volksgesetzgebung nicht über Fragen des Haushalts entschieden werden darf.[157] In demselben Sinne urteilte das Hamburger Landesverfassungsgericht, dass dem parlamentarischen Gesetzgeber bestimmte Aufgaben nicht entzogen werden dürfen, da diesem ein Mehrgewicht gegenüber der Volksgesetzgebung zukomme.[158]

Auffällig bei der Diskussion ist, dass das Ergebnis der Konformität direktdemokratischer Elemente mit Art. 28 Abs. 1 GG – teilweise sogar ohne besonderes Problembewusstsein[159] – hingenommen wird.[160] Die Debatte um die Zulässigkeit direktdemokratischer Elemente schwelt im Bereich der Einführung in das Grundgesetz, auf Landesebene hingegen erfolgt sie gar nicht erst. Exemplarisch stellte das Bundesverfassungsgericht in diesem Zusammenhang fest: *„Ihrem*

---

parlamentsinitiierten Volksgesetzänderung *Müller-Franken*, Sachunmittelbare Demokratie 09/10, S. 48 (59).

155 So auch *Neumann*, LVerf Bremen Kommentar, Art. 70 Rn. 3 ff.

156 Vgl. BVerfG v. 24.3.1982 – 2 BvH, 2/82, 2 BvR 233/82, BVerfGE 60, 175 (208); *Mehde*, Maunz/Dürig GG Bnd. IV, Art. 28 Rn. 66; ähnlich *Herdegen*, Hnd. StaatsR. Bnd. VI, § 129 Rn. 15; *Jarass*, Jarass/Pieroth GG, Art. 28 Rn. 7; für einen vollen Gestaltungsfreiraum *Dreier*, Dreier GG Bnd. II, Art. 28 Rn. 67; ferner *Bovenschulte/Fisahn*, RuP 2000, 48 (49 ff.).

157 *Engels*, Sachs GG, Art. 28 Rn. 15; *Mehde*, Maunz/Dürig GG Bnd. IV, Art. 28 Rn. 72, *Dreier*, Dreier GG Bnd. II, Art. 28 Rn. 64, welcher von der *„Führungsrolle des Parlaments mit Budgetrecht"* spricht, welches gesichert sein muss; ähnlich *Tettinger/Schwarz*, Mangoldt/Klein/Starck GG Bnd. II, Art. 28 Rn. 47.

158 LVerfG Hamburg v. 13.10.2016 – HVerf 2/16, LVerfGE 27, 267.

159 Siehe bspw. *Dreier*, Dreier GG Bnd. II, Art. 28 Rn. 67, welcher die direktdemokratischen Elemente als *„unter Homogenitätsgesichtspunkten unproblematisch"* bezeichnet; vgl. ferner *Jürgens*, Direkte Demokratie, S. 271 m.w.N.

160 *Dreier*, Dreier GG Bnd. II, Art. 28 Rn. 67; *Degenhart*, Staatsr. I, S. 48 Rn. 119; *Engels*, Sachs GG, Art. 28 Rn. 15; *Henneke*, Schmidt-Bleibtreu/Hofmann/Henneke GG, Art. 28 Rn. 15; *Menzel*, Landesverfassungsrecht, S. 397, welcher vor allem eine Parallele zu Art. 79 Abs. 3 GG zieht; *Tettinger/Schwarz*, Mangoldt/Klein/Starck GG Bnd. II, Art. 28 Abs. 1 Rn. 47; ausführlicher *Ernst*, v. Münch/Kunig GG Bnd. I, Art. 28 Rn. 25; *Schellenberger*, Bürgerbegehren und Bürgerentscheid, S. 43; welcher aus der Zulässigkeit auf Bundesebene ohne weiteres die Zulässigkeit auf Landes- und Kommunalebene zieht.

Ermessen überlassen ist insbesondere, ob sie den Erlaß von Gesetzen dem Parlament vorbehalten oder daneben ein Volksgesetzgebungsverfahren vorsehen. In diesen Bereich der Gestaltungsfreiheit der Länder, der weder durch Art. 28 Abs. 1 Satz 1 und 2 GG noch durch andere Vorschriften des Grundgesetzes beschränkt wird, gehören auch die landesrechtlichen Bestimmungen darüber, unter welchen Voraussetzungen und mit welchen Inhalten Volksbegehren und Volksentscheid zulässig sein sollen."[161] Bemerkenswert an dieser Aussage ist lediglich die Formulierung „daneben" anstatt „stattdessen ein Volksgesetzgebungsverfahren vorsehen"; eine Ersetzung des parlamentarischen Verfahrens kommt danach wohl auch für das Bundesverfassungsgericht nicht in Betracht.

Insgesamt ist eine Zulässigkeit direktdemokratischer Elemente auf Landesebene zu bejahen. Insbesondere steht dem nicht ein Vorrang des parlamentarischen Gesetzgebers entgegen. Über Art. 28 Abs. 1 S. 1 wird nur ein Entsprechen mit dem Grundsatz der Demokratie gefordert. Der Grundsatz streitet dabei für das Leitprinzip der Demokratie, was aber schon auf grundgesetzlicher Ebene konkretisierungsbedürftig ist, sich bei seiner Auslegung aber der Konkretisierung des Grundgesetzes entzieht.[162] Die das Prinzip konkretisierenden Umstände der grundgesetzlich Umsetzung können nicht zeitgleich konstituierende Merkmale des Prinzips sein.[163] Aufgeweicht werden die Behauptungen des gebotenen Übergewichts des parlamentarischen Gesetzgebers sodann noch über die Mindesthomogenität. Rein prinzipiell ist es damit verwehrt, Grundsatzentscheidungen für konkrete Demokratieformen aus seinen Realbedingungen zu schlussfolgern. So kann aus der bestehenden Konzeption des Grundgesetzes in Form der parlamentarischen Demokratie kein zwingender Schluss auf Landesebene gezogen werden, auch wenn sich die Auslegung der Homogenitätsbedingungen an Art. 20 Abs. 1, 2 GG orientiert. Es bedarf viel mehr direkter verfassungsrechtlicher Einschränkungen des Prinzips, und zwar nicht auf der Ebene der Konkretisierung, sondern auf der Ebene des Prinzips selbst. Aus der

161 BVerfG v. 24.3.1982 – 2 BvH, 2/82, 2 BvR 233/82, BVerfGE 60, 175 (208); vgl. auch schon frühere Äußerungen, bspw. BVerfG v. 22.7.1969 – 2 BvK 1/67, BVerfGE 27, 44 (56).

162 Siehe hierzu die Ausführungen zur Vereinbarkeit direktdemokratischer Elemente mit dem Demokratieprinzip auf Bundesebene; ferner *Hufschlag*, Plebiszitäre Komponenten, S. 116; *Kment*, Jarass/Pieroth GG, Art. 79 Rn. 16.

163 Vgl. *Hain*, Mangoldt/Klein/Starck GG Bnd. II, Art. 79 Rn. 80; siehe zum Demokratischen Prinzip und dessen Realisierung ferner *Hain*, Grundsätze, S. 331 ff.; *Sachs*, Sachs GG, Art. 20 Rn. 12 schreibt davon, dass Referenzmodelle nicht den Maßstab des Prinzips abbilden können und einer unterschiedlichen Entwicklung offensteht.

Bestimmung des demokratischen Rechtsstaates ist demnach kein nachvollziehbarer Vorrang des parlamentarischen Gesetzesgebers zu ziehen.[164]

Die Lage gestaltet sich indes bei direkten Länderverpflichtungen anders; in diesem Rahmen wird Art. 28 Abs. 1 S. 2 GG relevant. Es wird statuiert, dass das Volk in den Ländern eine Vertretung besitzen muss, welche aus den mit Art. 38 Abs. 1 GG deckungsgleich konzipierten Wahlen hervorgegangen ist. Zielrichtung einer Wahl sind allerdings nur Personalentscheidungen, mithin kann der Passus nur als eine Zuwendung zur parlamentarischen Demokratie verstanden werden. Dieser verpflichtet das Land im Zusammenspiel mit Absatz 1 auch direkt und stellt grade keine – dann nur mittelbar wirkende – Grundgesetzkonkretisierung der Demokratie dar. Die Implikationen der Verpflichtung dürfen allerdings nicht überschätzt werden. Vorausgesetzt ist zunächst allein die Existenz des parlamentarischen Gesetzgebers, nicht hingegen die nähere Ausgestaltung. Insofern wird eine grundsätzlich freie prinzipielle Entscheidung schon durch den Auftrag zur Prinzipienumsetzung zu einer bestimmten Realisierung konkretisiert. Dies gestaltet sich unter bundesstaatlichen Gesichtspunkten als zulässig und ist dogmatisch als Abzug der Verfassungsautonomie zu begreifen (oder aber im Rahmen bestehender verwandter Terminologie als Negativkompetenz[165]).

Die gliedstaatliche Verfassungsautonomie stellt sodann aber den starken Gegenpol der beschränkten Ausgestaltung des Demokratieprinzips dar. Da zunächst lediglich die Existenz des parlamentarischen Gesetzgebers ohne konkrete Führungsrolle vorausgesetzt wird, ist es den Ländern uneingeschränkt möglich, plebiszitäre Elemente einzuführen. Diese sind mithin zulässig, obgleich bleibt zu klären, ob dem Land bei der Ausgestaltung Grenzen obliegen.

c) Restriktion aufgrund der Funktionsfähigkeit des Parlaments

Derartige Einschränkungen der Volksgesetzgebung finden sich bereits im historischen Kontext. So sah Art. 73 Abs. 4 der Weimarer Reichsverfassung vor, dass Volksentscheide über Haushaltsplan, Abgabengesetze und Besoldungsordnungen nur der Reichspräsident erlassen konnte.[166] Vergleichbare Erwägungen

---

164 So entschied aber LVerfG Hamburg v. 13.10.2016 – HVerfG 2/16, LVerfGE 27, 267 (299 f.); krit. auch *Becker*, NVwZ 2016, 1708 ff.; *Groß*, JZ 2017, 349 (352); im Ergebnis ebenso BVerfG v. 22.7.1969 – 2 BvK 1/67, BVerfGE 27, 44 (56); *dass.* v. 24.3.1982 – 2 BvH, 2/82, 2 BvR 233/82, BVerfGE 60, 175 (208); *Engels*, Sachs GG, Art. 28 Rn. 15; Volksgesetzgebung befürwortend, insgesamt aber restriktiv *Mehde*, Maunz/Dürig GG Bnd. IV, Art. 28 Rn. 66.

165 Siehe in anderem Zusammenhang die Nachweise in Fn. 143.

166 Vgl. auch BVerfG v. 3.7.2000 – 2 BvK 3/98, BVerfGE 102, 176 (185).

kamen zudem in diversen Prozessen während der Einführung direktdemokratischer Elemente in die Landesverfassung auf, so beispielweise in Schleswig-Holstein; man befürchtete eine Schwächung des Parlaments und wollte dessen Stellung mit dem Passus sichern.[167] Die Einschränkung der Volksgesetzgebung hat sich demnach historisch in dem Verfahren gehalten. Aus der Historie ist indes kein Anerkenntnis der Notwendigkeit derartiger Ausschlüsse zu ziehen. Solche ergeben sich viel mehr unter teleologischen Gesichtspunkten.

Zutreffend sichert der Ausschluss bestimmter Initiativgegenstände wie das Haushaltsrecht, Abgaben oder Besoldungsgesetze die Funktionsfähigkeit des Parlaments, des Staats und der Verwaltung.[168] Das Bundesverfassungsgericht sprach in diesem Kontext davon, „*die Etathoheit des Landtags und die Leistungsfähigkeit des Staates und seiner Verwaltung vor Eingriffen durch den Volksgesetzgeber zu sichern.*“[169]

Hintergrund der Notwendigkeit solcher Ausschlüsse ergeben sich aus der Komplexität der zu behandelnden Thematik. Plebiszite sind in ihrer Praxis als „Ja“- oder „Nein“-Entscheidungen ausgestaltet.[170] Haushaltswirksame Entscheidungen, die unter Zugrundelegung von etwa Personalkosten, außerbudgetären Gesetzen wie sozialstaatlichen Leistungsgesetzen oder Zins- und Tilgungslasten getroffen werden müssen, entziehen sich zutreffend der Abstimmung im Rahmen der Volksgesetzgebung.[171] Insofern wird der Gedanke der parlamentarischen

---

167 Drucksache Landtag SH 12/620 vom 28.11.1989, S. 48; zur damaligen Zeit war der Passus hingegen lediglich für das Volksbegehren und den Volksentscheid vorgesehen, war in der endgültigen Fassung dann logischerweise auch für die Volksinitiative vorgesehen, vgl. GVoBl SH 1990 Nr. 16, S. 391 (397).

168 Überblickend – insbesondere zum Haushaltsvorbehalt – *Degenhart*, BayVBl. 2008, 453 ff.; *Klatt*, Der Staat 50 (2011), 3 (5 ff.).

169 BVerfG v. 3.7.2000 – 2 BvK 3/98, BVerfGE 102, 176 (187).

170 Was das demokratische Kopplungsverbot begründet, wonach nicht verwandte Materien nicht innerhalb eines Volksgesetzgebungsverfahrens verbunden werden dürfen, da eine einfach „Ja“, „Nein“ Antwort nicht hinreichend zwischen verschiedenen Thematiken differenziert; vgl. LVerfG Hamburg v. 7.5.2019 – 4/18, LVerfGE 30, 141 (154 f.); dazu *Becker*, NVwZ 2016, 1708 (1709). Vergleiche ferner zur Gefahr der simplen Ausgestaltung *Ogorek*, ZRP 2019, 61(61) welche vor allem auf die fehlenden Mitbestimmungsrechte und die Gefahr der Orientierung an Meinungsträgern statt am Gegenstand des Verfahrens hinweist.

171 Insofern zutreffend BVerfG v. 3.7.2000 – 2 BvK 3/98, BVerfGE 102, 176 (187 f.); vgl. ferner *Starck*, Hnd. StaatsR. Bnd. VI, § 130 Rn. 98; *Schinkel*, FS für Hans-Joachim Driehaus zum 65. Geburtstag, S. 570 ff.; *Wittreck*, JöR 53 (2005), 111 (116 ff., 151 ff.) mit einem Überblick zur Rechtsprechung bzgl. dieses Themengebiets; überblickend

Demokratie fruchtbar gemacht, dass anstatt Vieler zentralisiert Experten in der jeweiligen Materie entscheiden. Somit ergibt sich schon kraft Natur der Sache ein Ausschluss des Plebiszits, um eine wirksame Entscheidung und Sicherung der Funktionsfähigkeit des Parlaments und der staatlichen Verwaltung zu erreichen.[172] Auch wenn sich sodann kein Übergewicht des parlamentarischen Gesetzgebers über die Volksgesetzgebung ergibt, aus dem eine Unzulässigkeit des Plebiszits gezogen werden kann, folgt nun aus Art. 28 Abs. 1 S. 2 GG, dass die Landesverfassungen die Funktionsfähigkeit des Parlaments zu erhalten haben. Insofern ist den Auffassungen zuzustimmen, welche einen Ausschluss von Haushaltsentscheidungen von plebiszitären Entscheidungen befürworten.[173]

Zusätzlich zu diesen Anforderungen gilt es zu verhindern, dass im Rahmen der Volksgesetzgebung minderwertige Gesetze entstehen. So haben sich Parlamentsgesetze an Gemeinwohlinteressen zu orientieren;[174] die demokratische Legitimation erfolgt nach dem Mehrheitsprinzip.[175] Darauf ist vor allem im Rahmen der Volksgesetzgebung zu achten,[176] da in der Theorie die Möglichkeit besteht, dass eine Minderheit geltendes Recht für alle setzt. Dies ist aber zumindest im Rahmen der Volksinitiative (und auch des Volksbegehrens) weniger problematisch. Selbst wenn eine reine Minderheit der Bevölkerung die Initiative – möglicherweise aus rein eigennützigen Interessen heraus – durchgeführt hat, entscheidet immer noch der Landtag über das Zustandekommen des Gesetzes. Dieser ist aber durch das Volk im Wege der Wahl demokratisch legitimiert, so dass in dem Beschluss des Gesetzes zeitgleich die mehrheitliche Bestätigung des Minderheitenentwurfs und damit ein demokratisch legitimiertes Handeln zu erblicken ist.[177]

Das Bedenken der Rechtsetzung durch eine Minderheit wird man in der Praxis einem im Wege der Volksgesetzgebung entstandenen Gesetz auch kaum vorwerfen können. Im Grunde vergleichbar mit der 5% Hürde für Parteien im

zum Hintergrund des sog. Haushaltsplebizits auch *Chen*, Finanzvorbehalt, S. 65 ff.; *Schwill*, DVBl. 2019, 1241 (1242 f.).

172 Vgl. dazu auch *Hain*, Mangoldt/Klein/Starck GG Bnd. II, Art. 79 Rn. 81.

173 Siehe Nachweise in Fn. 157; a.A. *Menzel*, Landesverfassungsrecht, S. 403.

174 Zutreffend BremStGH v. 14.2.2000 – 1/98, LVerfGE 11, 179 (190).

175 Vgl. dazu auch die Ausführungen von *Bovenschulte/Fisahn*, RuP 2000, 48 (52 ff.).

176 Vergleiche zur Geltung des Mehrheitsprinzips im Rahmen der Volksgesetzgebung ausführlich *Möller*, Volksgesetzgebung, S. 164 ff.

177 Das demokratische Problem folgt somit grundsätzlich nur bei der direkten Abstimmung, also dem Volksentscheid. Obgleich ist durch das hohe Quorum eine hinreichende Legitimation gesichert.

Parlament müssen auch direktdemokratische Elemente ein bestimmtes Quorum nachweisen, um als zulässig bewertet zu werden. Die Beteiligungsquoren steigen dabei proportional zum Ziel. Die Volksinitiative, welche einem Gesetzesinitiativrecht gleichkommt, erfordert die wenigsten Stimmen;[178] der direkt zur Entscheidung führende Volksentscheid hingegen die meisten.[179] Das steigende Quorumerfordernis spiegelt somit die notwendig starke demokratische Legitimation wider. Insofern ist auch eine Entscheidung durch das Mehrheitsprinzip gewährleistet, welches sich zeitgleich mit der Funktionsfähigkeit der Volksgesetzgebung auspendelt.

Man mag auf den Gedanken stoßen, dass der Volksentscheid das Parlament von seiner Mitwirkung ausschließt und somit gegen das geforderte Repräsentationsprinzip des Art. 28 Abs. 1 S. 2 GG verstößt. Der Volksentscheid stellt den letzten Schritt des Volksgesetzgebungsverfahrens dar. Insbesondere im Rahmen der notwendigerweise voranzugehenden Volksinitiative besitzt das Parlament ausreichend Mitwirkungsrechte gegenüber den Initiatoren; bis zur vollständigen Absage an die Initiative selbst. Wenn im Wege des Volksentscheids ein Gesetz zustande kommt, hat es die notwendige demokratische Legitimation anhand des bisherigen Verfahrensverlaufs über Initiative, Begehren und in Verbindung mit den abgegebenen Stimmen, welche ein Überstimmen des Parlaments rechtfertigen. Insofern kann zutreffend von einer Ergänzungsfunktion der direktdemokratischen Elemente gegenüber der repräsentativen Demokratie gesprochen werden.[180] Zusätzlich besitzt das Parlament auch in diesem Verfahrensabschnitt noch weitere Rechte und ist aus dem Prozess nicht ausgeschlossen; so kann es beispielsweise auch seinen eigenen Gesetzentwurf zur gleichzeitigen Abstimmung stellen.[181] Selbst wenn somit ein Gesetz zustande kommt, welches nicht dem Willen des Parlaments entspricht, kann von keiner Verdrängung desselbigen im Gesetzgebungsprozess die Rede sein. Ultimativ handelt es sich auch bei Volksgesetzen um solche, die im Wege des parlamentarischen Gesetzgebungsprozesses

---

178 40.000 in Sachsen, Art. 71 Abs. 1 LVerf Sachsen; 20.000 in SH, Art. 48 Abs. 1 LVerf SH und Brandenburg, Art. 76 Abs. 1 LVerf Brandenburg; 10.000 in Hamburg, Art. 50 Abs. 1 LVerf Hamburg.

179 450.000 in Sachsen, Art. 72 Abs. 2 LVerf Sachsen; die Mehrheit der abgegebenen Stimmen, aber mindestens 15 % der Stimmberechtigten in SH, Art. 49 Abs. 4 LVerf SH; selbiges in Brandenburg, jedoch mit einer 25 % Hürde, vgl. Art. 78 Abs. 2 LVerf Brandenburg; die Mehrheit der Abstimmenden, aber mindestens 20 % in Hamburg, Art. 50 Abs. 3 LVerf Hamburg.

180 *Mehde*, Maunz/Dürig GG Bnd. IV, Art. 28 Rn. 65 f.

181 Art. 49 Abs. 2 S. 2 LVerf SH.

geändert werden können und die dem *lex posterior* Grundsatz unterliegen.[182] Dem Parlament somit Befugnisse abzusprechen, liegt fern.

5. *Zusammenfassung*

Art. 28 Abs. 1 S. 1 GG schreibt zwar den Ländern in Verbindung mit Art. 28 Abs. 1 S. 2 GG eine Repräsentationsstruktur und damit das Vorhandensein der repräsentativen Demokratie vor, gewährt aufgrund der gliedstaatlichen Verfassungsautonomie allerdings auch einen ausreichend großen Umsetzungsspielraum bei der Ausgestaltung der jeweiligen Landesverfassung. Das Anerkenntnis der Verfassungsautonomie legitimiert daher die Einführung von direktdemokratischen Elementen in die jeweilige Landesverfassung. Den Ländern ist es dabei im Grundsatz belassen, direktdemokratische Elemente in jedweder Form auszugestalten. Als unzulässig sind jedoch solche Elemente zu bewerten, welche den parlamentarischen Gesetzgeber vollständig von seinen Aufgaben entbinden und das parlamentarische Demokratiesystem faktisch abschaffen. Hierin ist ein Verstoß gegen die Mindesthomogenität und das Erfordernis einer Repräsentationsstruktur nach Art. 28 Abs. 1 S. 2 GG zu erblicken. Nach geltenden Bestimmungen ist an der Verfassungsmäßigkeit bestehender direktdemokratischer Elemente in den Bundesländern nichts auszusetzen.

II. Zulässigkeit auf Bundesebene

Gänzlich anders als bei der Frage der Existenz direktdemokratischer Elemente auf Landesebene gestaltet sich die Diskussion um die Einführung ebenjener Elemente in das Grundgesetz. Gradmesser der Zulässigkeit stellt konsequenterweise nicht mehr Art. 28 Abs. 1 S. 1 GG dar, sondern das Demokratieprinzip des Art. 20 Abs. 1 GG direkt. Die Einführung direktdemokratischer Elemente vermag dabei möglicherweise gegen die grundgesetzliche Realisierung der parlamentarischen Demokratie zu verstoßen, was zugleich einen Verstoß gegen die Ewigkeitsklausel des Art. 79 Abs. 3 GG mit sich bringt. Dabei steht nicht nur ein Konflikt mit den in Art. 1 und 20 GG niedergelegten Grundsätzen im Raum, sondern auch mit der grundsätzlichen Mitwirkung der Länder an der Gesetzgebung

---

182 VG Schleswig v. 24.11.1999 – 9 B 111/99, NVwZ-RR 2000, 434 ff.; LVerfG Hamburg v. 15.12.2004 – HVerfG 6/04, NVwZ 2005, 685 (686); *Magsaam*, Mehrheit, S. 560 ff.; vgl. *Badura*, Staatsrecht, E 12, S. 620; ferner zur Bindungswirkung von Volksgesetzen *Borowski*, DÖV 2000, 481 ff.; *Salaw-Hanslmeier/Möller*, ZRP 2020, 77 ff.; zur Sperrwirkung des Volksbegehrens siehe *Huber*, ZG 2009, 311 (315 ff.).

des Bundes.[183] Im Falle eines Verstoßes handelt es sich um eine Konstellation des verfassungswidrigen Verfassungsrechts.[184] Obwohl eine eventuelle Einführung direktdemokratischer Elemente in das Grundgesetz selbst Verfassungsrang aufweisen würde, ist ein Verstoß gegen die durch die Ewigkeitsklausel nach Art. 79 Abs. 3 GG hervorgehobenen und damit hierarchisch höhergestellten Art. 1 GG und Art. 20 GG sowie Art. 79 Abs. 3 GG selbst denkbar.[185]

Im Überblick lassen sich grob drei Richtungen zusammenfassen, innerhalb derer für oder gegen eine Zulässigkeit argumentiert wird. Einerseits wird für einen Verstoß gegen Art. 79 Abs. 3 GG argumentiert,[186] was eine gänzliche Unzulässigkeit direktdemokratischer Elemente bis zur Neugestaltung der Verfassung i.S.d. Art. 146 GG[187] zur Folge hätte. Andererseits wird zwar ein Verstoß gegen die Ewigkeitsklausel verneint, jedoch für eine notwendigerweise zu erfolgende Verfassungsänderung plädiert.[188] Zuletzt wird angenommen, dass eine solche nicht einmal notwendig sei und direktdemokratische Elemente bereits durch einfaches Bundesgesetz in die Praxis umgesetzt werden könnten.[189] Insgesamt wird die erweiterte Einführung direktdemokratischer Elemente in das Grundgesetz jedoch als zulässig angesehen.[190] Unklar bleibt die konkrete Ausgestaltung.

---

183 Nach h.M. erfährt der Wortlaut diese Ergänzung, dazu *Bryde*, v. Münch/Kunig GG Bnd. II, Art. 79 Rn. 44; *Dreier*, Dreier GG Bnd. II, Art 79 III Rn. 23; *Hain*, Mangoldt/Klein/Starck GG Bnd. II, Art. 79 Abs. 3 Rn. 133; *Sachs*, Sachs GG, Art 79 Rn. 44.

184 Dazu generell bei *Dreier*, Dreier GG Bnd. II, Art. 79 Abs. 3 Rn. 14; *Hain*, Mangoldt/Klein/Starck GG Bnd. II, Art. 79 Rn. 38 ff.

185 Daraus folgt das bereits dargestellte, dass Art. 79 Abs. 3 GG auf verfassungsrechtlicher Ebene den alleinigen Prüfungsmaßstab von Verfassungsänderungen darstellt, siehe dazu BVerfG v. 6.10.1992 – 1 BvR 1586/89, BVerfGE 87, 181 (196); *dass.* v. 14.5.1996 – 2 BvR 1938, 2315/93, BVerfGE 94, 49 (85, 102 f.).

186 *Engelken*, DÖV 2006, 550 (553 ff.).

187 Unter Annahme dessen, dass Art. 79 Abs. 3 GG nur für den verfassungsändernden, nicht für den verfassungsgebenden Gesetzgeber gilt, siehe *Dreier*, Dreier GG Bnd. II, Art 79 Abs. 3 Rn. 59 m.w.N.

188 *Hain*, Mangoldt/Klein/Starck GG Bnd. II, Art. 79 Abs. 3 Rn. 82; *Maurer*, StaatR., § 7 Rn. 39; wohl auch *Stern*, StaatsR. Bnd. II, § 25 II 1 b, wonach ein Volksbegehren zumindest dann unzulässig sei, wenn es nicht ausdrücklich im Grundgesetz Erwähnung findet; klarer in StaatsR. Bnd. I, § 18 II 5, S. 607, im Ergebnis auch *Wessels*, Ausnahmetatbestände, S. 123 ff., welcher die maßgebliche Problematik um Art. 79 Abs. 3 GG hingegen übersieht.

189 *Meyer*, JZ 2012, 538 ff.

190 *Dreier*, Dreier GG Bnd. II, Art 79 Abs. 3 Rn. 40; *Kühling*, JuS 2009, 777 ff.; *Sachs*, Sachs GG, Art 79 Rn. 68; siehe auch *Hain*, Mangoldt/Klein/Starck GG Bnd. II, Art. 79 Abs. 3 Rn. 81; *Maurer*, StaatsR., § 7 Rn. 39; *Meyer*, JZ 2012, 538 (541); *Danwitz*, DÖV 1992,

Zuvorderst ist dabei die Notwendigkeit einer Grundgesetzänderung oder die Möglichkeit der Einführung durch ein einfaches Bundesgesetz zu erörtern. Darauffolgend ist die Kollision mit dem Demokratieprinzip und der grundsätzlichen Mitwirkung der Länder zu untersuchen.

1. Verfassungsvorbehalt oder Einführung durch Bundesgesetz?

Streitpunkt der Thematik liegt in der Frage der Art der Einführung direktdemokratischer Elemente; sie betrifft mithin das „Wie" und nicht das „Ob" einer Erweiterung. Zweifellos wird diese Differenzierung bei der Diskussion um die Zulässigkeit im Grundgesetz nicht immer beibehalten, soll hier aber aufgrund des Wortlauts des Art. 79 Abs. 3 GG so vollzogen werden.

Insbesondere zugunsten der Einführung durch ein einfaches Bundesgesetz wird auf den ersten Blick überzeugend mit dem Wortlaut des Art. 20 Abs. 2 S. 2 GG argumentiert,[191] welcher ausdrücklich Abstimmungen erwähnt und somit schon die verfassungsrechtliche Grundlage zugunsten plebiszitärer Elemente gelegt habe.[192] Aufgrund des innewohnen plebiszitären Charakters von Abstimmungen kann dieser Ansicht nicht ihre Legitimation abgesprochen werden – zugegebenermaßen fällt es umso schwerer, wenn man mit dem Bundeswahlgesetz auch durch ein Bundesgesetz das Wort Wahlen nach Art. 20 Abs. 2 S. 2 GG konkretisiert hat – im Ergebnis ist diesem Ansatz aber nicht zu folgen.[193]

Zutreffend wird klargestellt, dass die Existenz von Abstimmungen im Grundgesetz durch die Erwähnung in Art. 20 Abs. 2 S. 2 GG mindestens als zukünftige Öffnung für direktdemokratische Elemente verstanden werden kann,[194] diese also zumindest nicht mit dem Demokratieverständnis zu kollidieren scheinen (dazu sogleich ausführlicher). Es darf aber trotz der zutreffend bestehenden Offenheit des Grundgesetzes für plebiszitäre Elemente nicht übersehen werden,

---

601 ff. zu verfassungspolitischen Fragestellungen; a.A. *Wessels*, Ausnahmetatbestände, S. 207; zudem *Engelken*, DÖV 2006, 550 (554 ff.), welcher die vollständige Volksgesetzgebung als unzulässig erachtet, hingegen bestimmte direktdemokratische Elemente als zulässig, soweit sie nicht auf einer Stufe mit vollplebiszitären Entscheidungen stehen, dazu *ders.*, a.a.O., 550 (555).

191 *Elicker*, ZRP 2004, 225 (229); *Meyer*, JZ 2012, 538 (542).

192 *Meyer*, JZ 2012, 538 (542), wonach die Formulierung Abstimmungen in Art. 20 Abs. 2 S. 2 GG einen bisher unerfüllten Gesetzgebungsauftrag beinhalte.

193 Dazu *Kühling*, JuS 2009, 777 (778).

194 Dazu auch *Herbst*, ZRP 2005, 29 (31); zur Öffnung des Grundgesetzes auch *Menzel*, Landesverfassungsrecht, S. 397; *Sachs*, Sachs GG, Art. 79 Rn. 68, welcher Abstimmungen als Option zur Ausgestaltung in Bund und Ländern begreift.

dass der Weg der Gesetzgebung im parlamentarischen Gesetzgebungsprozess durch das Grundgesetz ausführlich und detailliert vorgegeben ist; dafür ist lediglich ein Blick in die maßgeblichen Artikel des Grundgesetzes im VII. Abschnitt von Nöten. Richtigerweise werden die Mechanismen des geltenden Gesetzgebungsverfahrens durch direktdemokratische Elemente ausgehebelt,[195] auch wenn der dadurch bedingte Ausschluss der Länder vom Gesetzgebungsprozess nicht als Argument[196] herangezogen werden kann, da diese Problematik sich erst im anerkannten Fall der notwendigen Grundgesetzänderung eröffnet. Zutreffend wird der Einführung durch ein einfaches Bundesgesetz aber auch der Art. 77 Abs. 1 GG entgegengehalten,[197] wonach die Bundesgesetze vom Bundestag beschlossen werden. Selbiges haben auch die Landesverfassungsgeber erkannt, die Landesverfassungen sehen jeweils vor, dass auch Gesetze durch den Landtag oder einen Volksentscheid beschlossen werden.[198] So muss dann die Frage aufkommen, wie im Rahmen der Volksgesetzgebung entstandene Gesetze beschlossen werden, fügt sich Art. 77 Abs. 1 GG doch erkennbar schon systematisch in das vom Grundgesetz vorgegebene Gesetzgebungsverfahren ein. Ebenjenes Verfahren schweigt jedoch gänzlich über das Zustandekommen von Gesetzen im Wege von Abstimmungen, was zwar nicht direkt als Verbot dergleichen gewertet werden sollte[199], aber dennoch genügend Anlass dafür gibt, um bestehende grundgesetzliche Regelungen nicht einfach durch untergesetzliche Normen zu ergänzen. Dasselbe verbietet gerade Art. 79 Abs. 1 GG, wonach die Änderung des Grundgesetzes nur durch ein Gesetz vollzogen werden kann, durch welches der Wortlaut ausdrücklich ergänzt oder geändert wird. Nichts anderes würde aber geschehen, wenn man das bestehende parlamentarische Gesetzgebungsverfahren durch direktdemokratische Elemente anreichert und

---

195 *Herbst*, ZRP 2005, 29 (31).

196 So *Herbst*, ZRP 2005, 29 (31).

197 *Herbst*, ZRP 2005, 29 (31). Siehe dazu auch Begründung zu BT-Drucksache 19/16 v. 4. Oktober 2017, in welcher für eine notwendige Änderung des Art. 77 Abs. 1 GG plädiert wird; selbiges in BT-Drucksache 19/12371 v. 13. August 2019.

198 Beispielhaft Art. 44 Abs. 2 LVerf SH; Art. 48 Abs. 2 LVerf Hamburg; Art. 72 Abs. 1 LVerf Bayern; Art. 116 Abs. 1, 2 LVerf Hessen; Art. 81 Abs. 2 LVerf Thüringen; Art. 42 Abs. 1 LVerf Niedersachsen; Art. 81 Abs. 1 LVerf Brandenburg. Derartige Formulierungen sind beispielsweise nicht in der Landesverfassung Nordrhein-Westfalens enthalten, siehe Art. 66 LVerf NRW.

199 Zu diesem Schluss gelangt *Herbst*, ZRP 2005, 29 (31). Dem kann schon nicht gefolgt werden, weil sich bereits aus der Grundlage des Art. 79 Abs. 3 GG die Höhergewichtigkeit des Demokratieprinzips ergibt, welches auch Abstimmungen enthält.

so zu einer anderweitigen Gesetzesfindung gelangt, als es nach der derzeitigen Fassung des Grundgesetzes der Fall ist.

Für den Fall der Erweiterung des bestehenden Gesetzgebungsprozesses um plebiszitäre Elemente ist somit eine Änderung des Grundgesetzes zu verlangen; die Einführung steht damit unter einem Verfassungsvorbehalt.[200] Die Ergänzung des Gesetzgebungsprozesses durch ein Bundesgesetz erweist sich als nicht ausreichend.

2. *Vereinbarkeit mit dem Demokratieprinzip*

Die notwendige Grundgesetzänderung hat sich sodann an den Maßstäben des Art. 79 Abs. 3 GG zu messen. Zielrichtung der Ewigkeitsklausel besteht in der Sicherung des absoluten Kerngehalts der in Art. 1 und 20 GG niedergelegten Grundsätze – die Verfassungsänderung hat sich auch im Rahmen der geltenden Verfassung zu bewegen[201] – zu denen vor allem das in Art. 20 GG gelistete Demokratieprinzip zählt.[202] Zu ebenjenen Grundsätzen zählen aber diejenigen Bestimmungen nicht, welche die Grundsätze außerhalb der in Art. 1 GG und Art. 20 GG vorzufindenden Form konkretisiert haben; Art. 28 Abs. 2 GG und Art. 38 Abs. 1 GG sind bei der Bestimmung des unantastbaren Kerngehalts des Demokratieprinzips demnach nicht zu berücksichtigen.[203] Nur eine derartige Auslegung deckt sich mit dem Wortlaut des Art. 79 Abs. 3 GG, wonach die in

---

200 So auch die soweit ersichtlich überwiegende Meinung im Schrifttum, siehe *Degenhart*, Staatsr. I, S. 47 Rn. 117; *Hain*, Mangoldt/Klein/Starck GG Bnd. II, Art. 79 Abs. 3 Rn. 82; *Kühling*, JuS 2009, 777 (778); *Maurer*, StaatsR., § 7 Rn. 39; wohl auch *Menzel*, Landesverfassungsrecht, S. 397; *Stern*, StaatsR. Bnd. I, S. 607; *Jürgens*, Direkte Demokratie, S. 327; *Schwerdtfeger*, Legitimation, S. 34; *Wittreck*, Jahrbuch Direkte Demokratie, S. 43 Fn. 9 f.; *Kielmansegg*, JuS 2006, 323 (324); siehe auch *Wessels*, Ausnahmetatbestände, S. 125 Fn. 609 m.w.N.; im Einzelnen *Bugiel*, Volkswille, S. 127 ff.

201 Beispielhaft *Sachs*, Sachs GG, Art. 79 Rn. 9; a.A. *Meyer*, JZ 2012, 538 ff.

202 Diese Annahme folgt aus dem Wortlaut des Art. 79 Abs. 3 GG, nach welchem auf die in Art. 1 und 20 GG niedergelegten Grundsätze abgestellt wird; wie bereits dargelegt zählt dazu insbesondere das in Art. 20 Abs. 1, 2 GG verankerte Demokratieprinzip; vgl. ferner beispielhaft *Kment*, Jarass/Pieroth GG, Art. 79 Rn. 16.

203 So auch *Hufschlag*, Plebiszitäre Komponenten, S. 116; *Kment*, Jarass/Pieroth GG, Art. 79 Rn. 16; vgl. aber krit. dazu *Bryde*, v. Münch/Kunig GG Bnd. II, Art 79 Rn. 51, wonach die Konkretisierungen zwar kein Teil des Art. 79 Abs. 3 GG darstellen, obgleich diese aber als Teil der „Realbedingungen" mit einbezogen werden; sodann aber *ders.*, v. Münch/Kunig GG Bnd. II, Art 79 Rn. 52, wonach der Vermittlungsprozess zwischen Bürgerwillen und Staatshandeln nicht im Einzelnen festgelegt ist.

den Art. 1 und 20 GG niedergelegten Grundsätze für unantastbar erklärt werden; der Wortlaut verbietet somit den Rückgriff auf sämtliche Konkretisierungen des Grundgesetzes, welche nicht selbst in den Artikeln ihre Niederlegung wiedergefunden haben.[204] Die Konstellation verhält sich dabei vergleichbar zu derjenigen auf Landesebene; das Demokratieprinzip ist unantastbar, die Realisierung des Prinzips in der Praxis hingegen nicht. Dafür streitet zudem die Stellung des Art. 79 Abs. 3 GG als absolute Ausnahmevorschrift, deren Sinn es gerade nicht ist, sämtliche Bestimmungen des Grundgesetzes unter den Schutz der Ewigkeitsklausel zu stellen und somit allen Änderungen des verfassungsändernden Gesetzgebers und letztlich damit des Volkes zu entziehen (und diesem nur die Möglichkeit der Schaffung eines neuen Grundgesetzes zu lassen).[205]

Maßgeblicher Gradmesser für die Zulässigkeit im Hinblick auf das Demokratieverständnis stellt somit lediglich Art. 20 GG dar, welcher in Absatz 2 Satz 2 ausdrücklich Abstimmungen als Mittel der Bevölkerung zur Ausübung von Staatsgewalt zulässt, welche immer ein plebiszitäres Element beinhalten.[206] Direktdemokratische oder plebiszitäre Elemente sind dem Grundgesetz nicht fremd, wie auch die Existenz von Art. 29, 118 und 118a GG aufzeigt.[207] Der unantastbare Bereich des Art. 20 GG erstreckt sich somit nicht nur auf Wahlen und damit auf repräsentative Demokratiestrukturen, sondern auch auf direktdemokratische Abstimmungen selbst. Sollte man nun den Positivbefund aufstellen, dass die Implementierung direktdemokratischer Elemente in das Grundgesetz ebenjenen Kerngehalt des Demokratieprinzips berührt und somit im Hinblick auf die Ewigkeitsklausel als unzulässig zu bewerten sei, offenbart sich ein nicht zu übersehener Widerspruch im Schutz der Ewigkeitsklausel selbst. Denn der Kerngehalt des Demokratieprinzips unter Nennung von Abstimmungen würde sich gegen sich selbst richten, wenn direktdemokratische Elemente – in der Regel also Abstimmungen – als Verstoß gegen Art. 79 Abs. 3 GG zu werten wären.[208] Gleichzeitig wäre es dem verfassungsändernden

---

204 Siehe nur *Hufschlag*, Plebiszitäre Komponenten, S. 115 f.

205 *Bryde*, v. Münch/Kunig GG Bnd. II, Art. 79 Rn. 32 ff.; *Hufschlag*, Plebiszitäre Komponenten, S. 114 f.; zur restriktiven Auslegung des Art. 79 Abs. 3 GG ferner BVerfG v. 15.12.1970 – 2 BvF 1/69, BVerfGE 30, 1 (25); *Kment*, Jarass/Pieroth GG, Art. 79 Rn. 9.

206 Siehe dazu die Ausführungen zur repräsentativen Demokratie unter III.A.2; i. Ergebnis ebenso *Menzel*, Landesverfassungsrecht, S. 397.

207 Nach *Bugiel*, Volkswille, S. 119 ff.; *Scheuner*, JöR 95 (1970), 353 (369) handelt es sich hierbei jedoch um keine Abstimmungen im Sinne des Art. 20 Abs. 2 S. 2 GG.

208 Vgl. im Kern dazu auch die Argumentation von *Hufschlag*, Plebiszitäre Komponenten, S. 117.

Gesetzgeber untersagt, Abstimmungen als unantastbaren Kerngehalt ersatzlos aus dem Grundgesetz zu streichen, sollte ein rein parlamentarisches Demokratiesystem bevorzugt werden.[209] Wenn der Schutzgehalt des Art. 79 Abs. 3 GG sich schon auf die Grundsätze des Art. 20 GG erstreckt – und damit auch Abstimmungen inkludiert – kann unter Achtung der Ewigkeitsklausel kein Widerspruch direktdemokratischer Elemente mit dem Demokratieverständnis begründet werden. Dem steht auch nicht der weitergehende Wortlaut des Art. 20 Abs. 2 S. 2 GG entgegen, wonach die Staatsgewalt durch besondere Organe ausgeübt wird. Der Wortlaut weist durch seine Formulierung „Wahlen und Abstimmungen und durch besondere Organe" kein Exklusivitätsverhältnis auf; die Ausübung durch besondere Organe ist gleichrangig zu Abstimmungen. Insofern findet die parlamentarische Demokratie zwar auch ihre Niederlegung in Art. 20 GG, aber keine exklusive. Es folgt, dass Art. 20 Abs. 2 S. 2 GG kein Rangverhältnis zwischen Wahlen als Ausdruck repräsentativer Demokratie und Abstimmungen als Synonym plebiszitärer Beteiligungen statuiert. Daraus kann nur die Gleichwertigkeit beider Demokratieformen geschlossen werden,[210] ein Mehrgrundsatz des parlamentarischen Systems ist mithin auch nicht auf Grundgesetzebene zu erkennen und vermag somit an der Zulässigkeit direktdemokratischer Elemente nichts zu ändern.[211] In diesem Zusammenhang erweisen sich plebiszitäre Elemente somit als zulässig.

---

209 So auch *Dreier*, Dreier GG Bnd. II, Art. 79 III Rn. 40; *Hufschlag*, Plebiszitäre Komponenten, S. 117; *Meyer*, JZ 2012, 538 (543); *Zacharias*, Wehrhafte Demokratie, S. 57 (86).

210 *Degenhart*, Der Staat 1992, 77 (78); *Jürgens*, Direkte Demokratie, S. 286 f.; *Bryde*, v. Münch/Kunig GG Bnd. II, Art. 79 Rn. 52, wonach das Verhältnis direktdemokratischer und parlamentarischer Elemente zumindest unentschieden bleibt; *Hufschlag*, Plebiszitäre Komponenten, S. 118; *Weber*, DÖV 1985, 178 (179); *Schellenberger*, Bürgerbegehren und Bürgerentscheid, S. 39.

211 Diese Annahme beruft sich freilich nur auf die nicht näher konkretisierte Mindestgarantie des Art. 20 Abs. 1, 2 GG zum geltenden Demokratieprinzip. In der Gesamtbetrachtung ergibt sich indes schon ein Übergewicht des parlamentarischen Gesetzgebers, welches nicht zuletzt durch die Bestimmungen über das Gesetzgebungsverfahren mehr als deutlich wird. Selbiges ist damit auch grade Argumentationsgrundlage für die Annahme, dass die Einführung direktdemokratischer Elemente einer Verfassungsänderung bedarf. Zu dem Ergebnis gelangt auch *Wessels*, Ausnahmetatbestände, S. 207, der daraus jedoch die vollständige Unzulässigkeit direktdemokratischer Elemente zieht.

3. Vereinbarkeit mit der Beteiligung der Länder an der Gesetzgebung

Konfliktpotenzial mit Art. 79 Abs. 3 GG ergibt sich dennoch aus der grundsätzlichen Beteiligung der Länder an der Gesetzgebung. Zumindest für den hypothetischen Fall der Existenz der stärksten direktdemokratischen Volksbeteiligung in Form des Volksentscheids wären die Länder über ihre Mitwirkung im Bundesrat von der Gesetzgebung ausgeschlossen. Das gilt hingegen nicht für eine hypothetische Existenz der Volksinitiative.[212] Die Volksinitiative als Äquivalent eines parlamentarischen Gesetzesinitiativrechts für das Volk vermag an den Beteiligungsrechten der Länder im Rahmen des parlamentarischen Gesetzgebungsverfahrens über den Bundesrat nichts zu ändern,[213] sofern das derzeitige Hauptverfahren nach den Gesetzgebungsvorschriften des Grundgesetzes beibehalten wird.

Die Einführung des gesamten Volksgesetzgebungsverfahrens selbst steht aber noch in Rede und konfligiert mit der Beteiligung der Länder an der Gesetzgebung des Bundes in dem Fall, in denen die Abstimmung des Volkes unmittelbar zur Entscheidung für ein Gesetz führt, womit dem Bundesrat die Mitwirkungsrechte entzogen wären. Gerade der Vergleich mit den Rechten im parlamentarischen Gesetzgebungsverfahren rechtfertige somit die Annahme der Unzulässigkeit eines Volksentscheids auf Bundesebene.[214]

Der Wortlaut des Art. 79 Abs. 3 GG spricht von der grundsätzlichen Mitwirkung. Er eröffnet somit nicht nur die Restriktionsmöglichkeit für den Verfassungsgeber selbst,[215] sondern lässt zugleich erkennen, dass auch aufgrund mangelnder weitergehender Konkretisierung gerade keine konkrete Mitwirkungsmöglichkeit geschützt werden soll.[216] Unter Hinzunahme der restriktiven Auslegung der Ewigkeitsklausel wird zutreffend erkannt, dass die konkrete Beteiligung der Länder im Bundesrat über beispielsweise Einspruchs- und Zustimmungsgesetze in der Form nicht garantiert ist.[217] Dieses Ergebnis ändert

212 Vgl. *Hufschlag*, Plebiszitäre Komponenten, S. 119.

213 *Hufschlag*, Plebiszitäre Komponenten, S. 119. Zum selben Ergebnis gelangt auch *Engelken*, DÖV 2006, 550 (555), welcher die Zulässigkeit per se zwar nicht in Frage stellt, jedoch den durch eine erfolgreiche Initiative erfolgten Handlungsdruck zur Umsetzung des Initiativbegehrens kritisiert, welchem zumindest eine Vergleichbarkeit mit dem Volksentscheid innewohnt.

214 *Engelken*, DÖV 2006, 550 (553 ff.).

215 *Engelken*, DÖV 2006, 550 (552).

216 *Hufschlag*, Plebiszitäre Komponenten, S. 122.

217 Beispielhaft *Anderheiden*, Hnd. StaatsR. Bnd. VI, § 140 Rn. 22 ff; *Bryde*, v. Münch/Kunig GG Bnd. II, Art. 79 Rn. 44; *Dietlein*, BeckOK GG, Art. 79 Rn. 25; *Hufschlag*,

indes nichts an der Tatsache, dass bei einer Vollumsetzung des unmittelbar zur Entscheidung führenden Volksentscheids eine grundsätzliche Mitwirkung der Länder in etwaiger Form gar nicht in Betracht kommt. Die Diskussion um die Problematik des Art. 79 Abs. 3 GG verlagert sich nunmehr von der Frage, ob eine grundsätzliche Mitwirkung im Rahmen der Vollumsetzung überhaupt gegeben ist (was definitiv negativ zu beantworten ist), auf die Frage, wie eine solche grundsätzliche Mitwirkung unter Achtung des Art. 79 Abs. 3 GG erreicht werden kann. Eine ausführliche Diskussion um die eingebrachten Lösungsvorschläge würde allerdings den Rahmen der vorliegenden Arbeit überschreiten und ist monographisch bereits ausführlich bearbeitet worden.[218] Sie sind dennoch ihrem Wesen nach zu skizzieren.

a) *Bundesstimme als zeitgleiche Abgabe einer Landesstimme*

Zunächst ist es denkbar, die im Rahmen eines bundesweiten Volksentscheids abgegebenen Stimmen aus den jeweiligen Bundesländern zugleich als abgegebene Landesstimmen zu betrachten und somit als Landesbeteiligung im Rahmen des Gesetzgebungsverfahrens auf Bundesebene zu gewichten.[219] Da die Mitwirkung des Bundesrates in der konkreten Form nicht garantiert ist, spricht nichts dagegen, auch eine Abstimmung des Volkes als Mitwirkung des Landes zu begreifen.[220] Ein derartiges System würde zumindest in der Theorie eine Beteiligung des Landes garantieren, welche sich indes nur auf die reine Stimmenabgabe beschränkt. Damit kann das Landesvolk zwar seine Befürwortung oder Ablehnung gegenüber dem Entscheid zum Ausdruck bringen, befindet sich allerdings nicht in einer mit den dem Bundesrat zustehenden Rechten vergleichbaren

Plebiszitäre Komponenten, S. 122; *Kment*, Jarass/Pieroth GG, Art. 79 Rn. 14; *Sannwald*, Schmidt-Bleibtreu/Hofmann/Henneke GG, Art. 79 Rn. 46.

218 Siehe *Estel*, Direkte Demokratie, S. 102 ff., welche sich ausführlich mit den Lösungsmöglichkeiten auseinandersetzt; ferner *Blasche*, Mitwirkung, S. 203 ff.; *Möller*, Volksgesetzgebung, S. 155 ff.; dazu auch *Bugiel*, Volkswille, S. 109 ff., welcher insbesondere auf Art. 20 Abs. 2 S. 2 GG eingeht.

219 Dazu *Estel*, Direkte Demokratie, S. 102 ff.; *Hufschlag*, Plebiszitäre Komponenten, S. 123 f.; krit. *Engelken*, DÖV 2006, 550 (552).

220 Zur Ersetzungsmöglichkeit des Bunderates *Bryde*, v. Münch/Kunig GG Bnd. II, Art. 79 Rn. 44; *Hain*, Mangoldt/Klein/Starck GG Bnd. II, Art. 79 Abs. 3 Rn. 133; *Sachs*, Sachs GG, Art. 79 Rn. 45; ausführlich *Estel*, Direkte Demokratie, S. 181 ff.

Lage.[221] Von einer Mitwirkung an der Gesetzgebung kann in einem solchen Fall schon gar nicht die Rede sein; die Partizipation beschränkt sich auf die denkbar einfachste Möglichkeit der Teilhabe. Das Mitwirkungsrecht würde zu einem reinen Beteiligungsrecht in Form der Befürwortung oder Ablehnung verkommen. Zudem stünden den Bürgern nach diesem Modell lediglich eine Stimme zu, so dass eine Unterscheidung zwischen Bundes- und Landesbürger hinfällig wird; sie sind mithin gezwungen, auf Bundesebene wie auch auf Landesebene gleich zu entscheiden.[222] Daraus folgt, dass sich die Beteiligung der Länder an der Gesetzgebung des Bundes nach diesem Modell als reine Fiktion erweist. Denn obwohl in der Gesamtheit ein Bundesvolk besteht und durch die territoriale Abgrenzung auch ein Landesvolks als existent angesehen wird – dieses aber im Vergleich zum Bund teilidentisch ist[223] – folgt daraus nicht die Annahme, das Bundesvolk gleichzeitig als Träger der Landesstaatsgewalt anzusehen. Eine solche Annahme ist jedoch die Mindestvoraussetzung dieses Lösungsvorschlages. Durch die gliedstaatliche Verfassungsautonomie ist es zunächst Aufgabe der Länder selbst, ihre eigenen Bestimmungen zur Landesangehörigkeit zu bestimmen;[224] eine Identifizierung des Landesvolk über das Bundesvolk selbst ist nicht vollziehbar,[225] sondern erfolgt erst über die in der Praxis vorzufindende Zusatzvoraussetzung des Wohnortes.[226] Daraus lässt sich schlussfolgern, dass in der Ausübung von Staatsgewalt auf Bundesebene als Bundesvolk nicht zeitgleich die Beteiligung der Länder an der Gesetzgebung gesichert werden kann; die verschiedenen Träger der Staatsgewalt von Bund oder Land sind demnach zu trennen, die Stimmabgabe als gemeinsames Abstimmungsverhalten aufzugreifen ist verfehlt.[227] Ein derartiges Konzept ist mit Art. 79 Abs. 3 GG nicht vereinbar.

---

221 Siehe dazu auch *Engelken*, DÖV 2006, 550 (551), welcher die Beteiligung zumindest als Möglichkeit der substantiellen Stellungnahme versteht; *Hufschlag*, Plebiszitäre Komponenten, S. 123, welcher von einer effektiven Einflussnahme spricht.

222 *Estel*, Direkte Demokratie, S. 116 ff., 296.

223 *Estel*, Direkte Demokratie, S. 120; *Rozek*, Prüfungs- und Entscheidungsmaßstab, S. 31 f.

224 *Grawert*, Hnd. StaatsR. Bnd. II, § 16 Rn. 33.

225 Vgl. *Maurer*, FS für Günther Winkler, S. 615 (630).

226 *Estel*, Direkte Demokratie, S. 119 f.

227 Siehe dazu umfassend *Estel*, Direkte Demokratie, S. 117 ff.

b) Bundesstimmen und gewichtete Landesstimme im Föderalsystem

Das sog. Föderalquorum[228] sieht eine vergleichbare Ausganskonstellation wie die Partizipation des Landesvolks an der Abstimmung selbst vor, gewichtet das Abstimmungsverhalten jedoch anders. Orientiert an das Schweizer Ständemehr[229] sieht das Föderalquorum die zweigeteilte Auszählung der abgegebenen Stimmen vor; auf Bundesebene und separat auf Landesebene.[230] Dabei kann in einem weiteren Schritt die Anpassung der abgegebenen Landesstimmen an die Stimmenstaffelung des Bundesrates vorgenommen werden, so dass sich ein Gleichgewicht der Landesstimmen und jetzigen Stimmen im Bundesrat ergibt.[231]

Kritische Stimmen sehen in dieser Regelung zunächst einen Verstoß gegen die gliedstaatliche Verfassungsautonomie. Dies folge daraus, dass das Landesvolk als Landesorgan handelt, dessen Aufgaben aber grundgesetzlich und nicht landesverfassungsrechtlich determiniert sind.[232] Den Ländern steht es aber aufgrund ihrer vom Grundgesetz anerkannten Verfassungsautonomie selbst zu, die Regelungen über ihre Verfassungsorgane, deren Verfahrensweise, Kompetenzen und Funktion selbst zu bestimmen.[233] Das Grundgesetz würde demnach die Handlung eines Organs festlegen, welches zur Ausübung von Staatsgewalt sonst nur durch die eigene Landesverfassung legitimiert werden kann. Dabei wird die Implikation der Aufgabenzuweisung jedoch missachtet. Zutreffend wird das Landesvolk als Landesorgan adressiert, dies handelt aber nicht landesintern, sondern im Rahmen eines bundeseinheitlichen Verfahrens der Volksgesetzgebung.[234] Insofern ergeben sich Parallelen zum Bundesrat, welcher zwar ebenfalls aus Vertretern der Länder besteht, allerdings als Bundesorgan konzipiert

---

228 Siehe zur Begrifflichkeit *Estel*, Direkte Demokratie, S. 127 ff.

229 Dazu im Überblick *Häfelin/Haller/Keller*, Schweizerisches Bundesstaatsrecht, S. 283 ff.; ferner *Christmann*, Sachunmittelbare Demokratie 08/09, S. 57 ff.

230 *Estel*, Direkte Demokratie, S. 127. Befürwortend beispielweise *Berlit*, KritV 1993, 318 (351); *Leonardy*, ZParl 1992, 163 (166); *ders.* Landtag Nordrhein-Westfalen, Plebiszitäre Elemente, S. 61; *Thaysen*, RuP 1993, 190 (197); siehe auch *Hufschlag*, Plebiszitäre Komponenten, S. 123 f.

231 *Hufschlag*, Plebiszitäre Komponenten, S. 124; *Leonardy*, ZParl 1992, 163 (166); *ders.*, Landtag Nordrhein-Westfalen, Plebiszitäre Elemente, S. 61.

232 *Estel*, Direkte Demokratie, S. 133.

233 BVerfG v. 23.10.1951 - 2 BvG 1/51, BVerfGE 1, 14 (34); *Boehl*, Verfassungsgebung im Bundesstaat, S. 197 ff.; *Estel*, Direkte Demokratie, S. 145; *Sachs*, FS für Klaus Stern zum 65. Geburtstag, S. 475 (488 ff.); *Ossenbühl*, DVBl. 1989, 1230 (1231).

234 *Estel*, Direkte Demokratie, S. 148, 155.

ist, welches Bundesgewalt ausübt und vom Grundgesetz legitimiert ist.[235] Das Zustandekommen der Stimmabgabe im Einzelnen unterliegt dabei zwar der Regelung des Landes als Teil der Willensbildung des Organs, wie das so gefundene Ergebnis auf Bundesebene kundgetan wird (sog. Willensdurchsetzung[236]), erfordert aber nicht zuletzt aufgrund der zu erreichenden Funktionsfähigkeit des Bundesstaates eine bundesrechtlich einheitliche Regelung.[237] Ansonsten droht der Zustand von zahlreichen Einzelregelungen, die sodann gemeinsam die Volksgesetzgebung auf Bundesebene bestimmen. Aus bundesstaatlichen Aspekten vermag die Verfassungsautonomie dem somit nicht entgegenstehen. Weiterhin ist anzumerken, dass die bestehenden Mitwirkungsrechte der Länder im Rahmen der Bundesgesetzgebung von dem Grundgesetz gewährte Mitwirkungsrechte darstellen, die aber nicht zeitgleich der ureigenen Verfassungsautonomie zuzuordnen sind.[238] Die Verfassungsautonomie bestimmt nicht über die Mitwirkung an der Normsetzung höherer Instanzen, dies kann nur das Regelwerk der höheren Instanz selbst gewährleisten. Mithin ist ein Verstoß gegen die gliedstaatliche Verfassungsautonomie nicht zu erblicken.

Aber auch wenn durch die getrennte Auszählung der Stimmen eine Differenzierung zwischen Bundesbürger und Landesbürger auf dem Papier sichtbar gemacht werden kann,[239] ändert sich nichts am Abstimmungsverhalten der Bürger selbst. Dieses ist weiterhin an eine reine „Ja"-, „Nein"- Entscheidung angelehnt, wobei hier eine zweifach ausgestaltete Stimmabgabe Abhilfe schaffen könnte.[240] Unklar ist hingegen dann, ob im Rahmen der Stimmabgabe überhaupt noch zwischen Landes- und Bundesbürger differenziert oder dies eher als einheitlicher Akt begriffen wird.[241] Folgend mag sich die Frage der Akzeptanz in der Bevölkerung stellen, wenn innerhalb derselben Frage ein doppeltes Abstimmungsverhalten verlangt wird;[242] dies mag in Konsequenz der durch die

---

235 *Estel*, Direkte Demokratie, S. 148; *Harbich*, Bundesstaat und seine Unantastbarkeit, S. 69; *Stuby*, Föderalismus und Demokratie, S. 101 (105).

236 Siehe zur Differenzierung ausführlich *Estel*, Direkte Demokratie, S. 152 ff.

237 *Estel*, Direkte Demokratie, S. 158 ff., 296.

238 *Estel*, Direkte Demokratie, S. 157.

239 *Estel*, Direkte Demokratie, S. 171 f.

240 Erwähnung in *Jung*, FS für Hans Herbert von Arnim zum 65. Geburtstag, S. 353 (364); *Sachs*, VVDStRL 58 (1999), 108 (110).

241 So auch *Estel*, Direkte Demokratie, S. 238.

242 Dazu *Estel*, Direkte Demokratie, S. 239. Es wird zutreffend auch auf den hinkenden Vergleich mit der Parlamentswahl hingewiesen, wo im Rahmen der Erst- und Zweitstimme über unterschiedliche Materien entschieden wird; der Abgeordnete und die Partei.

direktdemokratischen Elemente angestrebten Mehrbeteiligung der Bevölkerung am politischen Geschehen als Hindernis im Wege stehen.[243]

Letztendlich scheitert sodann auch dieser Ansatzpunkt an der fehlenden Mitwirkungsmöglichkeit. Das Plebiszit eröffnet durch seine Entscheidungsstruktur keine derartige Partizipation, eine Mitgestaltung ist nicht möglich.[244] Der Wortlaut der Ewigkeitsklausel sichert die Mitwirkung und nicht lediglich die Beteiligung. Schon terminologisch scheitert die einfache Stimmabgabe an dieser Hürde.[245] Damit sieht sich die Einführung eines Föderalquorums Bedenken ausgesetzt, so dass auch dieses Modell nicht als mit der Ewigkeitsklausel vereinbar angesehen werden kann.

c) Stimmabgabe als Bundestagsbeschluss

Denkbar wäre weiterhin, den unmittelbar durch das Volk abgegebenen Willen zur Umsetzung von Staatsgewalt als den Beschluss des Bundestages zu werten, das bisherige Gesetzgebungsverfahren sodann aber unangetastet zu lassen.[246] Dem Bundesrat wären seine Mitwirkungsrechte ohne weiteres erhalten. Zunächst mag man aber schon an der Legitimation als direktdemokratisches Element zweifeln, wenn die Ausführung eines durch das Volk gebildeten Willens in letzter Instanz durch ein Bundesorgan verhindert wird.[247] Der Bundesrat stellt aber im Gegensatz zum Parlament grade kein direkt durch das Volk gewähltes Organ dar – welches somit den Volkswillen repräsentieren soll – sondern entscheidet und handelt nach föderativen Aspekten.[248] Dem Bundesrat wäre es demnach nicht verwehrt, die Entscheidung des Volkes zu überstimmen[249] (freilich kann

---

243 Zur mangelnden Praktikabilität siehe auch *Evangelische Akademie Hofgeismar/Stiftung Mitarbeit*, Direkte Demokratie in Deutschland, S. 43 Fn. 53.

244 Siehe auch *Ogorek*, ZRP 2019, 61.

245 Zur Mitwirkung nochmal *Engelken*, DÖV 2006, 550 (551).

246 *Maurer*, Plebiszitäre Elemente, S. 27; vgl. ferner *v. Mutius*, Landtag NRW, Plebiszitäre Elemente in der repräsentativen Demokratie, S. 69; siehe auch *Scholz*, Bundestagslesung zu BT-Drucksache 14/8503, 14. WP, 227. Sitzung, S. 22497, wonach der Bundesrat und die gemeinsame Zuständigkeit für die Bundesgesetzgebung mit zum zentralen Element des Bundesstaates gehöre; überblickend *Estel*, Direkte Demokratie, S. 239 ff.

247 Zu diesen Bedenken auch *Hufschlag*, Plebiszitäre Komponenten, S. 120; *Estel*, Direkte Demokratie, S. 240.

248 Vgl. *Estel*, Direkte Demokratie, S. 247.

249 Zur Gebundenheit des Bundesrates an den Volkswillen umfassend *Estel*, Direkte Demokratie, S. 247 ff.

dennoch eine faktische Gebundenheit[250] bestehen, welche ein Überstimmen in der Praxis möglicherweise ausschließt). Allerdings kann die Stellung des Bundestages nicht einfach durch das Volk ersetzt und das Verfahren im Übrigen beibehalten werden. Das bestehende Gesetzgebungsverfahren ist eine Realisierung des Demokratieprinzips in Form der repräsentativen Demokratie. Die unterschiedlichen Rechte des Bundestages und des Bundesrats finden sich im Gesetzgebungsprozess austariert wieder und rufen jeweils unterschiedliche Reaktionen hervor. So ist schon nicht nachvollziehbar, wie ein vom Bundesrat beantragter Vermittlungsausschuss nach Art. 77 Abs. 2 S. 1 GG zusammenkommen soll, wenn dieser aus Mitgliedern des Bundestages besteht.[251] Rekurriert man an diesem Punkt auf die tatsächlich gewählten Abgeordneten als Mitglieder des Ausschusses, führt man das Prinzip der direkten Demokratie in die Bedeutungslosigkeit. Zudem müssten die Abgeordneten gegebenenfalls für einen Gesetzentwurf votieren, den sie nicht befürworten, was wiederum Konflikte mit dem freien Mandat nach Art. 38 Abs. 1 S. 2 GG auslöst.[252] Andererseits ist auch nicht ersichtlich, wie aus den Mitgliedern des Volkes ein Ausschuss gebildet werden soll. Selbiges gilt beispielsweise bei einem erhobenen Einspruch des Bundesrates nach Art. 77 Abs. 3 S. 1 GG, welcher wiederum mit Mehrheit des Bundestages nach Art. 77 Abs. 4 S. 1 GG zurückgewiesen werden kann.[253] In der Praxis müsste eine erneute Abstimmung erfolgen, was wiederum Bedenken hinsichtlich der Akzeptanz in der Bevölkerung auslösen kann, vorausgesetzt, die Bevölkerung ist sich überhaupt über den konkreten Abstimmungsvorgang im Einzelnen bewusst.[254]

Zusammengefasst ist das bestehende Gesetzgebungssystem nicht für die direkte Demokratie konzipiert; die Entscheidung des Volkes als Beschluss des

---

250 Dazu *Borowski*, DÖV 2000, 481 (483).

251 Siehe auch *Estel*, Direkte Demokratie, S. 251.

252 *Estel*, Direkte Demokratie, S. 251; *Hufschlag*, Plebiszitäre Komponenten, S. 120; zur Behandlung eines solchen Gesetzentwurfes wie ein solcher des parlamentarischen Prozesses *v. Mutius*, Landtag NRW, Plebiszitäre Elemente in der repräsentativen Demokratie, S. 69.

253 So auch *Engelken*, DÖV 2006, 550 (553), der daraus schließt, dass der Bundesrat allenfalls vor der Abstimmung des Volkes beteiligt sein kann. Diesbezügliche Lösungen werden sodann ausführlich diskutiert, siehe *ders.*, a.a.O., 550 (553 f.).

254 Bedenken hinsichtlich der Vereinbarkeit der Volksgesetzgebung mit dem bestehenden Gesetzgebungsverfahren teilen auch *Hufschlag*, Plebiszitäre Komponenten, S. 119 ff.; *Jung*, FS für Hans Herbert von Arnim zum 65. Geburtstag, S. 353.

Bundestages nach Art. 77 Abs. 1 GG zu werten, kommt nicht als Lösung in Betracht.

d) Der Ausschluss der Mitwirkung in der Sache oder in dem Verfahren

Es verbleibt zu klären, ob die Volksgesetzgebung mit der grundsätzlichen Mitwirkung der Länder insgesamt unvereinbar ist. Der Grundsatz könnte so aufgefasst werden, dass ein Volksgesetzgebungsverfahren als zulässige Ausnahme von der grundsätzlichen Mitwirkung begriffen wird.[255] Von Relevanz dafür ist, ob die Mitwirkung der Länder nur hinsichtlich bestimmter Gesetzgebungsmaterien oder auch hinsichtlich bestimmter Verfahren beschränkt werden kann; letztlich also, ob die Begrifflichkeit „grundsätzlich" eher restriktiv oder extensiv auszulegen ist.

Für eine restriktive Auslegung und damit eine Beschränkung nur in Sachen der Gesetzesmaterie selbst, aber nicht auf bestimmte Verfahren, spricht die Gleichwertigkeit von Wahlen und Abstimmungen, mithin das fehlende Stufenverhältnis von repräsentativen und direktdemokratischen Elementen.[256] Wenn schon keine Gewichtung erkennbar ist, rechtfertigt dies nicht den Gedanken, den parlamentarischen Gesetzgebungsprozess als Regelfall, den plebiszitären hingegen als zulässigen Ausnahmefall zu begreifen. Hier ist eine Parallelität zur Zulässigkeit direktdemokratischer Elemente auf Landesebene zu erblicken, welche ebenfalls an einer möglichen dominierenden Stellung des parlamentarischen Gesetzgebers scheitern könnte. Auch auf Bundesebene kann dem Ansatz nicht gefolgt werden.

Obwohl terminologisch die Konzeption des Wortlauts unter der Verwendung „grundsätzlich" im allgemeinen, vor allem aber besonders im juristischen Sprachgebrauch auf ebenjenes Regel-Ausnahme-Verhältnis hindeutet,[257] wird dies durch den Vergleich mit der Terminologie der „Grundsätze der Art. 1 und 20 GG" wieder relativiert.[258] Die festgelegten und unveränderlichen Grundsätze sind nicht als Regel-Ausnahme-Verhältnis zu begreifen, sondern viel mehr als festgelegte Prinzipien.[259] Eine divergierende Auslegung der Ewigkeitsklausel

---

255 *Estel*, Direkte Demokratie, S. 253 ff.; vgl. zur grundsätzlichen Mitwirkung *Berlit*, KritV 1993, 318 (351); *Elgeti*, Inhalt und Grenzen, S. 74.

256 Dazu *Degenhart*, Der Staat 1992, 77 (78); *Jürgens*, Direkte Demokratie, S. 286 f.; *Schröder*, JA 2017, 809 (812).

257 *Estel*, Direkte Demokratie, S. 259; *Harbich*, Bundesstaat und seine Unantastbarkeit, S. 135; *Kühling*, JuS 2009, 777 (779).

258 *Kühling*, JuS 2009, 777 (779).

259 So im Ergebnis auch *Kühling*, JuS 2009, 777 (779).

nach dem unerschütterlichen Grundsatzprinzip einerseits und dem Regel-Ausnahme-Verhältnis andererseits, abhängig von der jeweils zu wählenden Variante des Wortlauts, würde zu einem nicht nachvollziehbaren Bruch in der Systematik des Art. 79 Abs. 3 GG führen.

Überzeugend ist somit die Stellung der Ewigkeitsklausel im Verfassungskontext. Durch die unveränderliche Mitwirkung der Länder an der Gesetzgebung des Bundes wird nicht nur die vertikale Gewaltenteilung[260] gewahrt, sondern den Ländern auch ein Mitspracherecht als Gegenpol dessen zuteil, dass sie die Bundesgesetze nach Maßgabe der Art. 83 ff. GG auszuführen und gegebenenfalls dessen Kosten nach Art. 104a Abs. 1, 5 GG zu tragen haben.[261] Die Länder nun ausnahmsweise von der Mitwirkung auszuschließen, wird dem Gedanken der Ewigkeitsgarantie nicht gerecht. Zudem stellt sich die mitunter erst in der Praxis zu beantwortende Frage, wann die Grenze der Ausnahme erreicht ist;[262] ein vollständiger Ausschluss bei jedweden direktdemokratischen Entscheidungsfindungen überzeugt nicht. Insofern ist der Auffassung Vorzug zu geben, dass durch den Gebrauch der Terminologie „grundsätzlich" kein Regel-Ausnahme-Verhältnis etabliert werden soll, sondern dies auf das Prinzip der Länderbeteiligung und vertikalen Gewaltenteilung als Leitgedanke hinweist.[263] Daraus folgt, dass die Beteiligung der Länder beizubehalten ist und nicht ausnahmsweise durch die Volksgesetzgebung ausgehebelt werden kann. Bestehende Lösungsansätze können somit weder eine Länderbeteiligung konstruieren, noch kann diese vernachlässigt werden. Was bleibt, ist die Schaffung eines eigenen, auf die Volksgesetzgebung zugeschnittenen Verfahrens, welches die Länderbeteiligung garantiert.[264]

e) Zusammenfassung

Die Volksgesetzgebung auf Landesebene ist somit mit der Mindesthomogenität nach Art. 28 Abs.1 S. 1 GG vereinbar, solange die Funktionsfähigkeit des

---

260 Dazu *Blasche*, Mitwirkung, S. 130 ff.; *Hain*, Mangoldt/Klein/Starck GG Bnd. II, Art. 79 Rn. 122 ff.; *Kühling*, JuS 2009, 777 (779).

261 *Engelken*, DÖV 2006, 550 (551).

262 Zu der Problematik *Kühling*, JuS 2009, 777 (779).

263 *Blasche*, Mitwirkung, S. 59 ff., 175; *Hain*, Mangoldt/Klein/Starck GG Bnd. II, Art. 79 Rn. 43 ff.; *Kühling*, JuS 2009, 777 (779); a.A. *Dreier*, Dreier GG Bnd. II, Art. 79 III Rn. 23; welcher für zulässige Ausschlussfälle der Länderbeteiligung votiert; ebenso *Estel*, Direkte Demokratie, S. 253 ff.; *Sachs*, Sachs GG, Art. 79 Rn. 47.

264 Dazu beispielsweise *Engelken*, DÖV 2006, 550 (555), der vorschlägt, eine isolierte Volksinitiative in das Grundgesetz einzufügen.

Parlaments durch den Ausschluss gewisser Initiativgegenstände gewährleistet ist. Auf Bundesebene gestaltet sich die Lage hingegen anders, mit der geforderten grundsätzlichen Beteiligung der Länder an der Gesetzgebung ist das Hinzufügen der Volksgesetzgebung nicht vereinbar. Dennoch verbleibt die Möglichkeit, spezielle Verfahrensvorschriften zum Volksgesetzgebungsverfahren in das Grundgesetz einzuführen.

D. Der Verfahrensablauf der Volksinitiative sowie des Volksbegehrens

Zwecks Übersichtlichkeit der Darstellung ist das Verfahren der Volksinitiative anhand der Regelungen in Schleswig-Holstein zu skizzieren, obgleich auch auf maßgebliche Unterschiede zu anderen Bundesländern hingewiesen werden soll. Es schließt sich ein Überblick über das Verfahren des Volksbegehrens im zweistufigen Volksgesetzgebungsverfahren an.

I. Die Initiative als Teil der Volksgesetzgebung

Die Regelungen zum Verfahren der Volksinitiative finden sich auf Ebene der jeweiligen Landesverfassungen wieder und werden im Rahmen einfachen Landesrechts weitergehend konkretisiert, in der Regel durch ein Volksabstimmungsgesetz. In Schleswig-Holstein stellt die zentrale Vorschrift Art. 48 der Landesverfassung dar; Art. 48 Abs. 4 LVerf SH gibt zudem auf, näheres durch ein Gesetz zu konkretisieren, was mit dem VAbstG SH in der Fassung vom 5. April 2004 geschehen ist.[265]

Das Verfahren die Volksinitiative in Schleswig-Holstein betreffend lässt sich grob in drei Abschnitte unterteilen: parallel zum Gesetzgebungsverfahren lässt sich aus den vorhandenen Regelungen ein Einleitungsverfahren erkennen, an welches sich dann ein Haupt- und Abschlussverfahren angliedert.

---

265 GVoBl SH 2004 Nr. 5, S. 105 (108); ein Volksabstimmungsgesetz liegt auch in den übrigen, ein Volksgesetzgebungsverfahren vorsehenden Bundesländern vor; siehe dazu das jeweilige VAbstG Hamburg in der Fassung vom 12. Mai 2020; VAbstG Brandenburg v. 18. Mai 2020 und das Gesetz über Volksantrag, Volksbegehren und Volksentscheid Sachsen v. 15. Juli 2020.

1. *Verfahrensablauf*

a) *Das Einleitungsverfahren*

Ausgangsnorm des Einleitungsverfahrens stellt Art. 48 Abs. 1 S. 1 LVerf SH dar. Demnach haben Bürgerinnen und Bürger das Recht, den Landtag mit bestimmten Gegenständen der politischen Willensbildung zu befassen. Die Volksinitiative wird dabei von bestimmten Personen vertreten, die in der Terminologie des Volksabstimmungsgesetzes als Vertrauenspersonen bezeichnet werden.[266]

Im Falle einer positiven Prognose über die Erfolgsaussichten des Zustandekommens des notwendigen Quorums und sonstiger Zulässigkeitsvoraussetzungen ist die Initiative von den Vertrauenspersonen zu beantragen,[267] sie ist damit offiziell eingeleitet. Etwaige Zulässigkeitsprobleme spielen bis zu diesem Zeitpunkt keine Rolle. Insbesondere eine vorgesehene Beratung[268] ist für die Vertrauenspersonen nicht verbindlich, so dass der Antrag selbst dann gestellt werden kann, wenn aufgrund der Beratung erhebliche Zulässigkeitshindernisse prognostiziert werden. Der Antrag ist dabei an die Präsidentin oder den Präsidenten des Landtages zu richten.[269]

b) *Das Hauptverfahren*

§ 10 VAbstG SH regelt das Hauptverfahren, also die Behandlung der Volksinitiative im Landtag. Wichtigster Aspekt des Hauptverfahrens ist die Überprüfung der Zulässigkeit der beantragten Volksinitiative durch den Landtag.[270] Diese Kompetenz ist ihm durch den im Jahre 2004 eingefügten dritten Absatz des Art. 48 LVerf SH übertragen.[271] Weiterhin statuiert § 8 Abs. 2 VAbstG SH diese Überprüfungskompetenz.[272]

---

266 Vergleiche die Legaldefinition des § 6 Abs. 2 Nr. 3 VAbstG, die Landesverfassung bezeichnet diese Personen hingegen lediglich als Vertreterinnen und Vertreter, Art. 48 Abs. 1 S. 4 LVerf SH.

267 Dies ergibt sich streng genommen nicht aus dem Gesetz, allerdings setzen §§ 6, 7 VAbstG SH einen solchen voraus.

268 Siehe § 5 VAbstG SH.

269 Siehe § 6 Abs. 1 VAbstG SH.

270 Neben der zuvor durchzuführenden Anhörung der Vertrauenspersonen der Initiative, § 10 Abs. 1 VAbstG, § 42 GeschO Landtag SH.

271 Siehe dazu GVoBl SH 2004 Nr. 2, S. 51 (54).

272 Der Landtag kann sich im Rahmen der Überprüfung der Amtshilfe des Ministeriums für Inneres, ländliche Räume und Integration bedienen, § 8 Abs. 2 VAbstG SH.

c) Das Abschlussverfahren

Das Abschlussverfahren schließt sich an die Überprüfung der Zulässigkeit der Initiative an. Der Landtag hat dabei nach Maßgabe des § 8 Abs. 3 VAbstG SH innerhalb von vier Monaten nach Eingang des Antrages über die Zulässigkeit zu entscheiden.

Der Landtag kann den Antrag nach der Prüfung ablehnen oder ihm nachkommen. Ihm stehen zwei Ansatzpunkte offen, den Antrag abzulehnen: mangels Vorliegens der Zulässigkeitsvoraussetzungen oder aus sonstigen Gründen.[273] Den Landtag trifft in diesem Zusammenhang gerade keine Pflicht zum Umsetzen der Initiative, sondern nur eine Pflicht, sich mit dieser zu befassen.[274] Sollte der Landtag somit aus sonstigen Gründen dem Antrag nicht folgen, richtet sich die Ablehnung nach § 10 Abs. 3 VAbstG SH. Dies ergibt sich aus der systematischen Abgrenzung zu § 8 Abs. 3 VAbstG SH.

Eine alleinige Änderungsbefugnis des Vorhabens steht dem Landtag insgesamt nicht zu – und wäre aus demokratischen Gründen auch bedenklich. Er kann das Vorhaben somit nur unverändert annehmen, § 10 Abs. 2 VAbstG SH.

---

273 Dies ergibt sich aus der systematischen Stellung der jeweiligen Vorschriften. Gemäß § 8 Abs. 3 VAbstG SH hat der Landtag seine Entscheidung, den Antrag abzulehnen, zu begründen, den Vertrauenspersonen zuzustellen und bekannt zu machen. Dieser Absatz steht systematisch innerhalb der Zulässigkeitsprüfung (schon an der Überschrift „Entscheidung über die Zulässigkeit" zu erkennen), vor allem aber nach § 8 Abs. 2 VAbstG SH, in welcher die Zulässigkeitsprüfung des Landtages geregelt ist. Ist der Antrag mithin unzulässig, richtet sich die Ablehnung nach § 8 Abs. 3 S. 2, 3 VAbstG SH.
In diesem Zusammenhang ist zudem anzumerken, dass eine „Teilung" der Volksinitiative unzulässig ist. Sollte der Landtag zu dem Entschluss gelangen, dass lediglich ein bestimmter Teil der Initiative als unzulässig zu bewerten ist, hat er die ganze Initiative dementsprechend zu bewerten und den Antrag abzulehnen. Das Verfahren mit dem zulässigen Teil der Initiative weiterzuführen vermag Konflikte mit der Legitimation des Volkes zu begründen, welche der Initiative im Gesamten, nicht lediglich dem einzelnen Teil zugestimmt haben; vgl. ferner BVerfG v. 3.7.2000 – 2 BvK 3/98, BVerfGE 102, 176 (191); BayVerfGH v. 6.5.2005 – Vf. 21-IX-05, BayVerfGHE 58, 113 (130 f.); *Caspar*, LVerf SH Kommentar, Art. 41 Rn. 42. Anderes ergibt sich nur dann, wenn ein sinnvoller und ein eigenes Regelwerk bildender Teil verbleibt, bei dem angenommen werden kann, dass auch dieser aufrechterhalten wird, LVerfG SH v. 6.12.2019 – 2/18, LVerfGE 30, 470 (487), ebenso in ähnlicher Konstellation LVerfG Hamburg v. 7.5.2019 – 4/18, LVerfGE 30, 141 (155).

274 Dazu *Caspar*, LVerf SH Kommentar, Art. 41 Rn. 39; *Hübner*, Mutius/Wuttke/Hübner, LVerf SH Kommentar, Art. 41 Rn. 1; ferner die Ausführungen unter III.A.5.a).

Eine Änderungsmöglichkeit ergibt sich nur infolge der Zustimmung der Vertrauenspersonen, § 10 Abs. 2 VAbstG SH – nicht unbedingt unbedenklicher.[275] Sollte der Landtag der Initiative in unveränderter Form nachkommen (oder mit Zustimmung der Vertrauenspersonen in veränderter Form), gilt der Antrag je nach Initiativgegenstand als weiterer Verfahrenspunkt fort, beispielsweise als initiierter Gesetzentwurf.

2. *Zulässigkeitsvoraussetzungen*

Die zentrale Norm der Zulässigkeit stellt § 8 VAbstG SH dar, wonach die Volksinitiative negativ formuliert als unzulässig zu bewerten ist, wenn sie (a) Art. 48 Abs. 1, 2 LVerF SH widerspricht; (b) den Voraussetzungen nach § 6 VAbstG SH widerspricht oder (c) innerhalb der letzten zwei Jahre vor Antragstellung ein Volksbegehren über eine inhaltsgleiche Vorlage erfolglos durchgeführt worden ist.

a) Voraussetzungen Art. 48 Abs. 1, 2 LVerf SH

Die Zulässigkeitsvoraussetzungen nach Art. 48 Abs. 1, 2 LVerF SH erfordern, dass der Landtag innerhalb seiner Entscheidungszuständigkeit handelt, eingebrachte Gesetzesentwürfe den Grundsätzen des demokratischen und sozialen Rechtsstaates nicht widersprechen und die Initiative von mindestens 20.000 Stimmberechtigten unterzeichnet worden ist.

aa) Entscheidungszuständigkeit des Landtages

Die Volksinitiative muss sich im Rahmen der Entscheidungszuständigkeit des Landtages bewegen. Inwiefern sich dieser Zulässigkeitsaspekt auf die Gesetzgebungskompetenzen des Landes bezieht, ist aufgrund der Wichtigkeit für die zu beantwortende Frage gesondert im Anschluss an die Verfahrensdarstellung zu behandeln.

---

275 Zwar stehen die Vertrauenspersonen als Vertreter und Vertreterinnen für die Volksinitiative und die dahinterstehenden Personen, die die Initiative unterzeichnet haben. Ihnen wird dennoch eine Kompetenz auferlegt, den Inhalt der Initiative einseitig zu verändern. Man mag sich dabei Fälle vorstellen, in denen 3 Vertrauenspersonen den Initiativinhalt für 20000 Unterzeichnende verändern. Ob diese weiterhin ihre Unterschrift abgegeben hätten, bleibt dabei völlig außer Betracht. Eine andere Herangehensweise dürfte allerdings auf praktischer Sicht ineffizient sein und die Möglichkeiten einer Volksinitiative von vornherein einschränken.

bb) Tauglicher Initiativgegenstand

Die Volksinitiative muss einen tauglichen und demnach zulässigen Gegenstand betreffen.

(1) Gegenstand der politischen Willensbildung

Der Wortlaut des Art. 48 Abs. 1 S. 1 LVerf SH spricht zunächst von „bestimmten Gegenständen der politischen Willensbildung“. Satz 2 statuiert, dass der Initiative auch ein mit Gründen versehener Gesetzentwurf zugrunde liegen kann. Daraus folgt, dass mit den Gegenständen der politischen Willensbildung keine Gesetzentwürfe gemeint sein können.[276] Im Anwendungsbereich der Norm liegen somit alle Gegenstände, die der Landtag selbst behandeln kann (unter den Voraussetzungen des Art. 16 LVerf SH).[277] Wenn auch nicht explizit erwähnt, müssen auch diese Gegenstände den Grundsätzen des demokratischen und sozialen Rechtsstaates entsprechen.[278]

(2) Gesetzentwürfe

In Art. 48 Abs. 1 S. 2 LVerf SH ist ausdrücklich die Möglichkeit normiert, auch Gesetzentwürfe zum Gegenstand der Volksinitiative zu machen. Dies wird ferner durch Art. 44 LVerf SH (Gesetzentwürfe können durch Initiativen aus dem Volk initiiert werden) und § 6 Abs. 2 Nr. 1 lit. a) VAbstG SH untermauert. Der Gesetzentwurf stellt damit einen Spezialfall des Gegenstandes der politischen Willensbildung dar.[279] Denkbar sind dabei sowohl Neuanträge als auch Änderungsanträge zu bestehenden Gesetzen, ferner sogar Gesetzesentwürfe zu Verfassungsänderungen.[280] Gemäß dem Wortlaut der Landesverfassung dürfen

---

276 Aus systematischer Betrachtung kann sich allerdings ergeben, dass eine Forderung nach einem Gesetz unter diese Vorschrift zu subsumieren ist. Dies ergibt sich aus dem Erfordernis, dass ein Gesetzesentwurf ausgefertigt und begründet sein muss, vgl. § 6 Abs. 2 Nr. 2 lit. b) VAbstG SH. Sollten diese Voraussetzungen nicht vorliegen, kann es sich um eine sonstige Forderung handeln, *Hübner*, von Mutius/Wuttke/Hübner, LVerf SH Kommentar, Art. 41 Rn. 11.

277 *Hübner*, Mutius/Wuttke/Hübner, LVerf SH Kommentar, Art. 41 Rn. 5.

278 *Hübner*, Mutius/Wuttke/Hübner, LVerf SH Kommentar, Art. 41 Rn. 11; *Caspar*, LVerf SH Kommentar, Art. 41 Rn. 23.

279 *Caspar*, LVerf SH Kommentar, Art. 41 Rn. 14.

280 *Caspar*, LVerf SH Kommentar, Art. 41 Rn. 14; *Hübner*, Mutius/Wuttke/Hübner, LVerf SH Kommentar, Art. 41 Rn. 5; ferner ergibt sich diese Möglichkeit aus Art. 48 Abs. 4 S. 2 LVerf SH und Art. 47 Abs. 1 LVerf SH. Denn ein Volksbegehren über ein verfassungsänderndes Gesetz ist nur dann möglich, wenn eine inhaltsgleiche Volksinitiative

die Gesetzesentwürfe dabei den Grundsätzen des demokratischen und sozialen Rechtsstaates nicht widersprechen, Art. 48 Abs. 1 S. 2 Halbsatz 2 LVerf SH. Diese Anforderungen an den Gesetzentwurf treten neben die allgemeinen Anforderungen des Art. 48 Abs. 1 LVerf SH. Die Formulierung orientiert sich damit an Art. 28 Abs. 1 GG.

(3) Ausgeschlossene Initiativgegenstände

Die Volksinitiative garantiert nicht das Recht, den Landtag mit sämtlichen Gegenständen der politischen Willensbildung oder Gesetzesentwürfen zu befassen. So sind nach Maßgabe des Art. 48 Abs. 2 LVerf SH Initiativen über den Haushalt, über Dienst- und Versorgungsbezüge sowie öffentliche Abgaben unzulässig.[281] Darüber hinaus sind in der Literatur ungeschriebene Grenzen des Initiativrechts anerkannt. Dies betrifft Regelungen, die den internen Regelungs- und Entscheidungsbereich des Landtages betreffen.[282] Dasselbe gilt für personelle Entscheidungen oder die vorzeitige Beendigung der Wahlperiode durch eine Volksinitiative.[283]

---

zunächst erfolglos war. Insofern muss ein verfassungsändernder Gesetzesentwurf auch Teil der Volksinitiative sein können. Ferner sehen andere Verfahren der Volksgesetzgebung ebenfalls Möglichkeiten der Verfassungsänderung vor; vgl. Art. 79 LVerf Brandenburg, wonach eine Verfassungsänderung nur durch Volksentscheid herbeigeführt werden kann, dieser erfordert aber eine erfolglose Volksinitiative; ferner Art. 74 Abs. 3 LVerf Sachsen. Die Landesverfassung Hamburgs enthält keine derartigen Bestimmungen.

281 Siehe zu detaillierten Ausführungen die ausgeschlossenen Initiativthemen betreffend *Caspar*, LVerf SH Kommentar, Art. 41 Rn. 26–32.

282 Insbesondere solche, die auf die Arbeitseffektivität des Landtages durchschlagen können, siehe *Hübner*, Mutius/Wuttke/Hübner, LVerf SH Kommentar, Art. 41 Rn. 9.

283 *Hübner*, Mutius/Wuttke/Hübner, LVerf SH Kommentar, Art. 41 Rn. 10. Diese Grenzen lassen sich hingegen nicht dem Verfassungstext selbst entnehmen. Der Auffassung ist dennoch zuzustimmen. Die Möglichkeit sog. Personalplebiszite (*Hübner*, Mutius/Wuttke/Hübner, LVerf SH Kommentar, Art. 41 Rn.10) stehen die Vorschriften zu bestimmten Verfahrensschritten entgegen, bspw. Art. 16 Abs. 2 LVerf SH. Diese sind zumindest nicht ohne ausdrückliche Zulassung in der Landesverfassung abdingbar. Eine solche fehlt allerdings. Dabei ist allerdings zu differenzieren. Die vorstehenden Ausführungen sind insofern anwendbar, als dass der Gegenstand der Initiative in den absoluten Kernbereich des Landtages eingreifen würde, vgl. dazu *Caspar*, LVerf SH Kommentar, Art. 41 Rn. 19, 20; siehe auch *David*, HambVerF Kommentar, Art. 50 Rn. 40. Zulässig sind demnach Gegenstände, durch die das Volk nicht selbst die erforderliche Entscheidung des Landtages ersetzt, sondern diesen nur zu ebenjener Entscheidung anregt oder Ähnlichem.

Der Ausschluss bestimmter Gegenstände[284] kommt der festgestellten und zu fordernden Sicherung des Aufgabenbereichs des Landtages[285] nach. Bestimmungen, die dazu geeignet sind, dem parlamentarischen Gesetzgeber wesentliche Aufgaben zu entziehen oder ihn zu einem wirkungslosen Organ zu degradieren, sind nach derzeitigem Stand nicht ersichtlich.

cc) Zulässige Unterschriften

Zuletzt muss die Volksinitiative in zulässiger Weise unterzeichnet worden sein. Die Landesverfassung stellt als Mindestanzahl eine Unterzeichnung von 20.000 Stimmberechtigten auf.[286]

b) Voraussetzungen § 6 VAbstG SH

§ 6 VAbstG SH regelt umfassende Zulässigkeitsvoraussetzungen der Volksinitiative, die allesamt formelle Aspekte betreffen. Derartige Mängel mögen zwar zur Unzulässigkeit der Volksinitiative führen, spielen sich aber nicht im Konfliktbereich zum Bundesverfassungsgericht ab und sind somit nicht weiter von Relevanz.

c) Volksbegehren innerhalb der letzten zwei Jahre

Schlussendlich darf während der letzten zwei Jahre kein Volksbegehren über eine inhaltlich gleiche Vorlage erfolgt sein. Dies liegt in der Natur des Volksbegehrens begründet; es stellt eine Standortbestimmung über den Willen der Bevölkerung über aktuelle Missstände und deren Änderungsbedarf dar.[287] Sollte das Begehren erfolgreich gewesen sein, hätte sich ein Entscheid angeschlossen. Bei einer erfolgreichen Entscheidung ist dem Änderungswunsch der Bevölkerung zunächst Abhilfe geschaffen, eine zeitnahe erneute Änderung ist dabei (vor

---

284 In anderen Bundesländern Art. 48 Abs. 2 Var. 1 LVerf SH; Art. 73 Abs. 1 LVerf Sachsen; Art. 50 Abs. 1 S. 2 LVerf Hamburg; Art. 76 Abs. 2 LVerf Brandenburg.

285 Vgl. *Caspar*, LVerf SH Kommentar, Art. 41 Rn. 25; Drucksache Landtag SH 12/620 vom 28.11.1989, S. 48.

286 Dieses Erfordernis hat sich im Laufe der Zeit durchaus gewandelt, so zunächst 10.000 Stimmberechtigte, siehe Schlussbericht Enquete-Kommission SH, S. 152; sodann *„eine Zahl von Stimmberechtigten, die der Zahl entspricht, für die bei der letzten Wahl das letzte Mandat vergeben worden ist“*, siehe Drucksache Landtag SH 12/620 vom 28.11.1989, S. 11; abschließend 20.000 Stimmen Drucksache Landtag SH 12/826 vom 22.05.1990, S. 9 samt einstimmiger Annahme Plenarprotokoll 12/55 Landtag SH vom 30.05.1990, S. 3303.

287 Vgl. dazu die Ausführungen zum Sinn des Volksbegehrens unter III.A.5.b).

allem aus Gründen der Rechtssicherheit) nicht erforderlich. Bei einer aus Sicht der Bevölkerung misslungenen Umsetzung stehen anderweitige Rechtsschutzmöglichkeiten zur Verfügung, anstatt eine weitere Initiative anzustrengen.

Ist das Begehren hingegen erfolglos gewesen, ergibt sich daraus ebenfalls kein weiterer Änderungsbedarf an bestehenden Regelungen. Insofern steht hinter dieser Zulässigkeitsvoraussetzung vor allem die Erwägung, den Landtag nicht mit weitergehenden Initiativen zu beschäftigen, also die Funktionsfähigkeit des Organs. Der Zeitraum von zwei Jahren scheint dabei angemessen, um auf Veränderungen innerhalb der Bevölkerung reagieren zu können.

3. *Rechtsschutz*

Der Bevölkerung sind bei einem negativen Beschluss hinsichtlich der Volksinitiative Möglichkeiten des Rechtsschutzes eröffnet. Diese richten sich nach § 9 VAbstG SH. Die Rechtsmittel variieren dabei je nach Zulässigkeitsprüfung.

a) Rechtsmittel zum Verwaltungsgericht

Den Vertrauenspersonen steht der Verwaltungsrechtsweg in den Fällen offen, in denen der Landtag die Volksinitiative nach § 8 Abs. 1 Nr. 2 VAbstG SH als unzulässig bewertet, also einen Verstoß gegen § 6 VAbstG SH erkennt. Das Verwaltungsgericht entscheidet somit primär über Fragen der formellen Zulässigkeit der Initiative.

b) Rechtsmittel zum Landesverfassungsgericht

In den Fällen des § 8 Abs. 2 Nr. 1, 3 VAbstG SH steht den Vertrauenspersonen der Weg zum Landesverfassungsgericht offen. Die Trennung des Rechtsschutzes zwischen Landesverfassungsgericht einerseits und Verwaltungsgericht andererseits stellt eine Besonderheit Schleswig-Holsteins dar und findet ihren Ursprung in der Historie der Landesverfassungsgerichte sowie des Grundgesetzes. Im Zuge der Beratung über das Grundgesetz und die deutsche Verfassung nach 1945 kamen im Jahre 1948 im Rahmen der Herrenchiemsee-Konferenz[288] erste Überlegungen auf, wie die Verfassung effektiv gesichert werden kann.[289]

288 Siehe dazu den Bericht über den Verfassungskonvent auf Herrenchiemsee vom 10. bis 13. August 1948.

289 Siehe dazu *Stern*, StaatsR. Bnd. II, § 32 I 1. b), S. 333; Bericht über den Verfassungskonvent auf Herrenchiemsee, S. 45, in welchem das Bundesverfassungsgericht als *„Hüter der Verfassung im wahrhaften Sinne“* bezeichnet wird.

Als Lösung wurde die Schaffung eines Gerichts vorgeschlagen, welches die Einhaltung der Verfassung sichern sollte. Dieses Ergebnis wurde vom Parlamentarischen Rat übernommen.[290]

Ähnlich zur Entwicklung auf Bundesebene wurde auch innerhalb der jeweiligen Länder über eine eigene Verfassungsgerichtsbarkeit diskutiert. Primärer Leitgedanke war eine effektive Absicherung der jeweiligen Landesverfassungen.[291] Weiterhin sollte die lange Tradition einer Verfassungsgerichtsbarkeit in Deutschland aufrechterhalten werden.[292] Nahezu jedes Bundesland in den westlichen Besatzungszonen errichtete sodann zwischen den Jahren 1946 und 1948 eine eigene Verfassungsgerichtsbarkeit.[293] In der östlichen Besatzungszone hingegen wurde die Einführung einer eigenen Landesverfassungsgerichtsbarkeit zunächst abgelehnt. Hintergrund dieser Entscheidung war der als zu groß angesehene Einfluss der östlichen Besatzungsmacht auf die Entstehung der Landesverfassung der jeweiligen Länder.[294] Im Zuge der Wiedervereinigung 1990 erhielten aber auch die neuen Bundesländer jeweils eine eigene Verfassungsgerichtsbarkeit.[295]

Die einzige Ausnahme stellte das Land Schleswig-Holstein dar. Im Widerspruch zu den übrigen westlichen Bundesländern erhielt Schleswig-Holstein zwischen den Jahren 1946 und 1948 keine eigenständige Landesverfassungsgerichtsbarkeit, auch nicht im Jahre 1990. Es machte viel mehr von Artikel 99 des Grundgesetzes gebrauch, welcher – auch heute noch – die Möglichkeit vorsieht, dem Bundesverfassungsgericht Verfassungsstreitigkeiten innerhalb eines Landes durch Landesgesetz zu übertragen. Die Übertragungsnorm war in Art. 37 LVerf SH aF vorzufinden.[296] Somit bestand gar nicht erst die Notwendigkeit und das praktische Bedürfnis, eine eigene Verfassungsgerichtsbarkeit zu erschaffen, das Bundesverfassungsgericht übernahm diese Aufgaben.

---

290 *Blackstein*, Landesverfassungsgericht SH, S. 10; *Robbers*, Umbach/Clemens/Dollinger, BVerfGG Kommentar, Kapitel A I Rn. 27.

291 *Fiedler*, Landesverfassungsgerichtsbarkeit, Bnd. I, S. 103 (115).

292 *Blackstein*, Landesverfassungsgericht SH, S. 15; so geht die Tradition bis auf das Heilige Römische Reich zurück, ebenso die Paulskirchenverfassung von 1849.

293 *Blackstein*, Landesverfassungsgericht SH, S. 15.

294 Zur Entstehung der Länderverfassung während der sowjetischen Besatzungszeit *Willoweit/Schlinker*, Verfassungsgeschichte, § 41 S. 353 Rn. 23 f.

295 Dazu *Blackstein*, Landesverfassungsgericht SH, S. 17.

296 Siehe dazu auch *Barschel/Gebel*, Kommentar Landessatzung SH, Art. 37; im Zuge der Verfassungsänderung wurde dieser Artikel zu Art. 44 LVSH aF, dazu GVoBl SH 1990 Nr. 16, S. 391 (398).

Im Jahre 1990 kamen Bestrebungen auf, ein eigenes Landesverfassungsgericht zu errichten. So sollte mit der Schaffung einer eigenen Verfassungsgerichtsbarkeit die Eigenstaatlichkeit Schleswig-Holsteins betont werden;[297] weiterhin sollte das Gericht als Hüter der Landesverfassung auftreten.[298] Zuletzt sollte eine schnellere Erledigung in der Sache erreicht werden, das Landesverfassungsgericht stehe damit für *„sachnahe, ortsnahe und zeitnahe Entscheidungen“*[299]. So sah der Entwurf der SPD-Fraktion in Art. 44 LV-E SH die Errichtung einer eigenen Verfassungsgerichtsbarkeit samt Aufgabenzuweisung vor.[300] Diese Regelung war hingegen nicht mehr Teil des abschließenden Berichts des Sonderausschusses und wurde letztendlich auch nicht als Teil der neuen Landesverfassung verabschiedet.[301]

Die Diskussion entwickelte sich dann bis in das Jahr 2004. Während dieser Zeit kam es insgesamt zu drei gescheiterten Versuchen, eine eigene Gerichtsbarkeit aufzubauen.[302] Maßgeblichen Anteil an den Entwicklungen im Jahr 2004 hatten auch die im Jahre 1990 eingeführten plebiszitären Elemente. So kam es häufiger zu praktischen Schwierigkeiten hinsichtlich der Verfahrensdauer des Bundesverfassungsgerichts. Der Zeitraum zwischen Beginn der Initiative und letztlicher Zulässigkeitsentscheidung durch das Bundesverfassungsgericht betrug teilweise so lange Zeiträume, dass die Entscheidung erst innerhalb der nächsten Legislaturperiode fiel.[303]

Im Zuge dieser Entwicklungen wurde entschieden, die bisherigen Regelungen zu ändern und eine eigene Landesverfassungsgerichtsbarkeit zu errichten[304].

---

297 *Waack*, Festschrift LVerfG SH, S. 1 (53).

298 *Waack*, Festschrift LVerfG SH, S. 1 (53).

299 *Waack*, Festschrift LVerfG SH, S. 1 (53).

300 Drucksache Landtag SH 12/637 vom 22.12.1989, S. 18 ff.

301 GVoBl SH 1990 Nr. 16, S. 391 (398), in welcher weiterhin eine Aufgabenzuweisung an das BVerfG vorzufinden war.

302 Vgl. dazu insgesamt *Waack*, Festschrift LVerfG SH, S. 1 (32 ff.).

303 So wurde insgesamt die Effektivität der Kontrolle durch das Bundesverfassungsgericht bemängelt, aber auch Verfahrensdauern von bis zu 5 Jahren, was zwangsläufig mit den Legislaturperioden kollidiert (5 Jahre gemäß der Regelung des Art. 19 Abs. 1 S. 1 LVerf SH), Umdruck Landtag SH 15/5332; ferner *Blackstein*, Landesverfassungsgericht SH, S. 47 f.

304 So waren im Rahmen der 16. Legislaturperiode des Schleswig-Holsteinischen Landtages (2005 – 2010) sämtliche Fraktionen übereinstimmend davon überzeugt, die Errichtung einer eigenen Landesverfassungsgerichtsbarkeit endgültig in Angriff zu nehmen; die Errichtung des Gerichts befand sich dabei beispielweise auch in den Zielbestimmungen des bestehenden Koalitionsvertrages zwischen CDU und SPD; vergleiche dazu *Waack*, Festschrift LVerfG SH, S. 1 (41 ff.).

Dafür wurde eine notwendige Änderung des Art. 44 LVerf SH aF erreicht,[305] um die rechtlichen Voraussetzungen zur Errichtung einer eigenen Verfassungsgerichtsbarkeit zu gewährleisten. Die Diskussion um ein eigenes Landesverfassungsgerichtsgesetz[306] wurde am 12. Dezember 2007 durch Annahme des Gesetzes beendet,[307] die Verkündung erfolgte am 10. Januar 2008[308]. Das Landesverfassungsgerichtsgesetz trat am 1. Mai 2008 in Kraft.[309] Schleswig-Holstein verfügt damit seit dem 1. Mai 2008 als letztes Bundesland in Deutschland über eine eigene Verfassungsgerichtsbarkeit.

Hintergrund der Spaltung des Rechtsweges ist somit darin zu sehen, dass dem Bundesverfassungsgericht die Prüfung der rein formellen Voraussetzungen der Volksinitiative nicht auferlegt werden sollten, um so dessen effektive Arbeitsweise gewährleisten zu können.[310] Seit dem 1. Mai 2008 darf die Frage durchaus angebracht sein, ob dieser gespaltene Rechtsweg noch aufrecht zu erhalten ist. Durch die eigens errichtete Landesverfassungsgerichtsbarkeit stellen sich die vorangestellten Erwägungen in der Breite nicht mehr. Für die Beibehaltung der Rechtswegspaltung spricht somit nur noch ein gewisser Gedanke der Tradition, ferner die Aufrechterhaltung der effektiven Arbeitsweise des Landesverfassungsgerichts, welches sich vornehmlich mit verfassungsrechtlichen Fragen zu beschäftigen hat.

Die Zuständigkeit des Landesverfassungsgerichts wird weiterhin in § 3 Nr. 7 LVerfGG SH statuiert. Es entscheidet demnach über die Zulässigkeit der Volksinitiative, und damit vor allem über die Frage der Zulässigkeitsvoraussetzungen nach Art. 48 Abs. 1, 2 LVerf SH. Damit hat das Landesverfassungsgericht den

---

305 Verfassungsrechtlich musste eine Änderung des Art. 44 LVerfSH aF erfolgen, da in diesem noch eine bestehende Kompetenzzuordnung zum Bundesverfassungsgericht angeordnet war, siehe dazu auch Fn. 296; insgesamt Plenarprotokoll vom 11.10.2006, S. 2844; Abstimmung über Drucksache 16/1001 Landtag SH (Gesetzesentwurf der CDU und SPD-Fraktion in einer vom Innen und Rechtsausschuss des Landtages veränderten Form, ursprünglich unverändert in Drucksache Landtag SH 16/656 zu finden).

306 Ausgehend vom Gesetzesentwurf von CDU, SPD, FDP, Bündnis 90/Die Grünen und SSW, Drucksache Landtag SH 16/1497.

307 Plenarprotokoll vom 12.12.2007, S. 5376.

308 GVoBl SH 2008 Nr. 2, S. 25.

309 GVoBl SH 2008 Nr. 2, S. 25 (34).

310 Ähnlich *Caspar*, LVerf SH Kommentar, Art. 41 Rn. 37; wonach es vor allem um Fragen der Entscheidungskompetenz des Landtages und die Verfassungsmäßigkeit der Initiative ginge, was eine verfassungsrechtliche Befassung als sinnvoll erscheinen lasse.

verfassungsrechtlichen Überprüfungsauftrag auszuführen, ob die Volksinitiative von der Entscheidungszuständigkeit des Landtages gedeckt ist und die materiellen Grenzen der Landesverfassung einhält.

II. Die Entscheidungszuständigkeit des Landtages

Der Landtag überprüft somit die Zulässigkeit der Volksinitiative, insbesondere nach Maßgabe des § 8 Abs. 1 Nr. 1, Abs. 2 VAbstG SH das Vorliegen der Entscheidungszuständigkeit des Landtages i.S.d. Art. 48 Abs. 1 LVerf SH. Die Entscheidung wird sodann nach § 9 Abs. 1 VAbstG SH durch das Landesverfassungsgericht überprüft, mithin überprüft dieses kongruent zum Landtag die Voraussetzungen des Art. 48 LVerf SH. Dies verknüpft die Entscheidungszuständigkeit des Landtages mit dem Prüfungsmaßstab der Landesverfassungsgerichte und der Frage, inwiefern diese befugt sind, in dieser Konstellation am Maßstab des Grundgesetzes zu überprüfen. Dieses Konfliktfeld eröffnet sich dabei nicht nur im Rahmen der Gesetzgebungskompetenzen. Der Wortlaut des Art. 48 Abs. 1 S. 2 LVerf SH statuiert ferner, dass Gesetzentwürfe den Grundsätzen des demokratischen und sozialen Rechtsstaats nicht widersprechen dürfen. Inwiefern hier auf materielle Grundsätze des Grundgesetzes verwiesen wird, soll im Rahmen der weiteren Bearbeitung indes außer Betracht bleiben.

Gemäß dem Wortlaut muss die Initiative eine Entscheidung anstreben, die der Landtag innerhalb seiner Kompetenzen auch treffen kann.[311] Dabei sind zwei unterschiedliche Entscheidungskompetenzen des Landtages denkbar: die Organkompetenz und die Verbandskompetenz.

Jedenfalls zu beachten ist die Organkompetenz.[312] Dem Landtag muss in Abgrenzung zu anderen Gewalten und Organen – insbesondere der Landesregierung und der Rechtsprechung – die Kompetenz zustehen, etwaige Regelungen zu treffen.[313] Teil des Überprüfungsmaßstabes ist somit auch die Kompetenz anderer Organe.

---

311 Ähnlich *Caspar*, LVerf SH Kommentar, Art. 41 Rn. 14.

312 *Blackstein*, Landesverfassungsgericht SH, S. 205; vgl. ferner *Caspar*, LVerf SH Kommentar, Art. 41 Rn. 16; *Hübner*, Mutius/Wuttke/Hübner, LVerf SH Kommentar, Art. 41 Rn. 6; *Schulz*, LVerf SH Handkommentar, Art. 48 Rn. 13. Dies folgt ferner auch aus dem Umstand, dass es sich um Gegenstände der politischen Willensbildung handelt, mit solchen könne aber von vornherein nur der Landtag befasst sein, vgl. LVerfG SH v. 6.12.2019 – 2/18, LVerfGE 30, 470 (489).

313 Dies ergibt sich ferner aus dem Prinzip der Gewaltentrennung, *Caspar*, LVerf SH Kommentar, Art. 41 Rn. 16.

Weiterhin könnte in der Begrifflichkeit der Entscheidungszuständigkeit des Landtages die Verbandskompetenz aufgenommen sein, was sodann die Gesetzgebungskompetenzen in den landesverfassungsgerichtlichen Prüfungsmaßstab überführt. Ähnlich formuliert es Art. 76 Abs. 1 LVerf Brandenburg, in dem lediglich von der Zuständigkeit des Landtages die Rede ist. Die Landesverfassungen Hamburgs und Sachsens enthalten auf verfassungsrechtlicher Ebene hingegen keine weitere Spezifizierung in diese Richtung.[314]

Das Landesverfassungsgericht Schleswig-Holsteins bejahte die Frage, ob die Entscheidungszuständigkeit des Landtages auch die Verbandskompetenz umfasst.[315] Es untermauerte diese Auffassung einerseits mit dem Wortlaut der Norm,[316] ferner mit dem Sinn und Zweck der Volksgesetzgebung, wonach der Landtag das angestrebte Ziel des Verfahrens gar nicht erreichen kann, wenn er aus kompetenziellen Gründen den anvisierten Gesetzentwurf nicht umsetzen darf.[317] Auch historische Argumente stehen nach Ansicht des Gerichts nicht entgegen.[318] Die Volksinitiative wurde im Jahr 1990 in die Landesverfassung Schleswig-Holsteins eingeführt,[319] zu diesem Zeitpunkt lediglich mit dem Formulierungsvorschlag, dass auch Gesetzentwürfe Teil der Initiative sein könnten, die der Gesetzgebung des Landes unterliegen.[320] Im Rahmen der Schlussempfehlung des einberufenen Sonderausschusses Verfassungs- und Parlamentsreform fand sich ebenfalls die Formulierung Gesetzentwürfe mit der Begründung wieder, dass der Gegenstand der Initiative der Gesetzgebungszuständigkeit des Landes unterfallen muss.[321] Indes wurde diese Formulierung in den folgenden

---

314 In Sachsen wird einfachgesetzlich nach § 4 VAbstG Sachsen statuiert, dass die Volksinitiative nur im Rahmen der verfassungsmäßigen Zuständigkeit des Landtages behandelt werden kann. Selbiges gilt für Hamburg, wo in § 26 Abs. Nr. 1 VAbstG Hamburg hingegen lediglich geregelt ist, dass das LVerfG Hamburg die Volksinitiative hinsichtlich seiner Vereinbarkeit mit höherrangigem Recht prüft.

315 LVerfG SH v. 6.12.2019 – 2/18, LVerfGE 30, 470 (488).

316 LVerfG SH v. 6.12.2019 – 2/18, LVerfGE 30, 470 (488 f.).

317 LVerfG SH v. 6.12.2019 – 2/18, LVerfGE 30, 470 (489).

318 Insgesamt LVerfG SH, LVerfGE 30, 470 (490 ff.)

319 Als Reaktion auf die sogenannte Barschel-Affäre, dazu *Anonymus*, ZRP 1988, 62 ff.; *Höfling*, ZRP 1988, 396 ff. zu dem daraus resultierenden Vertrauensproblem in die politischen Repräsentanten; siehe zur einstimmigen Annahme das Plenarprotokoll 12/55 Landtag SH vom 30.05.1990, S. 3303.

320 Vorgesehen in Art. 14 Abs. 1 LVerf SH aF, siehe Drucksache Landtag SH 12/620 vom 28.11.1989, S. 11.

321 Drucksache Landtag SH 12/620 vom 28.11.1989, S. 46.

Beratungen gestrichen und die Einschränkung des Wortlauts (unterfallen der Gesetzgebungszuständigkeit des Landes) im Hinblick auf Gesetzentwürfe aufgegeben.[322] Infolgedessen wurde die Formulierung der Entscheidungszuständigkeit gewählt, wobei sich diese Restriktion nicht mehr auf Gesetzentwürfe, sondern lediglich auf Gegenstände der politischen Willensbildung beschränkte.[323] Daraus wurde gefolgert, dass Gesetzentwürfe nicht mehr der Gesetzgebungskompetenz des Landes zu unterfallen haben.[324] Es lässt sich aber nicht der Schluss ziehen, die Gesetzgebungskompetenz sei kein Teil der Zulässigkeit. Einerseits lassen sich aus den Gesetzgebungsmaterialien keine Anhaltspunkte erkennen, dass aus der Umformulierung des Wortlauts die Zulässigkeitsvoraussetzung des Vorliegens der Gesetzgebungskompetenz aufgegeben werden sollte. In der Begründung des 2004 beschlossenen VAbstG SH wurde die Gesetzgebungskompetenz nochmals bekräftigt.[325] Zudem spricht die bestehende Systematik des Gesetzentwurfs als Spezialfall des Gegenstandes der politischen Willensbildung dagegen, dass die Entscheidungszuständigkeit des Landtages nicht auf Gesetzentwürfe anzuwenden wäre.

Das Gericht prüft somit unter dem Tatbestandsmerkmal der Entscheidungszuständigkeit des Landtages nicht nur die Organkompetenz, sondern auch die Verbandskompetenz des Landtages und unter diesem Aspekt die Gesetzgebungskompetenz. Die Richtigkeit dieses Ansatzes wird aufzuzeigen sein.

III. Das Volksbegehren im zweistufigen Volksgesetzgebungsverfahren

Die wesentlichen Unterschiede im zwei- und dreistufigen Volksgesetzgebungsverfahren bestehen nicht in der Verfahrensstruktur an sich, sondern sind auf einzelne landesrechtliche Unterschiede zurückzuführen. Diese betreffen einerseits den Regelungsstandort, andererseits den Adressaten des Volksbegehrens.

Auch im zweigliedrigen Verfahren findet sich die Grundnorm der Volksgesetzgebung in den jeweiligen Landesverfassungen wieder und wird durch einfachgesetzliche Regelungen ergänzt. Mitunter werden die konkreten Zulässigkeitsvoraussetzungen hingegen nur im einfachen Landesrecht statuiert, so

---

322 Umdruck Landtag SH 12/1343.

323 Umdruck Landtag SH 12/1343.

324 So argumentiert von den Vertrauenspersonen der Volksinitiative Schutz des Wassers, die damit die Zulässigkeit der Initiative begründen wollten, näheres in LVerfG SH v. 6.12.2019 – 2/18, LVerfGE 30, 470 (489 ff.)

325 Drucksache Landtag SH 13/1973 vom 13.05.1994, S. 19, 21.

insbesondere die relevanteste Zulässigkeitsvoraussetzung, die Gesetzgebungsbefugnis des Landes.[326] Der Standort der Zulässigkeitsvoraussetzung ist mitentscheidend für die Zulässigkeit der Überprüfung und wird im dritten Abschnitt ausführlich zu behandeln sein. Weiterhin ist der Adressat des Volksbegehrens nicht immer die Legislative wie in Schleswig-Holstein, sondern gegebenenfalls die Exekutive. So ist beispielsweise in Bayern das Innenministerium zur Überprüfung der Zulässigkeit des Volksbegehrens berufen, Art. 63 Landeswahlgesetz (LWG) Bayern.[327] Gemäß Art. 64 Abs. 1 S. 1 LWG hat das Innenministerium sodann die gesetzlichen Voraussetzungen des Volksbegehrens zu prüfen.[328] Ohne detailliert die Einzelheiten in den Ländern zu betrachten, ergeben sich insgesamt folgende maßgebliche Unterschiede zwischen ihnen: Generell wird das Volksgesetzgebungsverfahren unter die Zulässigkeit der Vereinbarkeit mit den Gesetzgebungskompetenzen gestellt, dies wird aber entweder landesverfassungsrechtlich oder nur einfachgesetzlich statuiert. Die erste Prüfung erfolgt entweder durch die Legislative oder die Exekutive. Der Konflikt um die Überprüfung der Gesetzgebungskompetenzen durch das Landesverfassungsgericht tritt somit auch hier auf. Auf die einzelnen Ansichten der Landesverfassungsgerichte ist auf einen späteren Abschnitt verwiesen.[329]

E. Zusammenfassung

Das Verfahren der Volksinitiative gliedert sich in drei Abschnitte, obgleich das Hauptverfahren den Schwerpunkt ausmacht. Innerhalb dessen hat der Landtag zu überprüfen, ob die Volksinitiative mit der Entscheidungszuständigkeit

---

326 Diese Voraussetzung dann wiederum in der Regel durch Auslegung ermittelt, beispielhaft aus jüngerer Rechtsprechung VerfGH BaWü v. 18.5.2020 – 1 GR 24/19 (juris); BremStGH v. 20.2.2020 – St 1/19 (juris); BayVerfGH v. 16. Juli 2019 – Vf. 41-IX-19, MedR 2020, 1429 ff.; BerlVerfGH v. 13.5.2013 – 32/12, LVerfGE 24, 26 (38); siehe zudem ausführlich Dritter Abschnitt A.I.

327 Selbiges gilt bspw. in Baden-Württemberg, § 27 Abs. 1 S. 1 VAbstG BaWü und gem. § 7 Abs. 1 VAbstG NRW in Nordrhein-Westfalen, obgleich das Innenministerium nur die Voraussetzungen überprüft und der Landtag entscheidet, § 10 Abs. 1 VAbstG NRW; in Thüringen dagegen ist es wie in Schleswig-Holstein der Landtag, Art. 82 Abs. 3 LVerf Thüringen; in Bremen ist es nach § 10 Abs. 1 VAbstG Bremen der Landeswahlleiter, obgleich auch hier der Senat gem. § 12 Abs. 1 VAbstG Bremen entscheidet.

328 Was nach steter Rechtsprechung des Bayerischen Verfassungsgerichtshofs eine Prüfung der Gesetzgebungskompetenzen inkludiert, siehe dazu BayVerfGH v. 14.6.1985 – Vf. 20-IX-85, BayVerfGHE 38, 51 (57).

329 Siehe Dritter Abschnitt, A.I.

des Landtages korrespondiert; vgl. § 8 VAbstG SH, Art. 48 LVerf SH. Nach Ansicht des Gerichts ergeht damit der Anwendungsbefehl aus der Landesverfassung, die Gesetzgebungskompetenz des Landes zu überprüfen. Im Falle der Unzulässigkeit der Initiative mangels Gesetzgebungskompetenz entscheidet das Landesverfassungsgericht abschließend über ebendiese Frage, sofern die Vertrauenspersonen den Rechtsweg beschritten haben. Prüfungsmaßstab ist in diesem Fall der Art. 48 Abs. 1 LVerf SH, Verfassungsgericht und Landtag prüfen mithin kongruent.

Im zweistufigen Volksgesetzgebungsverfahren ergeben sich parallele Probleme bei der Überprüfung der Zulässigkeit hinsichtlich der Konformität mit den Gesetzgebungskompetenzen und der Überprüfung durch die Landesverfassungsgerichte.

Zweiter Abschnitt – Das Verhältnis der Verfassungsgerichtsbarkeiten

A. Einleitung

Die Ansicht des Landesverfassungsgerichts Schleswig-Holstein, das Volksgesetzgebungsverfahren auch am Maßstab der Gesetzgebungskompetenzen zu prüfen, bedarf dabei einer gesonderten kritischen Betrachtung. Führt das Landesverfassungsgericht die Zulässigkeitsprüfung durch, verstößt es möglicherweise gegen das herrschende Verständnis des Trennungsprinzips, wonach die Landesverfassungsgerichte nur anhand der Landesverfassung prüfen und entscheiden,[330] das Grundgesetz als Prüfungsmaßstab somit nicht prinzipiell auf den in Frage stehenden Prüfungsgegenstand anwenden dürfen. Das Verhältnis der Gerichtsbarkeiten ist demnach näher zu betrachten.

B. Die Landesverfassungsgerichtsbarkeit

I. Die Legitimation eigener Landesverfassungsgerichte

Mit der Kompetenz, eine eigene Landesverfassung zu errichten, geht die Kompetenz einher, Strukturen zu deren Schutz zu erschaffen.[331] Diese Schutzfunktion nimmt (schon rein traditionell)[332] die Verfassungsgerichtsbarkeit ein, ohne jene die Verfassung hinsichtlich ihrer Beachtung und Durchsetzung allein von

330 Vgl. BVerfG v. 7.5.1957 – 2 BvR 2/56, BVerfGE 6, 376 (382); *dass.* v. 7.5.2001 – 2 BvK 1/00, BVerfGE 103, 332 (351); *dass.* v. 18.7.2018 – 1 BvR 1675/16, 745/17, 836/17, 981/17, BVerfGE 149, 222 (282); *Bethge*, Landesverfassungsgerichtsbarkeit Bnd. II S. 17 (27 ff.); *Dederer*, Maunz/Dürig GG Bnd. VI, Art. 100 Rn. 62; zur Kompetenz der Landesverfassungsgerichte ferner *Baldus*, Thüringen LVerf Kommentar, E5 Rn. 60; *Friesenhahn*, Bundesverfassungsgericht und Grundgesetz Bnd. I, S. 748 (755); *Hestermeyer*, Eigenständigkeit, S. 203 f.; *Hotstegs*, ZAP 2019, 689 (695); *Kaiser*, NVwZ 2020, 207 (208); *Lindner*, JZ 2018, 369 (371); *Möstl*, BayVBl 2017, 659 (661 ff.); *Morgenthaler*, BeckOK GG, Art. 100 Rn. 15; *Rozek*, Prüfungs- und Entscheidungsmaßstab, S. 56; *Müller-Terpitz*, Maunz/Schmidt-Bleibtreu/Klein/Bethge BVerfGG Kommentar, § 80 Rn. 180 ff.; *Söhn*, Bundesverfassungsgericht und Grundgesetz Bnd. I, S. 292 (320); umfassend *Dreier*, Dreier GG Bnd. III, Art. 142 Rn. 68 m.w.N.

331 *Rozek*, Prüfungs- und Entscheidungsmaßstab, S. 43.

332 Derartige Gedanken kamen bereits bei der Errichtung des Grundgesetzes auf, siehe dazu Bericht über den Verfassungskonvent auf Herrenchiemsee, S. 45.

dem Willen der Verfassungsorgane selbst abhinge.[333] Die Errichtung der eigenen Verfassungsgerichtsbarkeit komplettiert damit erst die Garantie der gliedstaatlichen Verfassungsautonomie[334] und lässt diese lebendig werden, anstatt sie als ein rein theoretisches Konstrukt anzusehen. Die Errichtungskompetenz kommt dementsprechend einer Art Annexkompetenz der Verfassungsautonomie gleich, welche sich aus dem Bundesstaatsprinzip und der Eigenstaatlichkeit der Länder ergibt.[335]

Grundgesetzlich setzt der Wortlaut der konkreten Normenkontrolle nach Art. 100 Abs. 1 GG die Zulässigkeit von Landesverfassungsgerichten voraus, indem eine Vorlagepflicht „des für die Verfassungsstreitigkeiten zuständigen Gerichts des Landes" angeordnet wird, soweit Streitigkeiten über die Verletzung der Landesverfassung bestehen.[336] Zusätzlich ordnet Art. 100 Abs. 3 GG explizit eine Vorlagepflicht für Landesverfassungsgerichte an.

II. Das Trennungsprinzip

Das Verhältnis der Verfassungsgerichtsbarkeiten von Bund und Ländern wird durch das Verhältnis der Verfassungsräume zueinander beeinflusst. Das System der dualen Verfassungsräume[337] setzt unter Beachtung der gliedstaatlichen Verfassungsautonomie die grundsätzlich bestehende Unabhängigkeit der jeweiligen Verfassung voraus, welches wiederum auf die Landesverfassungsgerichtsbarkeit durchschlagen könnte. Die Landesverfassungsgerichtsbarkeit wäre demnach unabhängig von der Bundesverfassungsgerichtsbarkeit zu beurteilen, was sich aus dem Aspekt ergibt, dass das Landesverfassungsgericht als Hüter der eigenen Verfassung und nicht als verlängerter Arm des Bundesverfassungsgerichts agiert.[338] Zur Vermeidung der Prüfungskollision und unter Beachtung der

---

333 Vgl. *Friesenhahn*, JURA 1982, 505 (517); *Stern*, JA 1984, 385 (388); *Rozek*, Prüfungs- und Entscheidungsmaßstab, S. 43.

334 Zur generellen Wichtigkeit einer eigenen ergänzenden Landesverfassungsgerichtsbarkeit siehe *Bethge*, Landesverfassungsgerichtsbarkeit Bnd. II, S. 17 (18 ff.); *Starck*, Landesverfassungsgerichtsbarkeit Bnd. I, S. 155 (182).

335 Siehe dazu insgesamt *Blackstein*, Landesverfassungsgericht SH, S. 32; *Nolte/Tams*, LVerf SH Kommentar, Art. 1 Rn. 8; *Rozek*, Prüfungs- und Entscheidungsmaßstab, S. 43; *Starck*, Landesverfassungsgerichtsbarkeit Bnd. I, S. 155 ff.

336 In diesem Zusammenhang besteht hingegen keine Pflicht zur Schaffung eines eigenen Landesverfassungsgerichts, vgl. *Dederer*, Maunz/Dürig GG Bnd. VI, Art. 100 Rn. 65.

337 Dazu bereits Erster Abschnitt, C.I.1.,2.

338 Siehe beispielhaft *Bethge*, Maunz/Schmidt-Bleibtreu/Klein/Bethge BVerfGG, § 1 Rn. 52, ferner die bereits historisch gewachsene Bezeichnung seit der

gliedstaatlichen Verfassungsautonomie in Form der errichteten Verfassungsgerichtsbarkeit darf die jeweilige Verfassungsgerichtsbarkeit nicht in den Kompetenzbereich des anderen Verfassungsraumes und seiner korrespondierenden Gerichtsbarkeit eingreifen.[339] Die Gerichtsbarkeiten und ihr jeweiliger Entscheidungsbereich sind somit grundsätzlich getrennt voneinander zu betrachten,[340] dieser Aspekt wird auch im Folgenden als Trennungsprinzip bezeichnet.[341]

Da die Feststellung der Vereinbarkeit oder des Verstoßes einer staatlichen Handlung jeweils nur in Bezug auf einen Verfassungsraum getroffen werden kann, muss notwendigerweise eine Abgrenzung der Kompetenzen erfolgen.[342] Selbiges bekräftigt das Bundesverfassungsgericht, indem es die getrennten Verfassungsräume bestätigt und sodann ausführt, dass sich die Verfassungsgerichtsbarkeiten in diesen Räumen bewegen.[343] Das Trennungsprinzip wird nach gefestigter Meinung dadurch durchgesetzt, dass das Landesverfassungsgericht nur anhand der Landesverfassung prüft und entscheidet, das Bundesverfassungsgericht nur anhand des Grundgesetzes.[344]

Da die Verfassungsräume jedoch miteinander verzahnt und somit jeweils nicht völlig unabhängig voneinander agieren, ergeben sich möglicherweise durchschlagende Einwirkungen auf die Gerichtsbarkeiten. Dies zeigt schon die dargestellte Rechtswirkung der Homogenitätsklausel,[345] welche aus bundesstaatlichen Aspekten in die Konzeption der Landesverfassung eingreift. Relevant sind ferner solche Normen, welche unter Umständen den Inhalt der Landesverfassung diktieren. Dabei handelt es sich einerseits um die – im Ergebnis unstreitig

---

Herrenchiemsee-Konferenz, siehe auch den Bericht über den Verfassungskonvent auf Herrenchiemsee, S. 45.

339 *Rozek*, Prüfungs- und Entscheidungsmaßstab, S. 53.

340 Vgl. auch BVerfG v. 29.1.1974 – 2 BvN 1/69, BVerfGE 36, 342 (357); *dass.* v. 24.3.1982 – 2 BvH, 2/82, 2 BvR 233/82, BVerfGE 60, 175 (209); *dass.* v. 18.7.2018 – 1 BvR 1675/16 u.a., BVerfGE 149, 222 (283); *Blackstein*, Landesverfassungsgericht SH, S. 33; *Rozek*, Prüfungs- und Entscheidungsmaßstab, S. 53 ff., 56; *Friesenhahn*, Bundesverfassungsgericht und Grundgesetz Bnd. I, S. 748 (750 ff.); *Voßkuhle*, JöR 59 (2011), 215 (225).

341 Dazu *Blackstein*, Landesverfassungsgericht SH, S. 33 Fn. 198; *Friesenhahn*, Bundesverfassungsgericht und Grundgesetz Bnd. I, S. 748 (751 ff.); *Rozek*, Prüfungs- und Entscheidungsmaßstab, S. 53.

342 So auch *Rozek*, Prüfungs- und Entscheidungsmaßstab, S. 53.

343 BVerfG v. 29.1.1974 – 2 BvN 1/69, BVerfGE 36, 342 (357).

344 Siehe Nachweise in Fn. 330.

345 Erster Abschnitt, C.I.3.;4.

existierenden[346] – Durchgriffsnormen, welche als grundgesetzliche Artikel direkt in die Landesverfassung wirken, dabei aber grundgesetzliche Bestimmungen bleiben.[347]

Konfliktträchtiger sind in diesem Zusammenhang die sogenannten Bestandteilsnormen.[348] Diesen grundgesetzlichen Vorschriften wird die Wirkung direkten Landesverfassungsrechts attestiert; sie werden also ohne Zutun des Landesverfassungsgebers unmittelbarer Bestandteil jeder Landesverfassung.[349] Im Rahmen dieses Konstrukts werden auch die Gesetzgebungskompetenzen als unmittelbares Landesverfassungsrecht angesehen, so dass sich eine unmittelbare Überprüfung durch die Landesverfassungsgerichtsbarkeit ergeben könnte. Im Folgenden wird aufzuzeigen sein, inwiefern sich die Trennung der Verfassungsräume im Rahmen der Überprüfungskompetenz durchsetzt und anhand welcher Kriterien sich der bestehende Prüfungsmaßstab zusammensetzt.

C. Der Prüfungsmaßstab der Landesverfassungsgerichte

Trotz der formalen Trennung der Gerichtsbarkeiten ließe sich möglicherweise eine umfassende Überprüfungsmöglichkeit am Maßstab des Grundgesetzes durch das Landesverfassungsgericht konstruieren, so dass dieses dazu befugt ist, den Prüfungsmaßstab Grundgesetz schon prinzipiell anzuwenden.[350] Als Gegensatz dazu bliebe es bei dem aus dem Trennungsprinzip resultierenden Prüfungsmaßstab, wobei jener hinsichtlich seiner Durchbrechungen eine genauere Begutachtung erfordert.

---

346 Vgl. *Dittmann*, Hnd. StaatsR. Bnd. VI, § 127 Rn. 33; *Dreier*, Dreier GG Bnd. II, Art. 28 Rn. 48; *Kersten*, DÖV 1993, 896 (897); *Lindner*, AöR 143 (2018), 437 (452 ff.); *Mehde*, Maunz/Dürig GG Bnd. IV, Art. 28 Rn. 19–29.

347 *Dreier*, Dreier GG Bnd. II, Art. 28 Rn. 44; *ders.*, Dreier GG Bnd. II, Art. 31 Rn. 22; siehe ferner dazu *Grawert*, NJW 1987, 2329 (2331) („*verfassungsrechtliche Konkordanzmasse*"); *Stern*, StaatsR Bnd. I, S. 704 („*direkten Durchgriff der Bundesverfassung auf die Länder*"), die den Durchgriffsnormen unter Verwendung unterschiedlicher Terminologie dieselbe Funktion attestieren.

348 Dazu beispielhaft *Pestalozza*, HGR Bnd. III, § 86 Rn. 18 ff.; ausführlich ferner *Lindner*, AöR 143 (2018), 437 (461 ff.).

349 Siehe beispielhaft BVerfG v. 5.4.1952 – 2 BvH 1/52, BVerfGE 1, 208 (227); *dass.* v. 12.2.2008 – 2 BvK 1/07, BVerfGE 120, 82 (104); *Dietlein*, FS 50 Jahre NWVerfGH 2002, S. 203 (216); *Dreier*, Dreier GG Bnd. II, Art. 28 Rn. 45; *Mehde*, Maunz/Dürig GG Bnd. IV, Art. 28 Rn. 17.

350 *Burmeister*, Landesverfassungsgerichtsbarkeit Bnd. II, S. 399 (431 ff.).

I. Die umfassende prinzipielle Überprüfung anhand des Grundgesetzes

Die umfassende Überprüfung am Maßstab des Grundgesetzes durch Landesverfassungsgerichte darf als vollständige Absage an das Trennungsprinzip gewertet werden, auch wenn an der Unabhängigkeit und der Autonomie der Länder an sich nicht gezweifelt wird.[351] Eine Unabhängigkeit der Landesverfassung beziehungsweise der Landesverfassungsgerichtsbarkeit wird indes angezweifelt, was sich aus dem Umstand ergibt, dass das Landesverfassungsgericht im Rahmen seiner Judikatur vollumfänglich, und nicht nur partiell in bestimmten Bereichen, am Maßstab des Grundgesetzes zu prüfen habe.[352] Als Begründung ließe sich einerseits das Einfügen der Länder in den Bundesstaat, andererseits die Divergenzvorlage nach Art. 100 Abs. 3 GG anführen.

1. Einfügung in den Bundesstaat

Der Bundesstaat impliziere gerade, dass erst die Kombination von Bundes- und Landesebene zu einem vervollständigten System des bundesstaatlichen Gefüges führt, so dass eine strikte Trennung als nicht beabsichtigt anzunehmen sei; eine derartige Vereinfachung übersehe und vernachlässige die Einordnung in die Normenhierarchie, wie beispielsweise durch Art. 1 Abs. 3 GG oder Art. 28 Abs. 1 GG aufgezeigt, und sei demnach abzulehnen.[353] Daraus folge, dass eine ausschließliche Stellung der Landesverfassungsgerichte nur als Hüter ihrer eigenen Landesverfassung nicht zu erkennen sei,[354] mehr sogar, ein gegensätzliches bundesverfassungsrechtliches Überprüfungsmonopol am Maßstab des Grundgesetzes sei nicht ersichtlich.[355] Solange keine ausdrückliche Zuweisung der Grundgesetzüberprüfung an das Bundesverfassungsgericht erfolge, gehöre auch diese Überprüfung zum genuinen Arbeitsauftrag der Landesverfassungsgerichte in Form der Kontrolle sämtlicher Landesakte anhand der Landesverfassung sowie normhierarchisch höheren Normen, also vor allem anhand des Grundgesetzes.[356]

---

351 *Burmeister*, Landesverfassungsgerichtsbarkeit Bnd. II, S. 399 (434).
352 *Burmeister*, Landesverfassungsgerichtsbarkeit Bnd. II, S. 399 (431 ff.).
353 *Burmeister*, Landesverfassungsgerichtsbarkeit Bnd. II, S. 399 (434).
354 *Burmeister*, Landesverfassungsgerichtsbarkeit Bnd. II, S. 399 (435 ff.).
355 *Burmeister*, Landesverfassungsgerichtsbarkeit Bnd. II, S. 399 (436).
356 *Burmeister*, Landesverfassungsgerichtsbarkeit Bnd. II, S. 399 (435, 437).

Aus der Bindungswirkung von Bundesrecht für die Landesstaatsgewalt folge zudem kein Verbot, dieses als Prüfungsmaßstab der Landesverfassungsgerichtsbarkeit heranzuziehen; eine derartige Prüfungskompetenz resultiere gerade aufgrund der Bindungswirkung und werde durch diese begründet.[357] Dies gelte hingegen nicht für den Einbezug der Gesetzgebungskompetenzen nach Art. 70 ff. GG, da bei deren Überprüfung eine korrespondierende Kompetenz des Bundesgesetzgebers zu prüfen wäre, was wiederum ausschließlich in den Bereich des Bundesverfassungsgerichts falle.[358] Abgesehen von dieser Restriktion sei das Landesverfassungsgericht im Rahmen seiner Judikatur bei der Frage die Vereinbarkeit von Landesrecht mit Bundesrecht betreffend dem Bundesverfassungsgericht sogar vorzuziehen.[359] Zuletzt wird angeführt, dass das Verwerfungsmonopol des Landesverfassungsgerichts für verfassungswidrige Normen als sinnlos zu beurteilen sei, sofern das Landesverfassungsgericht den Normenkonflikt nach Art. 31 GG – und damit das Grundgesetz, zu dessen Verhältnis sich der Konflikt ergibt – nicht beachten könnte.[360]

Einer umfassenden grundgesetzlichen Überprüfung nach diesem Ansatz ist nicht zu folgen, das Trennungsprinzip ist weiterhin aufrecht zu erhalten.

Das Landesverfassungsgericht stellt ein Verfassungsorgan des jeweiligen Landes dar.[361] Ihm werden damit explizit von der Landesverfassung Kompetenzen zugesprochen, innerhalb derer es seine Arbeit verrichtet.[362] Im Einzelfall mag es dabei zu Auslegungsschwierigkeiten kommen, inwiefern der in Frage stehende Verfassungstext dem Verfassungsgericht bestimmte Aufgaben und Aufträge zuweist.[363] Ungeachtet dessen lässt sich feststellen, dass sich der landesverfassungsrechtliche Überprüfungsauftrag prinzipiell nur auf die Prüfung anhand

357 *Burmeister*, Landesverfassungsgerichtsbarkeit Bnd. II, S. 399 (437 ff.).

358 *Burmeister*, Landesverfassungsgerichtsbarkeit Bnd. II, S. 399 (444 ff.).

359 *Burmeister*, Landesverfassungsgerichtsbarkeit Bnd. II, S. 399 (438 ff.).

360 *Burmeister*, Landesverfassungsgerichtsbarkeit Bnd. II, S. 399 (438, 439, 442).

361 Dazu BVerfG v. 29.1.1974 – 2 BvN 1/69, BVerfGE 36, 342 (357); *dass.* v. 24.3.1982 – 2 BvH, 2/82, 2 BvR 233/82, BVerfGE 60, 175 (213); *Reutter*, Landesverfassungsrecht in den Bundesländern, S. 155 ff.

362 Die Kompetenzzuweisungen unter Abgrenzung der verfassungsrechtlichen Zuständigkeit finden sich in den Landesverfassungen, exemplarisch Art. 51 LVerf SH, Art. 60 ff. LVerf Bayern, Art. 65 Abs. 3 LVerf Hamburg, Art. 75 LVerf NRW, Art. 113 LVerf Brandenburg, Art. 68 LVerf BaWü, Art. 140 LVerf Bremen.

363 Beispielhaft LVerfG SH v. 6.12.2019 – 2/18, LVerfGE 30, 470 (486 ff.). zur Thematik des Art. 48 LVerf SH.

der eigenen Landesverfassung bezieht.[364] So spricht beispielweise Art. 51 Abs. 2 Nr. 2 LVerf SH von der Entscheidungsbefugnis des Landesverfassungsgerichts in Streitigkeiten, die die Vereinbarkeit von Landesrecht mit „dieser“ Verfassung regeln.[365] Als Ursprung der Kompetenzzuweisung kann es demnach nur so gehalten sein, dass das Landesverfassungsgericht nur primär als Hüter der jeweiligen Landesverfassung anzusehen ist.[366] Mehrwert bietet dabei abseits der bundesverfassungsrechtlichen Aufgabenzuweisung nach Art. 93 GG die Bestimmung des Art. 100 GG, welche als abgrenzend ausschließliche Zuweisung nach Art. 30 GG zu verstehen ist.[367] Insofern ist eine Art Monopolisierung der Überprüfung anhand des Grundgesetzes durch das Bundesverfassungsgericht doch erkennbar.

Ferner ordnet Art. 93 Abs. 1 Nr. 2 GG das Verfahren der abstrakten Normenkontrolle dem Bundesverfassungsgericht zu. Der Wortlaut legt dem Gericht dabei unmissverständlich die Aufgabe auf, über Meinungsverschiedenheiten die förmliche und sachliche Vereinbarkeit von Bundes- oder Landesrecht mit diesem Grundgesetz betreffend zu entscheiden. Art. 100 Abs. 1 S. 1 GG schlägt dieselbe Richtung ein und fordert die Einholung der Entscheidung des Bundesverfassungsgerichts, soweit eine Verletzung des Grundgesetzes im Raume steht.

---

364 So auch *Rozek*, Prüfungs- und Entscheidungsmaßstab, S. 70; ferner beispielsweise BremStGH v. 23.9.1974 – St 1,2/1973, BremStGHE 2, 38 (76); *ders.* v. 12.5.1978 - St 2/77, BremStGHE 3, 97 (101 ff.). Burmeister merkt in diesem Zusammenhang an, dass die vorkonstitutionellen Verfassungen dieses Gefüge gar nicht hätten beachten können und diesem Ansatz somit nicht zu folgen ist, *Burmeister*, Landesverfassungsgerichtsbarkeit Band II, S. 399 (442). Richtigerweise ist dem zu entgegnen, dass die bisher nicht erfolgen Verfassungsänderungen sowie die Schaffung eigener Landesverfassungsgerichtsgesetze, die sich an der Landesverfassung orientieren und den Prüfungsauftrag kongruent gestalten, dafür spricht, dass dem Ansatz weiterhin zu folgen ist; vgl. auch *Rozek*, Prüfungs- und Entscheidungsmaßstab, S. 71.

365 Ähnliche Formulierungen finden sich beispielsweise in Art. 75 Nr. 2 LVerf NRW, Art. 113 Nr. 1 LVerf Brandenburg, Art. 54 Abs. 1 Nr. 1 LVerf Niedersachsen, Art. 53 Abs. 1 LVerf Mecklenburg-Vorpommern, Art. 80 Nr. 3 LVerf Thüringen. Teilweise wird nicht explizit auf diese Verfassung abgestellt, so exemplarisch Art. 65 Abs. 3 Nr. 3 LVerf Hamburg. Auch ohne expliziten Verfassungsverweis kann damit aber nur die ermächtigende Verfassung gemeint sein.

366 Im Ergebnis auch *Rozek*, Prüfungs- und Entscheidungsmaßstab, S. 70; siehe aus der Rechtsprechung zudem HessStGH v. 4.8.1950 – P.St.62, AöR 77 (1951, 1952), 323 (327), wonach sich die Überprüfung nur auf die Hessische Landesverfassung erstreckt; ferner deutlich in BremStGH v. 23.9.1974 – St 1,2/1973, BremStGHE 2, 38 (76).

367 *Rozek*, Prüfungs- und Entscheidungsmaßstab, S. 69.

Im Umkehrschluss zu den voranstehenden Ausführungen des Art. 100 Abs. 1 S. 1 GG über die Entscheidungsbefugnis des Landesverfassungsgerichts ergibt sich gerade das Monopol des Bundesverfassungsgerichts, anhand des Grundgesetzes zu überprüfen. Anders kann der Wortlaut, bei einer Verletzung des Grundgesetzes das Bundesverfassungsgericht, bei einer Verletzung der Landesverfassung das für Verfassungsstreitigkeiten des Landes zuständige Gericht unter Nichtbenennung des Bundesverfassungsgerichts anzurufen, nicht verstanden werden.

Aus dem Bundesstaatsprinzip folgt zwar zutreffend die Eingliederung der Landesverfassung und der Landesverfassungsgerichtsbarkeit in ein bundesstaatliches Gesamtgefüge; dessen Auswirkungen sind jedoch grundgesetzlich determiniert. So ließe sich aus der Bindungswirkung der Grundrechte und an das Grundgesetz nach Art. 1 Abs. 3 GG eine Überprüfungskompetenz ableiten;[368] derartige Bindungen gelten jedoch für alle Landesorgane gleichermaßen. Das nötige Aufsichtsverhältnis, welches aufgrund dieser Bindung das Landesverfassungsgericht ermächtigt, über die Einhaltung der Bindung durch andere Verfassungsorgane zu entscheiden, wird dadurch gerade nicht begründet.[369] Ohne ein solches kann sich das Landesverfassungsgericht schlechthin nicht ohne dogmatische Grundlage zum Hüter der Bundesverfassung gegenüber anderen Landesverfassungsorganen aufschwingen; dafür braucht es die landesverfassungsrechtliche Legitimation in Form der Aufgabenzuweisung.

Weiterhin ist kein Vorrang der Landesverfassungsgerichtsbarkeit vor dem Bundesverfassungsgericht in den Fällen ersichtlich, in denen es schwerpunktmäßig um die Vereinbarkeit von Landesrecht mit dem Grundgesetz geht. Ein solcher Vorrang ist im Gesetz nicht aufzufinden, gegenteilig ist gar ein Gleichklang zu erkennen. So ergibt die Regelung des § 90 Abs. 3 BVerfGG, dass das Recht zur Erhebung der Verfassungsbeschwerde innerhalb eines Landes zum Landesverfassungsgericht nach Maßgabe der Landesverfassung von der Erhebung der Verfassungsbeschwerde auf Bundesebene unberührt bleibt. Das damit zum Ausdruck gebrachte zweispurige System des verfassungsrechtlichen Rechtsschutzes bekräftigt das selbstständige Nebeneinander der Verfassungsräume.[370]

---

368 BayVerfGH v. 30.4.1987 – Vf. 21-VII-85, BayVerfGHE 40, 58 (62); *Rozek*, Prüfungs- und Entscheidungsmaßstab, S. 71 f.

369 *Sachs*, DÖV 1982, 595 (597).

370 Vgl. *Bethge*, Maunz/Schmidt-Bleibtreu/Klein/Bethge BVerfGG, § 90 Rn. 47 ff.; *Rozek*, Prüfungs- und Entscheidungsmaßstab, S. 72; *Schumann*, Landesverfassungsgerichtsbarkeit Band II, S. 149 (195 ff.); zur doppelspurigen Verfassungsgerichtsbarkeit auch *Lindner*, JZ 2018, 369 (370); *Pestalozza*, Verfassungsprozeßrecht, II § 21 Rn. 5 (S. 375).

Der Möglichkeit des Beschwerdeführers, sowohl auf Bundes- als auch Landesebene Rechtsschutz anzustrengen, ist demnach kein Vorrang des Landesverfassungsgerichts zu entnehmen, unabhängig um welchen Beschwerdegegenstand es sich im Konkreten handelt.

Verkannt wird weiterhin, dass Art. 31 GG nicht als Grundlage einer Überprüfungskompetenz herangezogen werden kann. Zugegeben mag es auf einen ersten Blick als sinnwidrig erschienen, das Verwerfungsmonopol auf Konflikte auf Landesebene zu beschränken, bundesrechtliche Konflikte dabei jedoch außer Acht und so den föderativen Normenkonflikt unbeachtet zu lassen. Die Begründung erweist sich jedoch als Zirkelschluss. Das Verwerfungsmonopol ist gerade Ausfluss der Überprüfungskompetenz;[371] nur weil am Maßstab des Grundgesetzes geprüft werden darf, korrespondiert auch das Verwerfungsmonopol mit dieser Überprüfungskompetenz. Insofern erstreckt sich das landesverfassungsrechtliche Verwerfungsmonopol im Rahmen eines landesrechtlichen Normenkonflikts auch nur auf Landesrecht, da nur Landesrecht den Prüfungsmaßstab abbildet.

Im Ergebnis sprechen keine gewichtigen Gründe dafür, einer umfassenden prinzipiellen Überprüfung anhand des Grundgesetzes durch ein Landesverfassungsgericht zu folgen. Der Ansatz hat sich nicht durchsetzen können. Eine Überprüfungsmöglichkeit könnte sich hingegen aus Art. 100 Abs. 3 GG ergeben.

2. *Überprüfung nach Art. 100 Abs. 3 GG*

Eine umfassende Überprüfungskompetenz wird aus dem Wortlaut und dem Telos des Art. 100 Abs. 3 GG gefolgert, wonach dem Landesverfassungsgericht logischerweise die Kompetenz der Grundgesetzesüberprüfung zustehen muss, um überhaupt zu einer divergierenden Grundgesetzauslegung im Verhältnis zum Bundesverfassungsgericht zu gelangen; dies sei die klar erkennbare Konsequenz der Regelung.[372] Richtigerweise muss dem Landesverfassungsgericht die Kompetenz der Auslegung des Grundgesetzes – und damit in irgendeiner Weise eine Überprüfungskompetenz desselben – zustehen, um überhaupt zu abweichenden Auslegungsergebnissen zu gelangen. Dies wird auch nicht in Frage gestellt. Unklar ist aber, ob Art. 100 Abs. 3 GG diese Kompetenz begründet oder nur voraussetzt.

---

371 Vgl. nur *Rozek*, Prüfungs- und Entscheidungsmaßstab, S. 74.

372 *Burmeister*, Landesverfassungsgerichtsbarkeit Bnd. II, S. 399 (456); in eine ähnliche Richtung geht *Sobota*, DVBl. 1994, 793 (802), welche Art. 100 Abs. 3 GG ebenfalls als Kompetenzgrundlage heranzieht.

Die Divergenzvorlage nach Art. 100 Abs. 3 GG verfolgt das Ziel einer einheitlichen Auslegung des Grundgesetzes und der kohärenten Rechtsfortbildung der Verfassung.[373] Dem Erfordernis einer Überprüfungskompetenz ist somit zuzustimmen, um den Zweck der Norm zu erreichen. Für die voranstehende Frage mag dies jedoch keine Antwort zugunsten einer umfassenden Kompetenz liefern. Der Ansatz sollte restriktiv gehandhabt werden. So mag das Anerkennen einer umfassenden Überprüfungskompetenz zu einer Hinderung der Rechtsfortbildung führen, da dem Bundesverfassungsgericht so die zu entscheidenden Fälle entzogen werden.[374] Anderseits kommt dem Verfahren nach Art. 100 Abs. 3 GG bis heute kein allzu großer Stellenwert zu, als dass bis jetzt nur fünf derartige Verfahren durchgeführt worden sind.[375] Ob man somit weiterhin für eine Restriktion votieren kann, mag durchaus fraglich sein, da auch diese dem Sinn und Zweck der Norm nicht vollends gerecht wird. Letztendlich handelt es sich um hypothetische praktische Fragestellungen, die zur Beantwortung der Ausgangsfrage keine zielführenden Ansätze liefern können.

Im Wortlaut der Norm fehlt gänzlich jeder Hinweis, der auf eine generelle Überprüfungskompetenz schließen lässt.[376] Auch wenn die Norm erkennbar von einer solchen ausgeht, kann rein aus dem Grundgedanken ohne dogmatische Grundlage keine solche Kompetenz gefolgert werden. Art. 100 Abs. 3 GG regelt vielmehr den Fall, dass das Landesverfassungsgericht eine anderweitig begründete Kompetenz zur Überprüfung anhand des Grundgesetzes für eine abweichende Auslegung nutzt, um dem Gericht sodann die Kompetenz und Pflicht zuzusprechen, dem Bundesverfassungsgericht vorzulegen.[377] Eine eigenständige

---

373 BVerfG v. 10.2.1954 – 2 BvN 1/54, BVerfGE 3, 261 (265); BerlVerfGH v. 11.4.2014 – VerfGH 129/13, LVerfGE 25, 115 (125); *Bethge*, Maunz/Schmidt-Bleibtreu/Klein/Bethge, BVerfGG § 85 Rn. 2 f.; *Wieland*, Dreier GG Bnd. III, Art. 100 Rn. 43.

374 *Rozek*, Prüfungs- und Entscheidungsmaßstab, S. 99. Dies hingegen dann nur für diejenigen Fälle, in denen das Landesverfassungsgericht die Auslegung des Bundesverfassungsgerichts übernimmt.

375 Dazu *Schlaich/Korioth*, BVerfG, S. 149 Rn. 181.

376 Vgl. dazu auch *Menzel* Landesverfassungsrecht, S. 297 f., wonach aus dem Wortlaut des Art. 100 Abs. 3 GG keine Pflicht zur Auslegung und damit keine Pflicht zur Grundgesetzanwendung folgt, somit nur der Fall geregelt sein kann, dass das Landesverfassungsgericht anderweitig mit der Auslegung befasst ist.

377 *Rozek*, Prüfungs- und Entscheidungsmaßstab, S. 98; vgl. auch BVerfG v. 10.2.1954 – 2 BvN 1/54, BVerfGE 3, 261 (267), in welchem das Bundesverfassungsgericht Art. 100 Abs. 3 GG dann für anwendbar erklärt, wenn das Landesverfassungsgericht im Rahmen der vom ihm angenommenen Zuständigkeit von der Auslegung des Grundgesetzes abweichen will.

generelle Prüfungskompetenz wird durch Art. 100 Abs. 3 GG nicht begründet;[378] es handelt sich um eine Ausübungsregelung einer bestehenden Kompetenz. Diese Sicht erfährt auch durch historische Aussagen Bekräftigung. So wurde schon während der Beratung des Ausschusses bezüglich einer Grundgesetzauslegung der Landesverfassungsgerichtsbarkeit bekräftigt, dass Art. 100 Abs. 3 GG nur den Fall regele, wenn das Gericht bereits mit dem Grundgesetz befasst ist.[379]

Damit steht es nicht im Einklang, dass das Bundesverfassungsgericht in früherer Rechtsprechung eine Kompetenz aus Art. 100 Abs. 3 GG abgeleitet hat. So ließ das Gericht verlauten, dass sich schon aus Art. 100 Abs. 3 GG ergebe, dass dem Landesverfassungsgericht die Prüfung am Maßstab des Grundgesetzes nicht verwehrt sei; die auferlegte Vorlageverpflichtung setze eine Prüfung voraus.[380] Dem ist vollkommen zuzustimmen, dringt aber nicht in den Kern der Problematik vor. Das Bundesverfassungsgericht lässt in dieser Sache die Argumentation vermissen, wie und woher eine solche Kompetenz gewonnen werden soll. Schwerlich ist daraus die Entscheidung zugunsten einer umfassenden Prüfungskompetenz zu entnehmen, mitunter ist fraglich, ob das Bundesverfassungsgericht eine solche durch seine Aussage überhaupt begründen wollte.[381] Ähnliche Äußerungen finden sich in älteren Entscheidungen,[382] aber auch diese lassen einen Begründungsansatz, der über eine bloße Feststellung hinausgeht, vermissen. So könnte zwar der Gedanke fruchtbar gemacht werden, dass das Bundesverfassungsgericht in seinem Beschluss vom 24. März 1982[383] Art. 100 Abs. 3 GG als Kompetenzgrundlage dadurch anerkannt hat, dass es im Ergebnis die Heranziehung des Grundgesetzes als Prüfungsmaßstab im Verfahren des Hessischen Staatsgerichtshofs „Keine Startbahn West“[384] gebilligt hat. Daraus aber nun die Anerkenntnis von Art. 100 Abs. 3 GG als Kompetenzgrundlage[385] durch das Gericht zu ziehen, verkennt das Zusammenspiel der Entscheidungen.

---

378 *Rozek*, Prüfungs- und Entscheidungsmaßstab, S. 98; ähnlich *Menzel*, Landesverfassungsrecht, § 12 IV. 1. a), S. 297, welcher davon ausgeht, dass Art. 100 Abs. 3 GG keine Pflicht zur Grundgesetzüberprüfung bereithält.

379 *Eller*, Bindung, S. 135; *Rozek*, Prüfungs- und Entscheidungsmaßstab, S. 99; ähnlich *Menzel*, Landesverfassungsrecht, S. 298.

380 BVerfG v. 15.1.1985 – 2 BvR 128/84, BVerfGE 69, 112 (117).

381 Dieser Annahme folgt *Rozek*, Prüfungs- und Entscheidungsmaßstab, S. 76 ff.

382 BVerfGE v. 5.4.1952 – 2 BvH 1/52, BVerfGE 1, 208 (232); *dass*. v. 24.3.1982 – 2 BvH, 2/82, 2 BvR 233/82, BVerfGE 60, 175 (206).

383 BVerfG v. 24.3.1982 – 2 BvH 2/82, 2 BvR 233/82, BVerfGE 60, 175 ff.

384 HessStGH v. 15.1.1982 – P.St. 947, NJW 1982, 1141.

385 So *Rozek*, Prüfungs- und Entscheidungsmaßstab, S. 76.

Der Hessische Staatsgerichtshof begründete seine Prüfung anhand des Grundgesetzes gerade nicht mit Art. 100 Abs. 3 GG, sondern gelangte über das Phänomen der in die Landesverfassung hineinreichenden Bundesverfassung zu dem Ergebnis, dass er als Landesverfassungsgericht zur Überprüfung am Maßstab des Grundgesetzes gehalten gewesen sei.[386] Die anerkannte Kompetenz folgte somit nicht aus Art. 100 Abs. 3 GG, sondern aus dem noch unklaren Konstrukt zur Einbeziehung des Grundgesetzes. Das Bundesverfassungsgericht bestätigte durch die Billigung somit die bestehende Aussage, dass Art. 100 Abs. 3 GG keine Kompetenz begründet, sondern eine anderweitig begründete Kompetenz voraussetzt, und untermauert damit die Richtigkeit der Kompetenzannahme.[387] Darüber hinaus widerspricht das Gericht bei der Anerkennung der Divergenzvorlage als prinzipielle Überprüfungskompetenz auch seiner eigenen Judikatur, wonach sich der Prüfungsmaßstab der Landesverfassungsgerichte auf die Landesverfassung begrenzt.[388]

In jüngerer Zeit griff unter anderem das Landesverfassungsgericht Schleswig-Holsteins die Frage des Art. 100 Abs. 3 GG auf.[389] Dieses erkannte, dass das Grundgesetz selbst von der Möglichkeit ausgeht, dass Landesverfassungsgerichte das Grundgesetz im Rahmen ihrer Rechtsfindung auslegen können,[390] was unmittelbar mit einer Prüfungsmöglichkeit einhergeht. Das Gericht bestätigt die eigene Zuständigkeit des Landesverfassungsgerichts[391] und stellt ferner klar, dass die Befugnis zur Auslegung und Anwendung unmittelbar aus Art. 100 Abs. 3 GG folge.[392] Daraus ließe sich das Bekenntnis zu einer unbegrenzten Prüfung anhand des Grundgesetzes ableiten.[393] Allerdings betont auch das Landesverfassungsgericht Schleswig-Holsteins, dass Art. 100 Abs. 3 GG eine Überprüfungsmöglichkeit des Grundgesetzes voraussetzt.[394] Ob „voraussetzt" gleichbedeutend mit „erschafft" zu verstehen ist, ist zweifelhaft. Überzeugend ist hingegen, dass das Landesverfassungsgericht Schleswig-Holsteins sodann feststellt, dass durch den erfolgten Verweis der Landesverfassung auf das Grundgesetz weiterhin die

---

386 HessStGH v. 15.1.1982 – P.St. 947, NJW 1982, 1141 (1142).

387 BVerfG v. 24.3.1982 – 2 BvH 2/82, 2 BvR 233/82, BVerfGE 60, 175 (206).

388 BVerfG v. 7.5.1957 – 2 BvR 2/56, BVerfGE 6, 376 (382); *dass.* v. 7.5.2001 – 2 BvK 1/00, BVerfGE 103, 332 (350 f.); *dass.* v. 12.2.2008 – 2 BvK 1/07, BVerfGE 120, 82 (101).

389 LVerfG SH v. 6.12.2019 – 2/18, LVerfGE 30 470 ff.

390 LVerfG SH v. 6.12.2019 – 2/18, LVerfGE 30 470 (495).

391 LVerfG SH v. 6.12.2019 – 2/18, LVerfGE 30 470 (495).

392 LVerfG SH v. 6.12.2019 – 2/18, LVerfGE 30 470 (495).

393 Zu dieser Auslegung gelangt wohl auch *Kaiser*, NVwZ 2020, 207 (208).

394 LVerfG SH v. 6.12.2019 – 2/18, LVerfGE 30 470 (495).

Landesverfassung Maßstab der Überprüfung bleibt.[395] Eine solche Feststellung wäre dann überflüssig, wenn das Gericht eine umfassende Grundgesetzüberprüfung über den Weg nach Art. 100 Abs. 3 GG konstruieren will. Diese Aussage kann mithin nur so verstanden werden, dass das Gericht Art. 100 Abs. 3 GG als generelle Kompetenzgrundlage zur umfassenden Überprüfung ablehnt; vielmehr diese Vorschrift als Argument der zulässigen Überprüfung am Maßstab des Grundgesetzes heranzieht, soweit eine anderweitige Kompetenz begründet wurde. Selbiges erkennt das Landesverfassungsgericht Sachsen-Anhalt an, wonach Überprüfungsmaßstab der landesverfassungsrechtlichen Normenkontrolle die Landesverfassung darstellt, Art. 100 Abs. 3 GG in diesem Zusammenhang aber gegebenenfalls zur Vorlage verpflichtet.[396] Auch in diesem Zusammenhang wird Art. 100 Abs. 3 GG nicht als Kompetenzgrundlage herangezogen. Diese Auslegung zeigt sich schon daran, dass die Landesverfassungsgerichte in ihrer Entscheidung zunächst den Prüfungsmaßstab auf die Landesverfassung erstrecken, woraus sich der konkrete Auftrag an die Gerichtsbarkeit ergibt, in dem betreffenden Verfahren am Maßstab des Grundgesetzes zu überprüfen.[397] Dass sie die Richtigkeit dieses Überprüfungsauftrages mit Art. 100 Abs. 3 GG untermauern, verdient dabei volle Zustimmung.[398]

Damit bleibt es dabei, dass Art. 100 Abs. 3 GG eine Kompetenzausübungsvorschrift darstellt, hingegen keine Kompetenzbegründungsvorschrift. Einer umfassenden prinzipiellen Überprüfung am Maßstab des Grundgesetzes durch Landesverfassungsgerichte ist mithin nicht zu folgen.

II. Die Parallelität zur Landesverfassung

Somit ist der Prüfungsmaßstab aus der Parallelität zu der jeweiligen Verfassung herzuleiten. Diese Herleitung kann zunächst durch den Blick auf die

395 LVerfG SH v. 6.12.2019 – 2/18, LVerfGE 30, 470 (495).

396 LVerfG Sachsen-Anhalt v. 7. Mai 2019 – LVG 4/18, LVerfGE 30, 415 (428); vergleiche zudem VerfGH BaWü v. 17.6.2014 – 1 VB 15/13, LVerfGE 25, 3 (33).

397 LVerfG SH v. 6.12.2019 – 2/18, LVerfGE 30, 470 (488); VerfGH BaWü v. 17.6.2014 – 1 VB 15/13, LVerfGE 25, 3 (33); LVerfG Sachsen-Anhalt v. 7.5.2019 – LVG 4/18, LVerfGE 30, 415 (427).

398 Ähnlich auch BVerfG-K v. 31.3.2016 – 2 BvR 1576/13, NVwZ-RR 2016, 521 (523) Rn. 54, wonach nochmals auf die zulässige Annahme hingewiesen wird, dass Art. 100 Abs. 3 GG die Prüfung des Grundgesetzes voraussetzt. Hinsichtlich der Frage, ob Art. 100 Abs. 3 GG diese Kompetenz auch begründet, bietet der Beschluss hingegen keinen Mehrwert.

korrespondierende Urheberschaft erreicht werden. Das Bundesverfassungsgericht überprüft demnach nur Akte des Bundes und die Landesverfassungsgerichtsbarkeit nur Akte des Landes.

1. Die Kompetenzabgrenzung anhand des Überprüfungsgegenstandes

Die Abgrenzung anhand des Prüfungsgegenstandes kann hingegen keinen tauglichen Beitrag zu einer wirksamen Abgrenzung der Kompetenzen von Bundes- und Landesverfassungsgericht leisten. Die Überlegung greift nur in die Richtung, dass dem Landesverfassungsgericht die Überprüfung von Akten des Bundes untersagt ist.[399] In die andere Richtung hinkt diese. Denn das Bundesverfassungsgericht besitzt im Gegensatz zum Landesverfassungsgericht die Kompetenz, auch Akte der „fremden" Staatsgewalt zu überprüfen. So kann das Bundesverfassungsgericht im Wege der konkreten oder abstrakten Normenkontrolle nach Art. 93 Abs. 2 Nr. 2 GG; Art. 100 Abs. 1 GG, der Verfassungsbeschwerde nach Art. 93 Abs. 1 Nr. 4a GG und der Bund-Länder-Streitigkeit nach Art. 93 Abs. 1 Nr. 3 GG auch Akte der Landesgewalt überprüfen. Wie zudem bereits aufgezeigt, existiert kein strikter Vorrang der Landes- vor der Bundesverfassungsgerichtsbarkeit. Dem Bürger steht somit die Möglichkeit offen, denselben Prüfungsgegenstand bei beiden Gerichten simultan anhängig zu machen.[400] Damit einher geht somit eine Zuständigkeitskonkurrenz[401] der jeweiligen Verfassungsgerichtsbarkeiten, solange Vorschriften keine explizite Zuweisung bestimmter Verfahren an eine Gerichtsbarkeit anordnen, wie es beispielsweise durch Art. 93 Abs. 1 Nr. 4, Var. 3 GG geschieht. Die dadurch fehlende sichere Einordnung der Zuständigkeit einer Gerichtsbarkeit anhand des zu prüfenden Gegenstandes macht eine Abgrenzung der Kompetenzen zwischen Landes- und Bundesverfassungsgerichtsbarkeit nicht möglich.

---

399 BayVerfGH v. 25.10.2016 - Vf. 83-VI-14, BeckRS 2016, 55393 Rn. 26; *ders.* v. 22.2.2017 - Vf. 82-VI-15, BeckRS 2017, 103977 Rn. 16; *Friesenhahn*, Bundesverfassungsgericht und Grundgesetz, Bnd. I, S. 748 (753); *Rozek*, Prüfungs- und Entscheidungsmaßstab, S. 54; *Scheffczyk*, LKV 2017, 392 (395); dies ergibt sich beispielsweise auch schon direkt aus der jeweiligen Landesverfassung, siehe dazu Art. 51 LVerf SH, wonach die Verfahren nur auf Akte oder Organe des Landes zugeschnitten sind.

400 *Dreier*, Dreier GG Bnd. III, Art. 142 Rn. 68 ff.; vergleiche zum doppelspurigen Rechtsschutz auch *Finkelnburg*, Macke, Verfassung und Verfassungsgerichtsbarkeit, S. 181 ff.

401 *Rozek*, Prüfungs- und Entscheidungsmaßstab, S. 54.

2. *Das Trennungsprinzip als Instrument zur Abgrenzung der Prüfungsmaßstäbe der Verfassungsgerichte*

Verbleibend wird der Kompetenzbereich sodann anhand des Prüfungsmaßstabes abgegrenzt, welcher seinen Ursprung in der Trennung der Verfassungsräume findet.[402] Da die jeweilige Verfassungsgerichtsbarkeit nur bezüglich ihres korrespondierenden Verfassungsbereiches einen Geltungsanspruch über die Letztentscheidung[403] vereinnahmen kann, kann sie prinzipiell auch nur diesen Verfassungsbereich in ihren Überprüfungsmaßstab aufnehmen; eine Entscheidung über die Verfassungswidrigkeit des fremden Verfassungsraumes scheidet aus. Damit gilt, dass das Bundesverfassungsgericht Akte anhand des Grundgesetzes überprüft, das Landesverfassungsgericht nur anhand der Landesverfassung.[404] Eine prinzipielle Überprüfung des Grundgesetzes scheidet nach diesem Ansatz aus, das Trennungsprinzip ist als entscheidendes Abgrenzungskriterium aufrechtzuerhalten.

Auch das Grundgesetz selbst legt diese Auffassung nahe. So heißt es in der Normenkontrolle des Bundesverfassungsgerichts nach Art. 93 Abs. 1 Nr. 2 GG, dass Bundesrecht oder gar Landesrecht nur hinsichtlich ihrer Vereinbarkeit mit dem Grundgesetz (oder Landesrecht hinsichtlich der Vereinbarkeit mit Bundesrecht) überprüft wird. Im Gegensatz dazu statuiert beispielsweise die Normenkontrolle in Schleswig-Holstein gemäß Art. 51 Abs. 2 Nr. 2 LVerf SH, dass sich der Überprüfungsmaßstab des Gegenstandes Landesrecht nur auf diese Verfassung bezieht, mithin ist eine Vereinbarkeit nur mit der Landesverfassung zu überprüfen. Dass den Landesverfassungsgerichten die Aufgabe der Vereinbarkeitsprüfung zwischen Landesrecht und Landesverfassung obliegt, ergibt sich letztlich auch aus dem Wortlaut des Art. 100 Abs. 1 GG, welcher anordnet, dass die Entscheidung des für Verfassungsstreitigkeiten zuständigen Gerichts des Landes in Fällen einzuholen ist, wenn eine Verletzung eines Gesetzes mit einer Landesverfassung in Frage steht.

Mitunter ist an diesem Ansatz aufgrund der Durchbrechungen des Trennungsprinzips zu zweifeln. Richtigerweise weichen vermehrte Durchbrechungen den Grundsatz des Trennungsprinzips durchaus auf. Dass es jedoch bereits zu einer derartigen extensiven Durchbrechung gekommen ist, lässt sich nicht feststellen.

---

402 Vgl. dazu BVerfG v. 29.1.1974 – 2 BvN 1/69, BVerfGE 36, 342 (357); *dass.* v. 21.11.2017 – 2 BvR 2177/16, BVerfGE 147, 185 (196); *Blackstein*, Landesverfassungsgericht SH, S. 33; *Rozek*, Prüfungs- und Entscheidungsmaßstab, S. 53 ff.; vgl. auch *Friesenhahn*, Bundesverfassungsgericht und Grundgesetz Bnd. I, S. 748 ff.

403 Vgl. *Rozek*, Prüfungs- und Entscheidungsmaßstab, S. 53.

404 Vgl. BVerfG v. 18.7.2018 – 1 BvR 1675/16, 745/17, 836/17, 981/17, BVerfGE 149, 222 (282), Nachweise in Fn. 330.

Vielmehr bestätigen die Ausnahmen die Regel. Dass die Kompetenzabgrenzung noch ernsthaft in Frage gestellt wird, lässt sich nicht mehr erkennen, die Abgrenzung über den Prüfungsmaßstab hat sich durchgesetzt.

Als Zwischenfazit lässt sich festhalten, dass das Landesverfassungsgericht aufgrund des bestehenden Trennungsprinzips nicht zur prinzipiellen Grundgesetzüberprüfung im Volksgesetzgebungsverfahren befugt ist.

D. Die Durchbrechung des Trennungsprinzips

Allerdings kann das Trennungsprinzip nicht konsequent aufrechterhalten werden, sondern unterliegt gewissen Modifikationen, die es dem Landesverfassungsgericht unter Umständen ermöglichen, das Grundgesetz in seinen Prüfungsmaßstab mit aufzunehmen. Dabei steht zunächst eine inzidente Überprüfung im Blickpunkt, welche sich aus Art. 100 Abs. 1 GG ergeben könnte.

I. Die Vorprüfung des Prüfungsgegenstandes

1. Bestehen der Vorlagepflicht nach Art. 100 Abs. 1 GG

Aufgrund des bundesstaatlichen Hierarchieprinzips[405] und unter Beachtung der Kollisionsregelung des Art. 31 GG ist das Landesverfassungsgericht unter Umständen dazu aufgerufen, inzident anhand des Grundgesetzes zu prüfen. Zwar entscheidet es hauptsächlich im Verfahren über die Vereinbarkeit von Landesrecht mit der jeweiligen Landesverfassung. Aus der Vorlagepflicht nach Art. 100 Abs. 1 GG ergibt sich aber, dass das Landesverfassungsgericht seinen verfassungsrechtlichen Überprüfungsmaßstab inzident auf die Vereinbarkeit mit dem Grundgesetz zu überprüfen hat.[406] Insofern hat es vor Beantwortung der Hauptfrage im Verfahren als Vorfrage zu klären, ob Verstöße der Landesverfassung gegen das Grundgesetz

---

405 Welches sich letztendlich aus der Einordnung der Landesverfassung und des Landes selbst in den Bundesstaat ergibt, insbesondere aber aus Art. 28 Abs. 1 GG, Art. 31 GG und Art. 142 GG, wonach insgesamt eine trotz der grundsätzlichen Trennung von Bund und Gliedstaat vorherrschende Stellung des Grundgesetzes erkennbar wird.

406 BVerfG v. 15.1.1985 – 2 BvR 128/84, BVerfGE 69, 112 (117 ff.); BVerfG-K v. 31.3.2016 – 2 BvR 1576/13, NVwZ-RR 2016, 521 (523), Rn. 54; BayVerfGH v. 28.3.1973 – Vf. 66-VII-71, BayVerfGHE 26, 28 (34); *Bethge*, Landesverfassungsgerichtsbarkeit Bnd. II, S. 17 (28 ff.); *ders.*, DÖV 1972, 336 (338); *Böckstiegel*, LKV 1994, 355 (356); *Dreier*, Dreier GG Bnd. III, Art. 142 Rn. 85; *Hestermeyer*, Eigenständigkeit, S. 205; *Möstl*, BayVBl. 2017, 659 (661 f.); *Voßkuhle*, JöR 59 (2011), 215 (226); *Willers*, Mehrebenensystem, S. 127.

möglich erscheinen und diese sodann dem Bundesverfassungsgericht vorzulegen.[407] Das Landesverfassungsgericht muss demnach seinen eigenen Prüfungsmaßstab auf die Vereinbarkeit mit dem Grundgesetz überprüfen, „*So betrachtet wird das Grundgesetz für das Landesverfassungsgericht zum «Prüfungsmaßstab des Prüfungsmaßstabes» oder (…) zum Vorprüfungsmaßstab.*“[408] Dazu führte auch Voßkuhle aus: „*Richtigerweise ist das Grundgesetz kein unmittelbarer Entscheidungsmaßstab der Landesverfassungsgerichte, es ist aber durchaus Prüfungsmaßstab.*“[409] Eine solche Vorlagepflicht wird vor allem dann relevant, wenn das Landesverfassungsgericht feststellen sollte, dass sein eigener Überprüfungsmaßstab im Volksgesetzgebungsverfahren durch den Verweis auf die Gesetzgebungskompetenzen grundgesetzwidrig sein sollte.

Demnach kann das Grundgesetz einen Teil des landesverfassungsgerichtlichen Prüfungsmaßstabes ausmachen; das Gericht darf jedoch gemäß dem Trennungsprinzip nicht anhand des Grundgesetzes entscheiden. Die Durchbrechung des Trennungsprinzips findet somit nur im Hinblick auf den Prüfungs-, nicht hinsichtlich des Entscheidungsmaßstabes statt.

2. *Bestehende Kritik an der Vorlageverpflichtung für Landesverfassungsgerichte*

Die Differenzierung zwischen Prüfungs- und Entscheidungsmaßstab wird mitunter kritisiert, was zu einer generellen Kritik an der Vorlagepflicht des Art. 100 Abs. 1 GG überführt. Obwohl vor allem das Bundesverfassungsgericht weiterhin an einer solchen festhält[410] – beim Nebeneinander mit Art. 100 Abs. 3 GG den Landesverfassungsgerichten hingegen die Wahl der Vorlage lässt und die Anwendung des Art. 100 Abs. 1 GG in gewisser Weise relativiert[411] –, wird mitunter die Anwendung des Art. 100 Abs. 1 GG gänzlich verneint.[412]

---

407 Zuletzt auch BVerfG-K v. 31.3.2016 – 2 BvR 1576/13, NVwZ-RR 2016, 521 (523), Rn. 54; *dass.* v. 15.1.1985 – 2 BvR 128/84, BVerfGE 69, 112 (117 ff.); *dass.* v. 7.5.2001 – 2 BvK 1/00, BVerfGE 103, 332 (352); *Pestalozza*, HGR Bnd. III, § 86 Rn. 5; befürwortend ferner *Lindner*, JZ 2018, 369 (371); *Willers*, Mehrebenensystem, S. 127.

408 *Rozek*, Prüfungs- und Entscheidungsmaßstab, S. 60.

409 *Voßkuhle*, JöR 59 (2011), 215 (226).

410 Zuletzt BVerfG-K v. 31.3.2016 – 2 BvR 1576/13, NVwZ-RR 2016, 521 (523), Rn. 54.

411 BVerfG v. 29.1.1974 – 2 BvN 1/69, BVerfGE 36, 342 (356). Damit wird zugleich das komplexe und in dieser Untersuchung nicht näher zu behandelndem Problem des Rangverhältnisses zwischen Art. 100 Abs. 1 GG und Art. 100 Abs. 3 GG aufgeworfen.

412 *Möstl*, BayVBl. 2017, 659 (664); *ders.*, AöR 130 (2005), 350 (377); ähnlich *Menzel*, Landesverfassungsrecht, S. 292 ff., welcher zwar für die Vorprüfung votiert, hingegen die Vorlagepflicht aus Art. 100 Abs. 1 GG verneint.

Diese Annahme wird mit der Stellung der Landesverfassungsgerichte als Hüter ihrer jeweiligen Landesverfassung begründet, wonach es nicht überzeugend sei, diesen im Falle der festgestellten Grundgesetzwidrigkeit nicht auch die Verwerfungskompetenz über die Landesverfassung zuzubilligen.[413] Die Kritik an der Anwendung des Art. 100 Abs. 1 GG zielt damit nicht auf die durchzuführende Vorprüfung ab – diese wird generell befürwortet[414] –, sondern die Konsequenz einer Vorprüfung in Form des Verwerfungsmonopols des Bundesverfassungsgerichts. Ferner wird ein Widerspruch angeführt, indem auf die zulässige Erweiterung des Kognitionshorizonts der Landesverfassungsgerichte in Form der Integration des Grundgesetzes in die Landesverfassung – im Rahmen des Art. 28 Abs. 1 S. 1 GG – verwiesen wird, ohne dabei auch das Verwerfungsmonopol zu erweitern; es sei widersprüchlich, wenn das Grundgesetz diese Möglichkeit zugleich durch eine Vorlagepflicht wieder einschränke.[415] Zuletzt spreche auch der Sinn und Zweck gegen eine derartige Pflicht; einerseits soll der parlamentarische Gesetzgeber vor der fachgerichtlichen Verwerfung geschützt, andererseits Rechtszersplitterung verhindert werden.[416] Ersteres greife schon nicht, da kein Fachgericht, sondern das Landesverfassungsgericht die Landesverfassung verwerfe, Letzteres werde durch die weiterhin bestehende Vorlageverpflichtung nach Art. 100 Abs. 3 GG verhindert.[417]

Dem Widerspruch ist jedenfalls im Rahmen der Vereinbarkeitsprüfung mit der Landesverfassung Überzeugungskraft beizumessen, hier statuiert das Grundgesetz aber auch das Verwerfungsmonopol, indem die Vorlage an das Landesverfassungsgericht zu erfolgen hat.[418] Soweit sich nur hierauf die Prüfung beschränkt, ergibt sich keine überzeugende Motivation, warum dem Landesverfassungsgericht das Verwerfungsmonopol des eigenen Überprüfungsmaßstabes verwehrt sein sollte.

Unter Beachtung der gegenseitigen Überprüfungskompetenzen und der Letztentscheidungsbefugnis innerhalb dieser Maßstäbe ist eine Vorlagepflicht

---

413 *Möstl*, BayVBl. 2017, 659 (664); *ders.*, AöR 130 (2005), 350 (377). Die Kritik ähnelt somit dem Ansatz, dass das Landesverfassungsgericht aufgrund des Normenkonflikts das Grundgesetz prinzipiell anwenden kann.

414 Selbst im Rahmen der Nichtanwendbarkeit von Art. 100 Abs. 1 GG, dazu *Menzel*, Landesverfassungsrecht, S. 292; *Möstl*, BayVBl. 2017, 659 (661).

415 *Möstl*, BayVBl. 2017, 659 (664).

416 *Möstl*, BayVBl. 2017, 659 (664).

417 *Möstl*, BayVBl. 2017, 659 (664).

418 So auch *Hestermeyer*, Eigenständigkeit, S. 203; *Meyer*, v. Münch/Kunig GG Bnd. 2, Art. 100 Rn. 38.

nach Art. 100 Abs. 1 GG hingegen mit obiger Argumentation nicht zu verneinen. Wenn das Landesverfassungsgericht die Landesverfassung aufgrund eines Verstoßes gegen das Grundgesetz als grundgesetzwidrig verwirft, liegt darin zugleich ein Ausspruch über das Grundgesetz selbst. Die Feststellung der Grundgesetzwidrigkeit kommt nicht ohne einen zeitgleichen Ausspruch über das Grundgesetz selbst aus. Das bundesverfassungsgerichtliche Verwerfungsmonopol ist somit kein Ausdruck eines Eingriffs in die gliedstaatliche Verfassungsautonomie und die Stellung der Landesverfassungsgerichte als Hüter ihrer Verfassung, sondern eine Konsequenz des anzuwendenden Entscheidungshorizonts. Das Landesverfassungsgericht ist nur Hüter seiner Verfassung, nicht zeitgleich der Bundesverfassung. Obwohl die Landesverfassungsgerichte das Grundgesetz im Rahmen der Vorprüfung zu beachten haben, steht ihnen nach zutreffender Auffassung keine Letztentscheidung darüber zu, diese obliegt dem Bundesverfassungsgericht.[419] Im Falle der eigenständigen Verwerfung nehmen sie den Ausspruch des Bundesverfassungsgerichts vorweg, greifen somit selbst in unzulässiger Weise in den Kognitionsbereich des Bundesverfassungsgerichts ein[420] und schaffen vollendete Tatsachen. Selbiger Gedanke liegt dem Ausspruch zugrunde, dass das Bundesverfassungsgericht bei der Anwendung des Art. 100 Abs. 1 GG im Rahmen des Trennungsprinzips agiert.[421]

Darin liegt auch kein Widerspruch zu der Erweiterung des Kognitionshorizonts. Die Terminologie ist hier schon entscheidend; es geht um den Bereich des Prüfungsmaßstabes, nicht des Verwerfungs- und damit Entscheidungsmaßstabes.

---

419 BVerfG v. 15.1.1985 – 2 BvR 128/84, BVerfGE 69, 112 (118).

420 Dieser Gedanke scheint auch dem Anerkenntnis der Vorlagepflicht durch das Bundesverfassungsgericht selbst zugrunde zu liegen, vgl. BVerfG v. 15.1.1985 – 2 BvR 128/84, BVerfGE 69, 112 (117, 118). In seiner Entscheidung stellte das BVerfG fest, dass die Entscheidungen über Normen anderer Verfassungsgerichte keine Bindungswirkung entfalten, da diese jeweils nur über ihren eigenen Verfassungsbereich entscheiden. Als Hüter ihrer eigenen Verfassung seien sie dazu befähigt, auch dann noch zu entscheiden, wenn ein anderes Gericht bereits darüber entschieden hat, BVerfG v. 15.1.1985 – 2 BvR 128/84, BVerfGE 69, 112 (117). Damit bringt das BVerfG zum Ausdruck, dass es an der jeweiligen Letztentscheidungsbefugnis der Gerichte über ihren eigenen Verfassungsraum festhält. Insofern steht es dem BVerfG weiterhin zu, die Letztentscheidung über die Vereinbarkeit mit dem Grundgesetz für sich zu beanspruchen und demnach die Vorlagepflicht nach Art. 100 Abs. 1 GG aufrecht zu erhalten. Im Ergebnis ebenso *Meyer*, v. Münch/Kunig GG Bnd. II, Art. 100 Rn. 37.

421 So *Hestermeyer*, Eigenständigkeit, S. 203, obgleich die Ausführungen über die Letztentscheidung nicht vorgenommen werden.

Den Landesverfassungsgerichten die Möglichkeit der inzidenten Prüfung am Maßstab des Grundgesetzes zu ermöglichen, muss nicht zwangsläufig mit einer Verwerfungskompetenz korrespondieren. Vielmehr dient die Vorlagepflicht sodann als zulässige Absicherung der einheitlichen Grundgesetzanwendung durch das Bundesverfassungsgericht (und bewegt sich damit konsequent im Rahmen des Trennungsprinzips auf Ebene des Entscheidungsmaßstabes). Überspitzt gesagt könnte durch eine vermehrte Inkorporation grundgesetzlicher Bestimmungen in die Landesverfassung der Zustand geschaffen werden, dass sich die Landesverfassungsgerichtsbarkeit zumindest mittelbar zum Hüter der Bundesverfassung aufschwingt. Vergleichbar ist, wenn im Rahmen der Kritik zu Art. 100 Abs. 1 GG die Vorlage über Art. 100 Abs. 3 GG selbst in den Fällen angedacht wird, in denen das Grundgesetz kraft Inkorporation Bestandteil des Landesverfassungsrechts wurde, da nicht auf autonom erschaffenes Verfassungsrecht, sondern auf außerverfassungsrechtliche Garantien zurückgegriffen werde.[422] Auch hierin liegt der Gedanke, dass letztlich mittelbar über grundgesetzliche Bestimmungen entschieden wird (obwohl diese nun Landesverfassungsrecht darstellen) und man diese Letztentscheidung weiterhin beim Bundesverfassungsgericht belassen möchte. Es erschließt sich nicht, warum dies bei der Vorlage nach Art. 100 Abs. 1 GG anders zu bewerten wäre.

Auch Art. 100 Abs. 3 GG kann somit keine abschließende Absicherung gewährleisten, da die Divergenzvorlage nur zur Anwendung gelangt, solange von der bundesverfassungsgerichtlichen Rechtsprechung abgewichen wird. Aus diesem Grund ist dem Landesverfassungsgericht dann auch keine Vorlagepflicht nach Art. 100 Abs. 3 GG aufzuerlegen, es orientiert sich an bundesverfassungsgerichtlicher Rechtsprechung und ersetzt diese nicht; falls doch, lebt die Vorlagepflicht wieder auf. Bezüglich Art. 100 Abs. 1 GG existiert jedoch keine korrespondierende Orientierung an einer bundesverfassungsgerichtlichen Entscheidung, das Landesverfassungsgericht würde diese im Falle der Verwerfung schaffen. Mithin ist es nicht überzeugend, den Landesverfassungsgerichten die Verwerfungskompetenz im Falle der Grundgesetzwidrigkeit zuzubilligen. Es bleibt bei der Anwendung des Art. 100 Abs. 1 GG. Unzweifelhaft verbleibt in diesem Zusammenhang aber die Möglichkeit der verfassungskonformen Auslegung.[423]

---

422 *Möstl*, BayVBl. 2017, 659 (663).

423 Vgl. überblickend *Voßkuhle*, Mangoldt/Klein/Starck GG Bnd. III, Art. 93 Rn. 52.

3. Prinzipielle Anwendung auf den Prüfungsgegenstand

Das Bundesverfassungsgericht entschied 1985 allerdings, bezogen auf die Landesverfassungsgerichte: „*Kommen sie zu dem Ergebnis, dass ein für ihre Entscheidung maßgebliches Gesetz grundgesetz- oder bundesrechtswidrig ist, so müssen sie die Entscheidung des Bundesverfassungsgerichts einholen.*“[424] Insofern ergibt sich zu Vorstehendem nichts neues. Weiterhin allerdings: „*Dies gilt gleichermaßen für Gesetze, die auf der „Vorfragenebene“ relevant sind, wie auch für solche, die den „Gegenstand“ des Normenkontrollverfahrens oder der Rechtssatzverfassungsbeschwerde bilden.*“[425] Das Bundesverfassungsgericht nimmt somit in der Entscheidung an, dass das Landesverfassungsgericht auch den konkreten Prüfungsgegenstand mit der Vereinbarkeit des Grundgesetzes überprüfen darf, um sodann gegebenenfalls ihrer Vorlagepflicht gerecht zu werden. Die vormals als unzulässig anerkannte prinzipielle Anwendung des Grundgesetzes auf den Prüfungsgegenstand in Form des grundsätzlich vorzulegenden Gesetzes wäre damit durchbrochen.[426] Begründet wurde diese Auffassung zudem mit Art. 100 Abs. 3 GG, welcher immanent die Kompetenz zur Prüfung anhand des Grundgesetzes enthalte.[427] Zum Konflikt um Art. 100 Abs. 3 GG als Kompetenzgrundlage zur umfassenden Grundgesetzüberprüfung wurde bereits ausreichend Stellung genommen; diese Vorlagepflicht wird in diesem Zusammenhang aber ohnehin als Absicherung der Grundgesetzüberprüfung durch eine anderweitig begründete Kompetenz verwendet.

Das Bundesverfassungsgericht machte in diesem Kontext jedoch gleichzeitig deutlich, dass der Überprüfungsmöglichkeit hinsichtlich eines Konflikts mit dem Grundgesetz keine Entscheidungskompetenz über ebenjenen Konflikt zusteht.[428] Daraus ergibt sich schon die Folgefrage, ob das Bundesverfassungsgericht wirklich die prinzipielle Anwendung des Grundgesetzes auf den Prüfungsgegenstand begründen wollte. Schon der Wortlaut der Entscheidung beschränkt sich lediglich auf Gesetze, die den Gegenstand eines Normenkontrollverfahrens oder einer Rechtssatzverfassungsbeschwerde bilden.[429] Ausschlaggebend ist damit die Kombination des Verfahrensgegenstandes und des Verfahrens. Im Kontext der Entscheidung des Bundesverfassungsgerichts über die Vorlagefrage

---

424 BVerfG v. 15.1.1985 – 2 BvR 128/84, BVerfGE 69, 112 (118).

425 BVerfG v. 15.1.1985 – 2 BvR 128/84, BVerfGE 69, 112 (118).

426 Siehe dazu auch *Rozek*, Prüfungs- und Entscheidungsmaßstab, S. 64.

427 BVerfG v. 15.1.1985 – 2 BvR 128/84, BVerfGE 69, 112 (117 f.).

428 BVerfG v. 15.1.1985 – 2 BvR 128/84, BVerfGE 69, 112 (118).

429 BVerfG v. 15.1.1985 – 2 BvR 128/84, BVerfGE 69, 112 (118).

grundgesetzwidrigen Landesrechts kann die Formulierung des Bundesverfassungsgerichts somit nur derart verstanden werden, dass sämtliche im Hinblick auf das Grundgesetz als möglicherweise verfassungswidrig einzustufende Gesetze im Falle der Entscheidungserheblichkeit vorzulegen sind. Selbiges sagt aber auch Art. 100 Abs. 1 GG bereits aus. Nur so ergibt sich auch der Zusammenhang zur Letztentscheidungskompetenz des Bundesverfassungsgerichts und die damit korrespondierende fehlende Kassationsbefugnis der Landesverfassungsgerichte, die aufgrund der Vorlage nur dem Bundesverfassungsgericht obliegt. Obwohl somit dem Landesverfassungsgericht die Möglichkeit der Überprüfung anhand des Grundgesetzes eingeräumt wird, handelt es sich weiterhin nur um eine inzidente Grundgesetzüberprüfung.[430] Somit kann die Überprüfung des eigenen Überprüfungsmaßstabes anhand des Grundgesetzes erfolgen, und auch die Überprüfung des in Frage stehenden Gesetzes; die Prüfung des Grundgesetzes in Letzterem gestaltet sich dabei als Vorprüfung der Entscheidungsmöglichkeit über die landesrechtliche Verfassungsmäßigkeit, sofern die Entscheidungserheblichkeit zu bejahen ist. Die prinzipielle Anwendung des Grundgesetzes scheitert aber an denjenigen Stellen, an denen es an einer Vorlagepflicht mangelt. Für die Annahme einer prinzipiellen Anwendung in derartigen Fällen fehlt jeglicher Begründungsansatz.

Insofern vermag dies die Abgrenzung über den Prüfungsmaßstab zu verkomplizieren, indem auch der Prüfungsgegenstand hinsichtlich seiner Vereinbarkeit mit dem Grundgesetz überprüft werden kann, nicht nur der eigene Prüfungsmaßstab. Dies ändert an der prinzipiellen Aussage jedoch nichts: Das Landesverfassungsgericht prüft primär hinsichtlich der Vereinbarkeit mit Landesrecht, hinsichtlich Bundesrechts fehlt der Gerichtsbarkeit sodann aber die Letztentscheidungskompetenz.[431]

---

430 Zum selben Ergebnis gelangt wohl *Böckstiegel*, LKV 1994, 355 (356), welcher die Überprüfung des Gegenstandes anhand des Grundgesetzes befürwortet, dem Gericht jedoch zutreffend die Kassationsbefugnis abspricht und bei Entscheidungserheblichkeit für eine Vorlagepflicht nach Art. 100 Abs. 1 GG plädiert; vgl. ferner *Willers*, Mehrebenensystem, S. 136 f.

431 Insofern liegt das Ergebnis auch auf einer Linie mit dem Grundgesetz, wenn unter der Beachtung des Art. 100 Abs. 1 GG dem Bundesverfassungsgericht die Letztentscheidungskompetenz hinsichtlich der Überprüfung eines Verstoßes gegen das Grundgesetz zugesprochen wird.

II. Das Hineinwirken des Grundgesetzes in die Landesverfassung

Eine zumindest mittelbare prinzipielle Grundgesetzanwendung als Prüfungs- sowie Entscheidungsmaßstab wäre in den Fällen denkbar, in denen das Grundgesetz zugleich einen Bestandteil der Landesverfassung ausmacht. Diese Konstruktion wird als Phänomen der in die Landesverfassung hineinwirkenden Bundesverfassung bezeichnet.[432] Es wird angenommen, dass grundgesetzliche Normen bereits kraft ihrer Grundaussage einen Teil der Landesverfassung darstellen,[433] und somit auch natürlicherweise in den Prüfungsmaßstab des Landesverfassungsgerichts fallen.[434]

Inwiefern gewisse Artikel des Grundgesetzes als Maßstab der Überprüfung des Landesverfassungsgerichts angesehen werden können, ist mitunter noch nicht abschließend geklärt. Zuletzt nahm das Bundesverfassungsgericht an, dass es in die Landesverfassung hineinwirkende Elemente des Grundgesetzes gäbe.[435] Dies seien allgemeine verfassungsrechtliche Grundsätze, so beispielweise Art. 20 Abs. 3 GG.[436] Anerkannt hat das Bundesverfassungsgericht das Hineinwirken von Art. 21 GG[437] oder der Rundfunkfreiheit nach Art. 5 Abs. 1 GG.[438] Diese grundgesetzlichen Bestimmungen stellen sodann, auch ohne explizite Verankerung, eigenes Landesverfassungsrecht dar.[439] Begründet wird diese Auffassung mit der Gesamtkonzeption des Verfassungsraumes der Bundesrepublik. Auch wenn sich die Verfassungsräume im Grundsatz getrennt und im Wesentlichen unabhängig voneinander gegenüberstehen, führe erst die Kombination der jeweiligen Verfassungstexte zum maßgeblichen Verfassungstext in

---

432 Siehe zur Begrifflichkeit *Rozek*, Prüfungs- und Entscheidungsmaßstab, S. 62 m.w.N.

433 Vgl. insofern lediglich die Ausführungen des Bundesverfassungsgerichts, BVerfG v. 5.4.1952 – 2 BvH 1/52, BVerfGE 1, 208 (232 ff.); *dass.* v. 22.7.1969 – 2 BvK 1/67, BVerfGE 27, 44 (55); *dass.* v. 7.5.2001 – 2 BvK 1/00, BVerfGE 103, 332 (352 ff.); BVerfG-K v. 31.3.2016 – 2 BvR 1576/13, NVwZ-RR 2016, 521 (523), Rn. 54.

434 Siehe dazu auch *Grawert*, NJW 1987, 2329 (2331); *Hestermeyer*, Verschränkte Verfassungsräume, S. 14; zuletzt *Voßkuhle*, JöR 59 (2011), 215 (231), welcher von der Bestandteilstechnik spricht.

435 BVerfG-K v. 31.3.2016 – 2 BvR 1576/13, NVwZ-RR 2016, 521 (523), Rn. 54.

436 BVerfG v. 7.5.2001 – 2 BvK 1/00, BVerfGE 103, 332 (353).

437 BVerfG v. 5.4.1952 – 2 BvH 1/52, BVerfGE 1, 208 (227).

438 BVerfG v. 11.7.1961 – 2 BvG 2/58, BVerfGE 13, 54 (80).

439 Siehe beispielhaft BVerfG v. 5.4.1952 – 2 BvH 1/52, BVerfGE 1, 208 (227); *dass.* v. 12.2.2008 – 2 BvK 1/07, BVerfGE 120, 82 (104); *Dreier*, Dreier GG Bnd. II, Art. 28 Rn. 45; *Mehde*, Maunz/Dürig GG Bnd. VI, Art. 28 Rn. 17.

den Gliedstaaten.[440] Die allgemeinen Verfassungsgrundsätze müssten dabei mit in die Landesverfassung einbezogen werden.[441] Diese Art von Vorschrift wird auch als „Bestandteilsnorm“[442] aufgefasst, was ihren Charakter als Bestandteil der Landesverfassung auch ohne explizite Aufnahme zusammenfasst. Sie bergen dabei eine große Relevanz, da allen voran immer wieder die Gesetzgebungskompetenzen als Anwendungsbereichs dieses Phänomens angeführt werden. Insbesondere dieser ist im Folgenden näher zu betrachten, anschließend ist eine Gesamtbewertung der Bestandteilsnormen vorzunehmen.

1. Art. 70 ff. GG

Die Gesetzgebungskompetenzen des Grundgesetzes könnten möglicherweise einen Anwendungsbereich der Bestandteilsnormen darstellen und somit aufgrund ihres Charakters als Landesverfassungsrecht direkt in den landesverfassungsgerichtlichen Überprüfungsmaßstab fallen.

a) Der Beschluss des Hessischen Staatsgerichtshofs vom 15. Januar 1982

Erstmals wurde der Einbezug der Kompetenzvorschriften als direktes Landesverfassungsrecht durch den Hessischen Staatsgerichtshof angenommen.[443] In dem Fall wendete sich ein Bündnis gegen eine geplante Erweiterung eines Flughafens[444] (deswegen auch als Volksbegehren „Keine Startbahn West“ bezeichnet)[445]. Der Antrag auf Zulassung des Volksbegehrens wurde durch die Hessische Landesregierung aufgrund eines Verstoßes gegen die ausschließliche Gesetzgebungszuständigkeit des Bundes abgelehnt.[446]

Im Mittelpunkt der gerichtlichen Prüfung stand die Frage, ob das geplante Volksbegehren den Bestimmungen der Verfassung nach § 3 Abs. 2 S. 1 VolksbegehrenG Hessen aF[447] entsprach. Der Hessische Staatsgerichtshof führte dazu aus, dass die Bestimmung der Verfassung nicht nur die Hessische Landesverfassung, sondern, unter Berufung auf eine vorangegangene Entscheidung des

---

440 BVerfG v. 5.4.1952 – 2 BvH 1/52, BVerfGE 1, 208 (232).

441 BVerfG v. 5.4.1952 – 2 BvH 1/52, BVerfGE 1, 208 (233).

442 Zur Begrifflichkeit beispielhaft *Dreier*, Dreier GG Bnd. II, Art. 28 Rn. 45; *Mehde*, Maunz/Dürig GG Bnd. IV, Art. 28 Rn. 17.

443 HessStGH v. 15.1.1982 – P.St. 947, NJW 1982, 1141 (1141).

444 HessStGH v. 15.1.1982 – P.St. 947, NJW 1982, 1141 (1141).

445 HessStGH v. 15.1.1982 – P.St. 947, NJW 1982, 1141 (1141).

446 HessStGH v. 15.1.1982 – P.St. 947, NJW 1982, 1141 (1141).

447 Die konkrete Regelung ist nun in § 3 Abs. 2 S. 2 VolksbegehrenG Hessen geregelt.

Bundesverfassungsgerichts,[448] erst in Kombination mit hineinwirkenden Elementen der Bundesverfassung den abschließenden Verfassungstext ausmache.[449] Der Hessische Staatsgerichtshof nahm mithin jedenfalls ein Hineinwirken der Art. 70 ff. GG an,[450] die somit als Bestandteil der Landesverfassung unmittelbarer Prüfungs- und Entscheidungsmaßstab wurden. Mangels Gesetzgebungskompetenz des Landes wies er die Beschwerde somit zurück.

Die Begründung entfiel dabei denkbar knapp mit dem Hinweis, dass das Bundesverfassungsgericht mit der Annahme, das Landesverfassungsrecht setze sich erst aus der Kombination mit grundgesetzlichen Vorschriften endgültig zusammen, Recht habe.[451] Ferner, dass die Hessische Landesverfassung den Konflikt mit dem Grundgesetz durch die Existenz des Art. 153 LVerF Hessen bereits im Vorfeld erkannt und somit zu respektieren habe.[452] Letztlich wird das gefundene Ergebnis mit der praktischen Sichtweise untermauert, dass erst die Kenntnis der Gesetzgebungskompetenzen zur Einordnung der Entscheidungsfindung auf den Abstimmungsebenen und somit zu einer demokratischen Legitimation führe.[453] Eine tiefere Auseinandersetzung blieb der Staatsgerichtshof schuldig, was insbesondere durch die Erweiterung der in die Landesverfassung hineinreichenden Grundrechtsbestimmungen in Form der Gesetzgebungskompetenzen unabdingbar und wünschenswert gewesen wäre.

b) Der Beschluss des Bundesverfassungsgerichts vom 24. März 1982

Diese Ansicht wurde wiederum zunächst durch einen Beschluss des Bundesverfassungsgerichts vom 24. März 1982 bestätigt.[454] Dem lag sowohl eine Verfassungsbeschwerde als auch ein Organstreitverfahren zugrunde. Das Bundesverfassungsgericht stellte in seiner Entscheidung zunächst unstreitig fest, dass sich die Landesstaatsgewalt jeweils aus den grundgesetzlich gezogenen Grenzen in Form der Kompetenzverteilung nach Art. 70 ff. GG ergibt.[455] Dies habe der Hessische Verfassungsgeber in Form des Art. 153 LVerf Hessen bereits im

448 BVerfG v. 5.4.1952 – 2 BvH 1/52, BVerfGE 1, 208 (233); *dass.* v. 22.7.1969 – 2 BvK 1/67, BVerfGE 27, 44 (55 f.).

449 HessStGH v. 15.1.1982 – P.St. 947, NJW 1982, 1141 (1141 f.).

450 HessStGH v. 15.1.1982 – P.St. 947, NJW 1982, 1141 (1142).

451 HessStGH v. 15.1.1982 – P.St. 947, NJW 1982, 1141 (1142).

452 HessStGH v. 15.1.1982 – P.St. 947, NJW 1982, 1141 (1142).

453 HessStGH v. 15.1.1982 – P.St. 947, NJW 1982, 1141 (1142).

454 BVerfG v. 24.3.1982 – 2 BvH, 2/82, 2 BvR 233/82, BVerfGE 60, 175.

455 BVerfG v. 24.3.1982 – 2 BvH, 2/82, 2 BvR 233/82, BVerfGE 60, 175 (204, 205), auch in Anlehnung an *dass.* v. 10.5.1977 – 1 BvR 514/68, 323/69, BVerfGE 45, 297 (341).

Vorfeld berücksichtigt,[456] indem es dort heißt, dass „die Zuständigkeit zwischen der Bundesrepublik Deutschland und Hessen von einer deutschen Nationalversammlung, die vom ganzen deutschen Volk zu wählen ist, verfassungsgemäß abzugrenzen" ist sowie „künftiges Recht der Bundesrepublik Landesrecht bricht". Daraus folgert das Bundesverfassungsgericht, dass der Hessische Staatsgerichtshof nicht nur berechtigt, sondern gar gehalten war, die Kompetenzvorschriften des Grundgesetzes heranzuziehen und zu berücksichtigen.[457] Damit bestätigt das Bundesverfassungsgericht die Auffassung des Hessischen Staatsgerichtshof, ohne dabei explizit vom Hineinwirken des Grundgesetzes in die Landesverfassung zu sprechen oder dieses zu befürworten.

Mitunter sind die Ausführungen des Bundesverfassungsgerichts unklar, da das Gericht in simultan zu entscheidender Verfassungsbeschwerde[458] seine Prüfung unter Hinweis auf die getrennten Verfassungsräume und die damit begründete Alleinzuständigkeit des Landesverfassungsgerichts zur Überprüfung der Landesverfassung verneint hat.[459] Dies ergibt sich insofern aber konsequent aus der Vorfrage, ob die Kompetenzvorschriften Teile der Landesverfassung darstellen, mit der das Landesverfassungsgericht seine Überprüfungskompetenz des Grundgesetzes begründet hatte. Insofern bewegt sich das Bundesverfassungsgericht auch in diesem Hinblick auf der Ebene des Trennungsprinzips, ihm ist nicht der Vorwurf der Inkonsequenz zu machen;[460] zudem untermauert dies das Verständnis der Billigung des Konstrukts des Hessischen Staatsgerichtshofs. Die Befugnis wird ferner mit Art. 100 Abs. 3 GG gestützt,[461] welcher zwar keine Kompetenzgrundlage darstellt, aber das gefundene Überprüfungsergebnis zutreffend grundgesetzlich absichert.[462]

---

456 BVerfG v. 24.3.1982 – 2 BvH, 2/82, 2 BvR 233/82, BVerfGE 60, 175 (205).

457 BVerfG v. 24.3.1982 – 2 BvH, 2/82, 2 BvR 233/82, BVerfGE 60, 175 (205).

458 BVerfG v. 24.3.1982 – 2 BvH, 2/82, 2 BvR 233/82, BVerfGE 60, 175 (208 ff.).

459 BVerfG v. 24.3.1982 – 2 BvH, 2/82, 2 BvR 233/82, BVerfGE 60, 175 (208 ff.).

460 *Rozek*, Prüfungs- und Entscheidungsmaßstab, S. 125, welcher sich aber den verschiedenen Deutungsmöglichkeiten und daraus ergebenen Konsequenzen bewusst ist, *ders.*, S. 128.

461 BVerfG v. 24.3.1982 – 2 BvH, 2/82, 2 BvR 233/82, BVerfGE 60, 175 (206).

462 a.A. *Rozek*, Prüfungs- und Entscheidungsmaßstab, S. 125, nach welchem Art. 100 Abs. 3 GG wohl als Kompetenzgrundlage herangezogen wird.

c) *Die Entscheidung des Verfassungsgerichtshofs von Nordrhein-Westfalen vom 9. Mai 1992*

In der Entscheidung[463] des Verfassungsgerichtshofs von Nordrhein-Westfalen ging es um die Rechtmäßigkeit der Erhöhung einer Wahlkampfkostenpauschale und die zeitgleiche Einführung eines Sockelbetrages. In diesem Zuge musste sich der Verfassungsgerichtshof unter anderem auch mit einem etwaigen Verstoß gegen die Gesetzgebungsvorschriften des Grundgesetzes auseinandersetzen.

Der Verfassungsgerichtshof bejahte in seiner Entscheidung die Zulässigkeit der landesverfassungsrechtlichen Überprüfung im Hinblick auf die Gesetzgebungskompetenzen.[464] Das Gericht stellte dabei zunächst unmissverständlich und im Einklang mit vorangegangener bundesverfassungsgerichtlicher Rechtsprechung[465] fest, dass es als alleiniger Hüter seiner Verfassung auch nur zur Überprüfung anhand ebenjener berufen sei und sich insbesondere der Tenor nur auf einen Verstoß gegen die eigene Landesverfassung erstrecken kann.[466] Das tut der Überprüfungskompetenz nach Ansicht des Verfassungsgerichtshofes indes keinen Abbruch, da die Gesetzgebungskompetenzen Teil des Landesverfassungsrechts seien, und er beruft sich dabei auf die ursprüngliche Entscheidung des Bundesverfassungsgerichts zu Art. 21 GG und das Hineinwirken desselbigen in die Landesverfassung.[467] Er bemühte dabei die schon vom Bundesverfassungsgericht ausgesprochene Argumentation, dass sich die Verfassung der Länder erst aus der Bundesverfassung und dem eigenen Verfassungstext zusammensetze.[468]

Erfreulicherweise belässt es der Verfassungsgerichtshof nicht dabei, sondern versucht eine weitergehende Argumentation zur Untermauerung der Überprüfung anzuführen. Dabei ist festzustellen, dass das Gericht überzeugende Argumente zur Heranziehung der Gesetzgebungskompetenzen liefert, welche simultan aber dem Verständnis als Bestandteilsnormen widersprechen. So stellte es zunächst fest, dass eine abschließende Beurteilung der Gesetzgebungskompetenzen nur durch eine Auslegung sowohl der Bundes- als auch Landesverfassung erfolgen kann.[469] Dem folgend zieht das Gericht die Auslegung der

463 VerfGH NRW v. 19.5.1992 – VerfGH 5/91, NRWVerfGHE 43, 205 ff.
464 VerfGH NRW v. 19.5.1992 – VerfGH 5/91, NRWVerfGHE 43, 205 (213).
465 BVerfG v. 15.1.1985 – 2 BvR 128/84, BVerfGE 69, 112 (117).
466 VerfGH NRW v. 19.5.1992 – VerfGH 5/91, NRWVerfGHE 43, 205 (213).
467 VerfGH NRW v. 19.5.1992 – VerfGH 5/91, NRWVerfGHE 43, 205 (213).
468 VerfGH NRW v. 19.5.1992 – VerfGH 5/91, NRWVerfGHE 43, 205 (213 f.).
469 VerfGH NRW v. 19.5.1992 – VerfGH 5/91, NRWVerfGHE 43, 205 (214).

Landesverfassung heran und stellt in diesem Zusammenhang fest, dass sich die Landesverfassung durch die Betonung der Gliedstaatlichkeit in Art. 1 Abs. 1 LVerf NRW für das Hineinwirken des Grundgesetzes geöffnet und zugleich die Gesetzgebungskompetenzen zur Zulässigkeitsvoraussetzung nach Art. 68 Abs. 1 S. 3 LVerf NRW erklärt hat.[470] Eine Vorlagepflicht nach Art. 100 Abs. 1 GG scheide nach Ansicht des Gerichts demnach aus, da alleiniger Überprüfungsmaßstab weiterhin die Landesverfassung bleibe, welche auch aus den Gesetzgebungskompetenzen bestehe.[471]

Der Qualifikation der Gesetzgebungskompetenzen als Bestandteilsnormen durch das Gericht kann nicht gefolgt werden, was sich schon daraus ergibt, dass die Implikationen dieser Konstruktion scheinbar verkannt werden. Diese hat gerade zur Konsequenz, dass die Bestimmungen des Grundgesetzes derart in die Landesverfassung hineinwirken, dass sie auch ohne explizite Zuweisung oder Inkorporation Bestandteil der Landesverfassung werden und somit unmittelbar dem Prüfungs- und Entscheidungshorizont unterfallen. Einer eigenen autonomen Entscheidung zur Öffnung der Landesverfassung bedarf es in diesem Fall nicht. Zudem spricht die Öffnung der Landesverfassung auch eher für eine landesverfassungsrechtliche Inkorporation statt einer grundgesetzlichen Anordnung. Insofern ließen sich die Ausführungen allenfalls in Richtung einer restriktiven Anwendung der Bestandteilsnormen deuten, gleichwohl wird eine klare Stellungnahme diesbezüglich vermisst.

d) Der Beschluss des Bundesverfassungsgerichts vom 7. Mai 2001

Ähnlichkeiten weist der Beschluss des Bundesverfassungsgerichts vom 7. Mai 2001[472] auf. Zu prüfen war die Vereinbarkeit des Schleswig-Holsteinischen Gesetzes zur Neufassung des Landschaftspflegegesetzes (Landesnaturschutzgesetz) mit der Schleswig-Holsteinischen Verfassung. Das Bundesverfassungsgericht handelte in diesem Rahmen für das noch nicht existente Landesverfassungsgericht Schleswig-Holsteins im Wege der Organleihe nach Art. 99 GG, § 13 Nr. 10 BVerfGG.[473] Gemäß dem damals geltenden Art. 44 Abs. 2 LVerf SH aF i.V.m Art. 99 GG wurde der Antrag gestellt, das Gesetz aufgrund Verstoßes gegen die

---

470 VerfGH NRW v. 19.5.1992 – VerfGH 5/91, NRWVerfGHE 43, 205 (214).

471 VerfGH NRW v. 19.5.1992 – VerfGH 5/91, NRWVerfGHE 43, 205 (214).

472 BVerfG v. 7.5.2001 – 2 BvK 1/00, BVerfGE 103, 332.

473 Zur Historie des Verfassungsgerichts in Schleswig-Holstein siehe auch Erster Abschnitt, D.I.3.b).

Landesverfassung sowie gegen Art. 14 GG, der kommunalen Selbstverwaltung und das Rechtsstaatsprinzip für nichtig zu erklären.[474]

Das Bundesverfassungsgericht führte zutreffend das generelle Nebeneinander der Verfassungsräume zwischen Bund und Ländern an,[475] wobei dies nicht – ebenfalls zutreffend – als völlige Bezugslosigkeit zu werten sei, sondern in bestimmten Konstellationen ein Hineinwirken in den Verfassungsraum des Gliedstaates anzunehmen sein könne.[476] Dabei nahm es aber auch Bezug auf den Beschluss des Bundesverfassungsgerichts aus dem Jahre 1982. Das Gericht griff in diesem Zuge die Aussage auf, dass es unmittelbar als Landesverfassungsrecht geltendes Bundesverfassungsrecht gäbe, ohne dabei konkret auf die Gesetzgebungskompetenzen einzugehen.[477] Sämtliche Erwägungen werden unter dem Oberbegriff der Durchbrechung des Trennungsprinzips geführt.[478]

Das Bundesverfassungsgericht beschloss sodann, dass es als Landesverfassungsgericht Schleswig-Holstein nicht befugt gewesen sei, anhand des Grundgesetzes in Form der Gesetzgebungskompetenzen zu überprüfen.[479] Es rekurrierte dabei zunächst auf vergangene Entscheidungen zu den Bestandteilsnormen, führte in diesem Zusammenhang die ergangene Rechtsprechung und die anerkannten Fälle an und schloss die Ausführungen mit der Feststellung, dass zwar weiterhin die Landesverfassung der alleinige Prüfungsmaßstab, innerhalb dessen jedoch auch das Grundgesetz als Bestandteil überprüfungsfähig sei.[480]

Es nahm dann Bezug zu der dargestellten[481] Entscheidung des Hessischen Staatsgerichtshofs und bekräftigte zeitgleich, dass es selbst die Ansicht des Hessischen Staatsgerichtshofs in seinem Beschluss aus dem Jahre 1982 bestätigt habe, ohne dabei explizit von dem Hineinwirken zu sprechen.[482] Da die Kompetenzherleitung in dem Beschluss aufgrund des Phänomens der in die Landesverfassung hineinwirkenden Bundesverfassung geschah, lässt sich die Bestätigung nur als Anerkenntnis oder zumindest Billigung des Phänomens verstehen.

Ein mitentscheidender Punkt der Argumentation war die Öffnung der Hessischen Landesverfassung für das Grundgesetz. Das Bundesverfassungsgericht

---

474 BVerfG v. 7.5.2001 – 2 BvK 1/00, BVerfGE 103, 332.
475 BVerfG v. 7.5.2001 – 2 BvK 1/00, BVerfGE 103, 332 (351).
476 BVerfG v. 7.5.2001 – 2 BvK 1/00, BVerfGE 103, 332 (352).
477 BVerfG v. 7.5.2001 – 2 BvK 1/00, BVerfGE 103, 332 (353, 354).
478 BVerfG v. 7.5.2001 – 2 BvK 1/00, BVerfGE 103, 332 (351, 352).
479 BVerfG v. 7.5.2001 – 2 BvK 1/00, BVerfGE 103, 332 (351).
480 BVerfG v. 7.5.2001 – 2 BvK 1/00, BVerfGE 103, 332 (352, 353).
481 Dazu Zweiter Abschnitt, D.II.1.a).
482 BVerfG v. 7.5.2001 – 2 BvK 1/00, BVerfGE 103, 332 (354).

widmete sich nun der Ausgangslage in Schleswig-Holstein und stellte fest, dass eine dem Art. 153 LVerf Hessen entsprechende Vorschrift fehlt,[483] es läge eine *„andere Verfassungsrechtsgrundlage zu Grunde“*[484]. Daraus folgert das Gericht zunächst kurz und knapp, das *„Verfassungsrecht des Bundes wirkt deshalb im Bereich der hier in Rede stehenden Kompetenzordnung für die Gesetzgebung in die Landesverfassung von Schleswig-Holstein nicht hinein.“*[485] Durch die Existenz des Art. 153 LVerf Hessen weise die Verfassung Hessens, anders als in Schleswig-Holstein, einen deutlichen Bezug zum Grundgesetz sowie durch die Verwendung der Begriffe „Zuständigkeiten“ und „abzugrenzen“ auch auf die Kompetenzvorschriften auf.[486] Diese Aussage ist im Kontext dieses Beschlusses wohl nur so zu verstehen – gerade im Umkehrschluss zum gewählten Wortlaut – dass die jeweilige Landesverfassung eine Inkorporation des Grundgesetzes enthalten muss, um dieses zum Bestandteil des eigenen Landesverfassungsrechts werden zu lassen bzw. in dieses hineinwirken zu können.

Damit wagt das Bundesverfassungsgericht aber eine Gratwanderung, die kein klares Bekenntnis erkennen lässt. Wenn man nach obigen Ausführungen den Beschluss von 1982 derart versteht, dass sich das Bundesverfassungsgericht der Konstruktion des Hessischen Staatsgerichtshofs zur direkten Einwirkung des Grundgesetzes auf die Landesverfassung anschließt, bedeutet es in Konsequenz gerade, dass eine Inkorporation der Gesetzgebungskompetenzen in die Landesverfassung nicht erfolgen muss. Sie sind ohnehin bereits ein Bestandteil davon, da sich der Gesamttext der Landesverfassung erst aus der Kombination des eigenen Verfassungstextes unter Addition des Grundgesetzes ergibt. Eine Art. 153 LVerf Hessen entsprechende Vorschrift wäre nicht zwingend. Indem das Bundesverfassungsgericht im Jahre 2001 sodann entscheidet, dass mangels konkreten Verweises der Landesverfassung Schleswig-Holsteins auf das Grundgesetz kein Hineinwirken anzunehmen sei, wendet es sich von dem Beschluss aus dem Jahre 1982 inhaltlich ab, bestätigt aber simultan die Heranziehung des Grundgesetzes durch den Hessischen Staatsgerichtshof und den folgenden Beschluss des Bundesverfassungsgerichts von 1982.

Generell erteilte das Bundesverfassungsgericht dem Phänomen der in die Landesverfassung hineinwirkenden Bundesverfassung scheinbar eine Absage oder votiert zumindest für eine verstärkt restriktive Anwendung. So erkannte

---

483 BVerfG v. 7.5.2001 – 2 BvK 1/00, BVerfGE 103, 332 (356).

484 BVerfG v. 7.5.2001 – 2 BvK 1/00, BVerfGE 103, 332 (356).

485 BVerfG v. 7.5.2001 – 2 BvK 1/00, BVerfGE 103, 332 (357).

486 BVerfG v. 7.5.2001 – 2 BvK 1/00, BVerfGE 103, 332 (356).

das Gericht zutreffend, dass das „automatische" Hineinlesen des Grundgesetzes in die Landesverfassung die Verfassungsautonomie des Gliedstaates untergrabe und somit das Bundesstaats- und Föderalismusprinzip aus Art. 20 Abs. 1 GG verletze.[487] Gleichsam relativiert das Gericht seine Aussage wieder, wenn es diese Verletzung aufgrund der Öffnung der hessischen Landesverfassung für das Grundgesetz verneint,[488] wobei in diesem Punkt konsequent an der gliedstaatlichen Verfassungsautonomie argumentiert wird. Überzeugen kann diese Ausführung im Hinblick auf die Legitimation von Bestandteilsnormen insgesamt dennoch nicht, insbesondere, da ebenjene Normen in selbiger Entscheidung als existent betrachtet werden.[489] Somit wird für eine restriktive Anwendung der Bestandteilsnormen votiert, was wiederum gegen eine Bestätigung der Erweiterung auf die Gesetzgebungskompetenzen spricht.

Im Ergebnis ergibt sich Folgendes: Folgt man der Annahme, es gibt unmittelbar in die Landesverfassung hineinragendes und somit hineinzulesendes Bundesverfassungsrecht, wird dieses Bundesverfassungsrecht automatisch Bestandteil der Landesverfassung, gleich wie der Verfassungstext lautet. Verneint man diese Aussage, bedarf es anderer Wege, das Grundgesetz in die Landesverfassung aufzunehmen. Die Aussage, das Phänomen des in die Landesverfassung hineinreichenden Grundgesetzes unter gleichzeitiger Richtigkeitsannahme der fehlenden Inkorporation in die Landesverfassung Schleswig-Holsteins mangels landesverfassungsrechtlicher Öffnung, sei wahr, ist nicht nachvollziehbar. Auch das Verständnis in Richtung einer möglichen Restriktion ließe sich durch ein klareres Bekenntnis bekräftigen; aufgrund des Mangels eines solchen verbleibt es hingegen bei einer unklaren Auslegungslage.

Dabei lieferte das Bundesverfassungsgericht zur Beantwortung der Frage des Einbezugs der Art. 70 ff. GG weiterführende Argumente. Zu nennen sei zunächst der Konflikt mit der Verfassungsautonomie, wobei hier zwei unterschiedliche Fragen vermischt werden: gibt es generell Bestimmungen des Grundgesetzes, die zugleich Landesverfassungsrecht darstellen, und falls ja, zählen die Art. 70 ff. GG dazu. Das Bundesverfassungsgericht nimmt dabei zu beiden Fragen Stellung, ohne konkret zu differenzieren. Die Ausführungen betreffen vor allem erstere Frage und sind noch detaillierter zu beleuchten.

Das Bundesverfassungsgericht entschied ferner, dass es schon aufgrund der Eigenart der Art. 70 ff. GG keines Hineinlesens in die Landesverfassung bedürfe,

487 BVerfG v. 7.5.2001 – 2 BvK 1/00, BVerfGE 103, 332 (357).
488 BVerfG v. 7.5.2001 – 2 BvK 1/00, BVerfGE 103, 332 (357).
489 BVerfG v. 7.5.2001 – 2 BvK 1/00, BVerfGE 103, 332 (353 f.).

sondern der Gesetzgeber die Befugnisse zur Gesetzgebung unmittelbar aus der Bundesverfassung ableiten könne, eine Transformation auf Landesebene sei gerade keine Voraussetzung zur Ableitung von Gesetzgebungsbefugnissen.[490] Wie sich dies auf den Prüfungsmaßstab auswirkt, wird hingegen nicht ganz klar, vom Bundesverfassungsgericht wohl aber zur Verneinung der Inkorporation der Art. 70 ff. GG in die Landesverfassung herangezogen.

Die Entscheidung des Bundesverfassungsgerichts verdient vor allem hinsichtlich des erkannten Eingriffs in die Verfassungsautonomie der Länder und der daraus gefolgerten restriktiven Anwendung Zustimmung. Gleichwohl vollzieht es nicht den Schritt, die Konstruktion aus ebenjenen Gründen als unzulässig zu verwerfen oder die Öffnung der Landesverfassung für das Grundgesetz als Zulässigkeitsvoraussetzung zum Hineinwirken zu bestimmen. Dies wäre obgleich der auch heute noch unklaren Argumentationsgrundlage und „Vorbildfunktion“ für Landesverfassungsgerichte wünschenswert gewesen. Zu kritisieren bleibt, dass gerade unter der Hinzunahme des Beschlusses von 1982 keine klare Abkehr von der Konstruktion der Gesetzgebungskompetenzen als Bestandteilsnormen erfolgt. Eine Restriktion wird zwar vorgenommen, über den Verweis der Öffnung der Landesverfassung und die somit erfolgende Einzelfallbetrachtung wird aber weiterhin das Einfallstor für die Annahme in divergierenden Fällen offengehalten, wie sie auch noch in moderner Rechtsprechung vorzufinden ist.

e) Moderne Rechtsprechungsentwicklung

Die Landesverfassungsgerichte haben sich immer wieder mit der Frage der Überprüfung der Gesetzgebungskompetenzen zu beschäftigen, wobei hier zunächst generelle Aspekte im Hinblick auf die Bestandteilsnormen im Vordergrund stehen sollen. Insgesamt lässt sich bei der Auswertung aktueller Rechtsprechung kein klares Spektrum zum Umgang mit dem Phänomen der in die Landesverfassung hineinreichenden Bundesverfassung feststellen.

Ein Beschluss[491] des Saarländischen Verfassungsgerichtshofes dient als Veranschaulichung. Darin erkannte der Verfassungsgerichtshof, dass die Gesetzgebungskompetenzen nicht nur Teil der Bundesverfassung seien, sondern auch direkt einen Teil der Saarländischen Landesverfassung darstellen würden.[492] Das

490 BVerfG v. 7.5.2001 – 2 BvK 1/00, BVerfGE 103, 332 (357 f.).

491 SaarlVerfGH v. 29.8.2016 – 3/15, LVerfGE 27, 394 ff.; vgl. im Weiteren – wenn auch nicht explizit zu den Gesetzgebungskompetenzen – die begründungslose Annahme der Bestandteilsvorschriften in VerfGH NRW v. 21.11.2017 – VerfGH 15/16, Rn. 45 (juris).

492 SaarlVerfGH v. 29.8.2016 – 3/15, LVerfGE 27, 394 (403).

Gericht schafft sich damit die eigene Überprüfungsmöglichkeit, ohne die Thematik argumentativ zu untermauern oder gar den Versuch zu unternehmen. Verwiesen wird hingegen auf ein vorangegangenes Urteil des Verfassungsgerichts von Rheinland-Pfalz.[493] In diesem erkannte das Gericht die Gesetzgebungsvorschriften als gleichzeitigen Teil der Landesverfassung an.[494] Untermauert wird diese Sichtweise mit der Tatsache, dass Rheinland-Pfalz als Gliedstaat seine Gesetzgebungskompetenzen durch die des Bundes begrenzt sieht,[495] die Frage der Vereinbarkeit mit der Landesverfassung somit zwangsläufig auch die Frage der Gesetzgebungskompetenz mit einschließe.[496] Die Argumentation hinkt aber bei der hier entscheidenden Frage, ob diese Vorschriften gleichzeitig einen Bestandteil der Landesverfassung ausmachen. Damit führt auch der Schwenk zum Saarländischen Verfassungsgerichtshof nicht weiter, der sich durch den Verweis seiner Begründungspflicht entzieht, ohne großartige weitere Bemühungen anzustreben.

Explizit mit den Art. 70 ff. GG hat sich der Thüringer Verfassungsgerichtshof beschäftigt. In seinem Urteil vom 25. September 2018[497] bestätigte der Verfassungsgerichtshof zunächst in Einklang mit dem Trennungsprinzip, dass der Verfassungsgerichtshof grundsätzlich nur die Vereinbarkeit von Landesrecht mit der Landesverfassung prüft.[498] Der Verfassungsgerichtshof erweitert seinen eigenen Prüfungsmaßstab sodann aber im nächsten Satz, wenn er darstellt, dass zu der Thüringer Landesverfassung auch die Gesetzgebungskompetenzen, in die Landesverfassung hineinwirkendes Bundesrecht sowie Art. 28 Abs. 1 GG – sofern in die Landesverfassung inkorporiert – gehören.[499] Unter Verweis[500] auf eine Entscheidung aus dem Jahre 2016[501] ergibt sich jedoch, dass die Bestimmungen der Gesetzgebungskompetenz aus dem Grundgesetz kein Teil der Bestandteilsnormen sind.[502] Eine Prüfung sei lediglich mittelbar möglich, da eine Beurteilung der Kompetenzen nur mit Blick auf die bundesstaatliche

---

493 VerfGH RLP v. 20.11.2000 – VGH N 2/00, NVwZ 2001, 553 ff.
494 VerfGH RLP v. 20.11.2000 – VGH N 2/00, NVwZ 2001, 553 (554).
495 VerfGH RLP v. 20.11.2000 – VGH N 2/00, NVwZ 2001, 553 (554).
496 VerfGH RLP v. 20.11.2000 – VGH N 2/00, NVwZ 2001, 553 (554).
497 ThürVerfGH v. 25.9.2018 – 24/17, LVerfGE 29, 276.
498 ThürVerfGH v. 25.9.2018 – 24/17, LVerfGE 29, 176, Leitsatz Nr. 1.
499 ThürVerfGH v. 15. Juli 2020 – 2/20, NVwZ 2020, 1266 (1267) zu Art. 21 GG; *ders.* v. 25.9.2018 – 24/17, LVerfGE 29, 276, Leitsatz Nr. 1.
500 Vgl. ThürVerfGH v. 25.9.2018 – 24/17, LVerfGE 29, 276 (296).
501 ThürVerfGH v. 7.12.2016 – 28/12 (juris).
502 ThürVerfGH v. 7.12.2016 – 28/12, Rn. 76 (juris).

Kompetenzverteilung möglich sei,[503] dem Landesverfassungsgericht stehe indes keine Verwerfungskompetenz zu.[504]

Auch das Bundesverfassungsgericht äußerte sich 2008 im Rahmen eines Landesorganstreitverfahrens nochmals zum Phänomen des in die Landesverfassung hineinwirkenden Bundesverfassungsrechts.[505] Das Bundesverfassungsgericht wurde im Rahmen dieses Urteils noch als Landesverfassungsgericht Schleswig-Holsteins im Wege der Organleihe tätig. Das Bundesverfassungsgericht bestätigte, dass der primäre Prüfungsmaßstab als Landesverfassungsgericht auch nur die Landesverfassung darstellt.[506] Unter Bezugnahme auf den Beschluss vom 7. Mai 2001[507] wird auf die unmittelbaren Bestandteile der Landesverfassung rekurriert, eine weitergehende Auseinandersetzung erfolgt nicht. Insofern ist diese Entscheidung auch weiter auf den Einzelfall des Art. 21 Abs. 1 GG zu beziehen, ohne Mehrwert für die Erweiterung auf sonstige Grundgesetzbestimmungen zu gewinnen.

f) Die Kompetenzverteilung als notwendige Grundgesetzesregelung und der damit verbundene Ausschluss als Bestandteilsnorm

Die Art. 70 ff. GG regeln abschließend den Kompetenzbereich der Gesetzgebung zwischen Bund und Ländern. Sollten diese Vorschriften, wie von der Rechtsprechung angenommen, gleichzeitig sowohl Bundesverfassungs- als auch Landesverfassungsrecht darstellen, muss es sich schon prinzipiell um Vorschriften handeln, die durch die doppelte Regelung nicht miteinander kollidieren können.[508] Eine solche Parallelität ist nicht denkbar. Als Ausgangsprämisse dient wiederum die föderalistische Aufteilung nach dem Bundesstaatsprinzip. Diese bewirkt durch die getrennten Verfassungsräume, dass jedem einzelnen Gliedstaat als auch dem Bundesstaat an sich Gesetzgebungsbefugnisse zustehen. Erst die Addition dieser jeweils eigenständigen Regelungen – also vor allem die jeweiligen Verfassungstexte – führt zu dem Gesamtverfassungstext des Staates an sich. Die Ausführungen sind dabei nicht als Befürwortung von Bestandteilsnormen und deren Begründung zu verstehen. Es geht um die rein praktische

---

503 ThürVerfGH v. 25.9.2018 – 24/17, LVerfGE 29, 276 (296).

504 ThürVerfGH v. 7.12.2016 – 28/12, Rn. 76 (juris).

505 BVerfG v. 12.2.2008 – 2 BvK 1/07, BVerfGE 120, 82.

506 BVerfG v. 12.2.2008 – 2 BvK 1/07, BVerfGE 120, 82 (101).

507 BVerfG v. 7.5.2001 – 2 BvK 1/00, BVerfGE 103, 332.

508 *Sachs*, DÖV 1982, 595 (595); *ders.*, FS Klaus Stern zum 65. Geburtstag, S. 475 (503 f.); vgl. auch BVerfG v. 7.5.2001 – 2 BvK 1/00, BVerfGE 103, 332 (350).

Betrachtungsweise der verfassungsrechtlichen Regelungsdichte im Rechtsraum der Bundesrepublik Deutschland.[509]

Die Bundesverfassung beeinflusst dabei die Verfassungstexte der Gliedstaaten. Als richtungsweisende Bundesverfassung werden in ihr die zentralen Prinzipien festgelegt, so unter anderem die Gesetzgebungskompetenzen.[510] Umgekehrt ist die Regelung auch nicht denkbar. Es würde der föderalistischen Aufteilung im Hinblick auf das Bundesstaatsprinzip gerade zuwiderlaufen, wenn die Länder sich landeseigene Gesetzgebungskompetenzen geben, die sodann die Bundesverfassung beeinflussen. Zwar würden die landesrechtlichen Gesetzgebungskompetenzen grundsätzlich nur den eigenen Verfassungsraum betreffen, in dem der Landesgesetzgeber kraft seiner Verfassungsautonomie auch umfassende Handlungsbefugnisse besitzt. Durch die grundgesetzliche Aufteilung der Gesetzgebungskompetenzen birgt jedoch jede positive Entscheidung über Landeskompetenzen zugleich eine negative Entscheidung über das Bestehen einer Bundesgesetzgebungskompetenz, was genau umgekehrt einen Eingriff des Landes in die Verfassungsautonomie des Bundes begründet.[511] Die Regelung über Gesetzgebungskompetenzen und damit das Abstecken der jeweiligen Staatsgewalten kann somit nur einheitlich durch die übergeordnete Bundesverfassung erfolgen.[512] Insofern schließt das Homogenitätserfordernis die Regelungsbefugnis über Gesetzgebungskompetenzen aus, obgleich den Ländern weiterhin Staatsqualität verbleibt. Dem Bundesverfassungsgericht ist aus diesem Grunde auch zuzustimmen, wenn es davon spricht, dass die Länder ihre Gesetzgebungsbefugnisse direkt aus dem Grundgesetz ableiten können, ohne dass es dazu einer weiteren Transformation in die jeweilige Landesverfassung bedarf.[513]

Die Kompetenzvorschriften des Grundgesetzes sind somit als Fall der in die Landesverfassung hineinreichenden Bundesverfassung abzulehnen. Sie können nicht zugleich Bundes- sowie Landesverfassungsrecht sein. Dass es den Landesverfassungsgerichten insgesamt verwehrt ist, sich auf die Kompetenzvorschriften zu

---

509 Ähnlich *Rozek*, Prüfungs- und Entscheidungsmaßstab, S. 132.

510 Vgl. auch *März*, Bundesrecht bricht Landesrecht, S. 117.

511 Vgl. *Blackstein*, Landesverfassungsgericht SH, S. 114.

512 BVerfG v. 7.5.2001 – 2 BvK 1/00, BVerfGE 103, 332 (349 f.); *Isensee*, Hnd. StaatsR. Bnd. VI, § 126 Rn. 64; *Rozek*, Prüfungs- und Entscheidungsmaßstab, S. 132; ähnlich *Blackstein*, Landesverfassungsgericht SH, S. 113 ff.; *Grawert*, NWVBl. 1987, 2 (5); *Pestalozza*, HGR Bnd. III, § 86 Rn. 20, wonach Landesverfassungen die Kompetenzabgrenzung schon ihrer Natur nach nicht leisten können; vgl. auch *Stern*, StaatsR. Bnd. I, S. 645.

513 BVerfG v. 7.5.2001 – 2 BvK 1/00, BVerfGE 103, 332 (357).

berufen, ist damit jedoch noch nicht endgültig ausgesagt. Ein automatisches Hereinlesen ist jedoch entschieden zu verneinen.

2. Die Legitimation von Bestandteilsnormen

Die Gesetzgebungskompetenzen stellen keinen Anwendungsbereich der Bestandteilsnormen dar; dennoch soll aufgrund der Vorbildfunktion dieses Rechtskonstrukts und aufgrund der mangelnden Klarheit um den Umgang mit diesem seitens des Bundesverfassungsgerichts eine abschließende Stellungnahme erfolgen. Dies insbesondere unter dem Hintergrund, dass bezüglich der Volksgesetzgebung und ihrer Vereinbarkeit mit den Gesetzgebungskompetenzen noch kein umfassendes Rechtsprechungsmaterial sämtlicher Landesverfassungsgerichte vorliegt.

Erste Ansätze der Bestandteilsnormen waren bereits zu Zeiten der Weimarer Reichsverfassung erkennbar[514] und wurden mitunter als deren Geburtsstunde bezeichnet;[515] diesbezügliche Ausführungen sollen hingegen mangels verbleibender Themenrelevanz nicht weiter im Vordergrund stehen.[516]

a) Bundesverfassungsrechtlicher Ursprung

Das Bundesverfassungsgericht hingegen entschied erstmals,[517] dass Art. 21 GG eine unmittelbare in die Landesverfassung hineinwirkende Bestimmung darstellt, die somit unmittelbarer Teil der Landesverfassung wird und in aller

---

514 Ausgangspunkt stellt die Vorgängervorschrift zu Art. 93 Abs. 1 Nr. 4 GG dar, Art. 19 Abs. 1 WRV, welche ebenfalls eine Subsidiaritätszuständigkeit vorsah. Zur Umsetzung einer einheitlichen Verfassungsauslegung entschied der Staatsgerichtshof des Deutschen Reiches 1929 (Entscheidung vom 19. Januar 1929, RGZ 1223, Anhang, S. 1 ff.) dass die von ihm unter Anwendung der Subsidiaritätsklausel zulässig getroffene Entscheidung über die Auslegung von Art. 19 WRV auch in den Ländern gelten müsse, die eine eigene Landesgerichtsbarkeit zur Beantwortung ebenen jener Fragen (und damit unter Ausschluss des Staatsgerichtshofes des Deutschen Reiches) geschaffen hatte. Der Staatsgerichtshof für das Deutsche Reich entscheid sodann 1927 (Entscheidung vom 15. Oktober 1927, RGZ 118, Anhang, S. 1 ff.), dass Verfassungsstreitigkeiten innerhalb eines Landes nicht nur solche sind, die sich ausschließlich aus der Landesverfassung speisen, sondern auch jene, die Streitigkeiten über Normen begründete, die der Reichsverfassung angehörten, aber unmittelbar in die Landesverfassung einwirken (RGZ 118, Anhang, S. 1 (4 f.)).

515 *Rozek*, Prüfungs- und Entscheidungsmaßstab, S. 144.

516 Siehe zur detaillierten Auseinandersetzung mit der Rechtsprechung des Reichgerichtshofes *Rozek*, Prüfungs- und Entscheidungsmaßstab, S. 135 ff.

517 BVerfG v. 5.4.1952 – 2 BvH 1/52, BVerfGE 1, 208 (227).

Konsequenz damit auch der landesverfassungsrechtlichen Kognition im Rahmen des Überprüfungsmaßstabes unterliegt. Als Ausgangskonstellation dient die Subsidiaritätszuständigkeit des Bundesverfassungsgerichts nach Art. 93 Abs. 1 Nr. 4 Var. 3 GG, wenn auf Landesebene keine Landesverfassungsgerichtsbarkeit existiert (oder kein Rechtsweg zu diesem eröffnet ist) und das jeweilige Land auch nicht von der Organleihe des Art. 99 GG Gebrauch machen sollte[518] und sichert einen lückenlosen verfassungsrechtlichen Rechtsschutz.[519] Unter Zunahme des Trennungsprinzips könnte das Landesverfassungsgericht gehindert sein, relevante Bestimmungen des Grundgesetzes zu beachten, was wiederum die Zuständigkeit des Bundesverfassungsgerichts auslösen könnte.

Das Bundesverfassungsgericht erkennt in stetiger Rechtsprechung aus Art. 21 GG die organschaftlichen Rechte der Parteien und somit die Antragsbefugnis im Bundesorganstreitverfahren an;[520] proportional dazu zudem die Beteiligungsfähigkeit der politischen Parteien auf Landesebene im Falle des Art. 93 Abs. 1 Nr. 4 Var. 3 GG,[521] aufgrund der Reservefunktion für eine fehlende Landesverfassungsgerichtsbarkeit prüft das Bundesverfassungsgericht aber anhand der Landesverfassung.[522] Wenn nun im Rahmen eines Landesorganstreits der Partei aufgrund fehlender landesverfassungsrechtlich garantierter Organrechte der Rechtsschutz versagt wird,[523] führt dies zum Eingreifen der Reservefunktion des Bundesverfassungsgerichts.

Die direkte Anordnung einer Beteiligung der Parteien im Landesorganstreit durch das Bundesverfassungsgericht würde zu einer Verletzung der gliedstaatlichen Verfassungsautonomie und der Gewaltenteilung führen. Das Bundesverfassungsgericht rekurrierte somit in diesem Zusammenhang auf die Entscheidung, dass Art. 21 GG sowohl unmittelbare Geltung auf Bundes- sowie Landesebene entfalte,[524] und forderte von den Ländern eine Divergenzvorlage

518 Siehe zur Subsidiarität des Art. 93 Abs. 1 Nr. 4 Var. 3 GG *Meyer*, v. Münch/Kunig GG Bnd. II, Art. 93 Rn. 95 f.; *Voßkuhle*, Mangoldt/Klein/Starck GG Bnd. III, Art. 93 Rn. 152, 153.

519 Vgl. *Bethge*, Maunz/Schmidt-Bleibtreu/Klein/Bethge BVerfGG, § 71 Rn. 9; ferner *Voßkuhle*, Mangoldt/Klein/Starck GG Bnd. III, Art. 93 Rn. 149.

520 BVerfG v. 20.7.1954 – 1 PvU 1/54, BVerfGE 4, 27 (30 f.); *dass.* v. 27.2.2018 – 2 BvE 1/16, BVerfGE 148, 11 (19).

521 BVerfG v. 7.5.1957 – 2 BvH 1/56, BVerfGE 6, 367 (372).

522 BVerfG v. 27.5.1958 – 2 BvQ 1/58, BVerfGE 62, 194 (199) am Beispiel Bremens.

523 So erkannte der Staatsgerichtshof Baden-Württemberg, dass eine politische Partei nicht im Rahmen eines Organstreitverfahrens auf Landesebene partizipieren kann, vgl. BVerfG v. 6.2.1956 – 2 BvH 1/55, BVerfGE 4, 375 (376).

524 BVerfG v. 7.5.1957 – 2 BvH 1/56, BVerfGE 6, 367 (375).

für den Fall, dass diese von der Anwendungsauslegung des Art. 21 Abs. 1 GG abweichen wollen.[525] Es sprach den Parteien somit eine Beteiligtenfähigkeit im Bundesorganstreitverfahren zu. Die Beteiligtenfähigkeit wurde durch die direkte Geltung von Art. 21 GG auch für das Verfahren nach für Art. 93 Abs. 1 Nr. 4 Var. 3 GG anerkannt, so dass im Falle einer divergierenden landesverfassungsgerichtlichen Auslegung des Art. 21 GG der Verfassungsrechtsschutz auf Landesebene zunächst versagt wird, was wiederum über Art. 93 Abs. 1 Nr. 4 Var. 3 GG die Zuständigkeit des Bundesverfassungsgerichts begründet.

Im Hinblick auf die Legitimation von Bestandteilsnormen und insbesondere um deren Grundlage und rechtliche Charakterisierung lässt sich auch nach der kurzen Ursprungsbetrachtung weiter streiten. Auf den Einbezug des Grundgesetzes in den landesverfassungsrechtlichen Kognitionshorizont wird ein konkreter Mehrwert hingegen vermisst. Im Ergebnis zuzustimmen ist Rozek, wenn dieser ausführt, dass die maßgebliche Motivation des Bundesverfassungsgerichts zu dieser Rechtsprechung die bundesverfassungsgerichtliche Entlastung sein dürfte.[526] Die Entscheidung lässt sich nur als konkrete Einzelfallentscheidung deuten, die lediglich durch die Kombination der in Frage stehenden Normen, allen voran Art. 21 GG, und der Rechtsprechung des Staatsgerichtshofes des Deutschen Reiches[527] so gefallen ist. Eine Grundsatzentscheidung, die sich generell auf Artikel des Grundgesetzes hinsichtlich ihrer unmittelbaren Bestandteilswirkung im Landesverfassungsrecht anwenden lässt, ist nicht ersichtlich.

b) Die Argumentation im Einzelnen

Im Einzelnen argumentiert das Bundesverfassungsgericht: „*Die Verfassung der Gliedstaaten eines Bundesstaates ist aber nicht in der Landesverfassungsurkunde allein enthalten, sondern in sie hinein wirken auch Bestimmungen der Bundesverfassung. Beide Elemente zusammen machen erst die Verfassung des Gliedstaates aus* (…)“[528]. Die Herleitung wirkt wie ein abgeschwächter Versuch, die generelle Überprüfung des Grundgesetzes durch die Eingliederung des Gliedstaates in den Bundesstaat zu rechtfertigen. Nicht vollkommen, aber in Teilen sei eine Überprüfung durchzuführen. Dies mag sinnvoll erscheinen, wenn man das praktische Bedürfnis der Bestandteilsnormen dahingehend versteht, dass

---

525 BVerfG v. 7.5.1957 – 2 BvH 1/56, BVerfGE 6, 367 (375).

526 *Rozek*, Prüfungs- und Entscheidungsmaßstab, S. 178.

527 Dazu nochmal Fn. 514.

528 BVerfG v. 5.4.1952 – 2 BvH 1/52, BVerfGE 1, 208 (232), kritisch dazu auch *Dreier*, Dreier GG Bnd. II, Art. 28 Rn. 45.

mit ihnen ein umfassender verfassungsrechtlicher Prüfungsmaßstab gewonnen werden soll, der sowohl auf Bundes- als auch auf Landesebene kongruent ist.[529] Insofern kommen als Bestandteilsnormen insbesondere nur die Vorschriften in Betracht, die als essentiell für die Schaffung des kongruenten Prüfungsmaßstabes gelten.[530] Unter Beachtung der Auslegung des Art. 28 Abs. 1 GG in der Hinsicht, dass dieser derartige Mindestsätze im Falle des Fehlens eines sonstigen verfassungsrechtlichen Durchgriffs im Wege der Homogenität anordnet,[531] ergibt sich sodann aber das weiterhin unklare praktische Bedürfnis einer solchen Regelung. Dies vor allem unter dem Aspekt, dass im Falle des Fehlens derartiger Bestimmungen – gerade im Hinblick auf die Organstellung der Parteien – der Weg zum Bundesverfassungsgericht offensteht. Insofern sei auf die Entlastung des Bundesverfassungsgerichts zurückzugreifen, die sich auch nach vergangener Zeit wohl weiterhin als maßgebliche Motivation erwiesen hat. Ein praktisches Bedürfnis besteht nicht.[532]

c) Bestandteilsnormen als unzulässige Verkürzung der gliedstaatlichen Verfassungsautonomie und Verstoß gegen die Gewaltenteilung

Das Bundesverfassungsgericht kann demnach keine tragfähige Grundlage zum Phänomen der in die Landesverfassung hineinwirkenden Bundesverfassung liefern.[533] Ebenso wenig überzeugen Landesverfassungsgerichte, wenn sie dieses Konzept auf vom Bundesverfassungsgericht noch nicht bedachte Normen anwenden.[534] Dies ist insgesamt bedenklich, da das Phänomen entschieden abzulehnen oder allenfalls sehr restriktiv und unter engen Voraussetzungen heranzuziehen ist.[535] Die Rechtsprechung der Gerichte verkommt in diesem

---

529 *Lindner*, AöR 143 (2018), 437 (465).

530 So *Lindner*, AöR 143 (2018), 437 (465).

531 In diese Richtung *Lindner*, AöR 143 (2018), 437 (468).

532 Insofern auch nicht in den von *Lindner*, AöR 143 (2018), 437 (465 ff.) geforderten Fällen der offenen Flanke der Durchgriffsnormen, welche gerade mit Art. 21 GG untermauert werden, jedoch dem verfassungsrechtlichen Rechtsschutz der Parteien keinen Abbruch tun; nur eben nicht vor dem Landesverfassungsgericht, sondern dem Bundesverfassungsgericht.

533 Dazu sei exemplarisch auf *Dreier* verwiesen, der zur Begründung der Bestandteilsnormen von „*nie näher er- oder geklärte Art und Weise*“ der Hineinwirkung spricht, *Dreier*, Dreier GG Bnd. II, Art. 28 Rn. 45.

534 So beispielhaft SaarlVerfGH v. 29.8.2016 – 3/15, LVerfGE 27, 394 (403); VerfGH RLP v. 20.11.2000 – VGH N 2/00, NVwZ 2001, 553 (554).

535 So votiert vor allem *Lindner*, AöR 143 (2018), 437 (465 ff.) für eine Anwendung im Ausnahmefall, ansonsten hingegen auch gegen das Konstrukt; ebenso *Dietlein*, FS 50

Zusammenhang zu einem Kompetenzspiel, in dem entweder eine eigene Kompetenz verneint oder erweitert wird.

Die Erkenntnis, Bundesverfassungsrecht gelte automatisch auch als Landesverfassungsrecht, durchbricht den Grundsatz der gliedstaatlichen Verfassungsautonomie und führt ihn in die Bedeutungslosigkeit. Da der Staat lediglich durch seine Organe handelt und deren Handlung auch nur im jeweilige Rechtskreis zugerechnet werden kann,[536] stellt die einzige Instanz, die Normen Wirkung als formelles Landesverfassungsrecht zusprechen oder schaffen kann, der Landesverfassungsgeber dar (welcher zugleich als einziger vom Landesvolk demokratisch legitimiert ist) [537]. Der Bundesverfassungsgeber kann demnach nicht zeitgleich als Urheber der Landesverfassung auftreten. Nimmt man nun das automatische Hereinlesen an, erklärt man den Normurheber der Bundesverfassung gleichzeitig zu dem des Landes. Dies schließt das Land sodann von seiner eigenen Verfassungsgesetzgebungskompetenz aus, was wiederum einen unzulässigen Eingriff in die landeseigene Verfassungsautonomie bedeutet, welche von Art. 28 Abs. 1 GG garantiert wird. Der Wille des Landesverfassungsgebers wird ignoriert,[538] seine Verfassungsautonomie unzulässig verkürzt oder gänzlich ausgehebelt.

Das unzulässige Auftreten des Bundesverfassungsgebers als Landesverfassungsgeber muss dann erst recht für das Bundesverfassungsgericht gelten. Es kann dem Gericht selbst unter Beachtung seiner herausragenden Stellung als Bundesverfassungsorgan nicht die Kompetenz zugesprochen werden, im Wege

---

Jahre NWVerfGH 2002, S. 203 (217); *Lerche*, FS Hans Zacher zum 70. Geburtstag, S. 525 (527); *Kaiser*, NVwZ 2020, 207 (208). Ablehnend *Jarass*, Jarass/Pieroth GG, Art. 28 Rn. 2; *März*, Bundesrecht bricht Landesrecht, S. 191; *Maurer*, JuS 1992, 296 (297 f.); *Möstl*, AöR 130 (2005), 350 (378); *Sachs*, FS Klaus Stern zum 65. Geburtstag, S. 475 (502), Fn. 129; *Dreier*, Dreier GG Bnd. II, Art. 28 Rn. 45; *Menzel*, Landesverfassungsrecht, S. 156 f.; *Rozek*, Prüfungs- und Entscheidungsmaßstab, S. 179 ff.; *Storr*, Verfassunggebung, S. 191 f.

536 BVerfG v. 23.3.1965 – 2 BvN 1/62, BVerfGE 18, 407 (414).

537 Siehe zu dieser Gefahr auch *Menzel*, Landesverfassungsrecht, S. 157.

538 *Dreier*, Dreier GG Bnd. II, 28 Rn. 45; vgl. ferner *Niedobitek*, Entwicklungen, S. 52, welcher auf den Widerspruch hinweist, dass das Bundesverfassungsrecht selbst erkennt, dass das von einem Landesorgan gesetzte Recht als Landesrecht anzuerkennen ist; das von einem Bundesorgan als Bundesrecht. Daraus folgt die – wenn auch unausgesprochene – Konsequenz, dass der Wille des Landesorgans in derartigen Fällen des Hineinwirkens übergangen wird. Als Konsequenz zieht *Grawert*, NJW 1987, 2329 (2330 ff.) die Möglichkeit, das Landesverfassungsrecht systemimmanent auszudeuten, anstatt Bestandteile hineinwirken zu lassen.

der eigenen Rechtsprechung unmittelbares Landesverfassungsrecht zu setzen.[539] Pointiert ausgedrückt würde ein Anerkenntnis der Bestandteilsnormen unter dieser Prämisse zu folgender Aussage führen: Das Bundesverfassungsgericht als Bundesorgan kann im Wege seiner Rechtsprechung den Willen des demokratisch legitimierten Landesverfassungsgebers übergehen und Grundgesetzbestimmungen zu Landesverfassungsrecht erklären. Das darin nicht nur die Verkürzung der Verfassungsautonomie, sondern zeitgleich durch den Eingriff der Judikative auf Bundesebene in die Kernkompetenz der Legislative auf Landesebene ein Verstoß gegen die Gewaltenteilung liegt, ist offensichtlich und kann nur als unzulässig zu bewerten sein.

d) Art. 28 Abs. 3 GG als Ausdruck des unzulässigen Hineinlesens

Zuletzt wird noch die Bestimmung des Art. 28 Abs. 3 GG zur Unzulässigkeit der Bestandteilsnormen herangezogen. Im Falle des hypothetischen Anerkennens des Phänomens würden die nach Art. 28 Abs. 1 GG vorgegebenen Leitprinzipien mitunter selbst zu Landesverfassungsrecht werden. Würde sich ein Bundesland der Homogenität explizit entziehen und zuwiderhandeln, wäre das Homogenitätserfordernis dennoch aufgrund des unmittelbaren Hineinwirkens der grundgesetzlichen Bestimmung erfüllt, die Bundesbefugnis des Art. 28 Abs. 3 GG würde durch ein automatisches Erfüllen leer laufen.[540] Wenn der Bundesverfassungsgeber also eine derartige Verzahnung des Grundgesetzes mit den jeweiligen Landesverfassungen in Form der Bestandteilsnormen vorgesehen hat, stellt sich zwangsläufig die Frage nach der Legitimation und vor allem dem Anwendungsbereich dieser Bundesbefugnis zur Schaffung der von der Homogenität anvisierten Zustände. Insofern kann vom Grundgesetz her kein automatisches Hereinlesen gewollt sein kann. Nur so ergibt sich das Zusammenspiel mit Art. 28 Abs. 1 GG, welcher die Prinzipienumsetzung anordnet, aber nicht die Umsetzung der grundgesetzlichen Konkretisierung, innerhalb der der freie Raum der Verfassungsautonomie herrscht.

3. Zusammenfassung

Das Anerkenntnis von Bestandteilsnormen verstößt gegen die gliedstaatliche Verfassungsautonomie und stellt eine Verletzung des Gewaltenteilungsgrundsatzes dar. Grundgesetzlichen Normen kann demnach nicht die Wirkung von

539 Vgl. *Rozek*, Prüfungs- und Entscheidungsmaßstab, S. 179.
540 *Rozek*, Prüfungs- und Entscheidungsmaßstab, S. 180.

Landesverfassungsrechts zugeschrieben werden. Aus diesem Ansatz eine prinzipielle Anwendung der Gesetzgebungskompetenzen auf den Prüfungsgegenstand zu rechtfertigen, schlägt fehl. Selbst im Falle des Anerkennens fallen die Gesetzgebungskompetenzen als zwangsläufig durch das Grundgesetz zu regelnde Materie aus dem Anwendungsbereich der Bestandteilsnormen raus.

III. Die Prüfung anhand von Durchgriffsnormen

Die zweite wesentliche Verzahnung zwischen Bundes- und Landesverfassung findet sich in den Durchgriffsnormen wieder.

1. Die Qualifikation von Durchgriffsnormen

Durchgriffsnormen werden als sogenannte verfassungsraumübergreifende Normen[541] verstanden, die trotz ihres Standortes im Grundgesetz nicht nur den Bund, sondern auch umfassend die Landesstaatsgewalt binden.[542] Die Terminologie offenbart dabei die Wirkungsweise; die grundgesetzlichen Bestimmungen greifen durch das bestehende Trennungsprinzip und die landesverfassungsrechtliche Unabhängigkeit durch und entfalten somit Wirkung im Gliedstaat. Im Gegensatz zu den Bestandteilsnormen stellen sie dabei kein eigenes Landesverfassungsrecht dar, sondern diktieren der jeweiligen Verfassung einen externen Rahmen.

Das wohl prominenteste Beispiel einer Durchgriffsvorschrift findet sich in Art. 1 Abs. 3 GG, wonach alle drei Staatsgewalten umfassend an die Grundrechte des Grundgesetzes gebunden sind. Durchgriffsnormen werden dabei unterschiedlich beurteilt und kategorisiert; auch die Annahme eines Vorschriftscharakters als Durchgriffsnorm variiert in der Literatur.[543] Eine Norm kann sowohl kraft ausdrücklicher Anordnung, systematischen oder teleologischen Erwägungen Durchgriffscharakter aufweisen.[544] Ein Versuch, ein handhabbares

541 Begriff nach *Lindner*, AöR 143 (2018), 437 (452).

542 Dazu *Dittmann*, Hnd. StaatsR. Bnd. VI, § 127 Rn. 33; *Dreier*, Dreier GG Bnd. II, Art. 28 Rn. 48; *Grawert*, NJW 1987, 2329 (2331); *Hestermeyer*, Eigenständigkeit, S. 200; *Kersten*, DÖV 1993, 896 (897); *Lindner*, AöR 143 (2018), 437 (452); *Möstl*, AöR 130 (2005), 350 (360); *Schmitt*, Rahmen für Landesverfassungen, S. 195 m.w.N.

543 Eine Kategorisierung der Durchgriffsnormen und ihres Charakters ist bspw. durch Sachs erfolgt, vgl. *Sachs*, ThürVBL 1993, 121 ff.; vgl. ferner die ausführliche Auseinandersetzung von *Schmitt*, Rahmen für Landesverfassungen, S. 199 ff.

544 Was die rechtssichere Einordnung solcher Vorschriften obgleich schwieriger macht, siehe im Ganzen die ausführliche Auseinandersetzung von *Lindner*, AöR 143 (2018), 437 (452 ff.).

Konzept zur Feststellung des Durchgriffscharakters zu entwickeln, soll hier nicht unternommen werden. Von Relevanz ist hingegen die Einordnung der Gesetzgebungskompetenzen in das Konzept der Durchgriffsnormen.

2. *Gesetzgebungskompetenzen als durchgreifende Grundgesetzbestimmungen*

Die Gesetzgebungsvorschriften wurden bereits aufgrund der Notwendigkeit der ausschließlich grundgesetzlichen Regelung[545] als formelles Landesverfassungsrecht in Form der Bestandteilsnormen abgelehnt. Ausschlaggebend – und sodann hier von weiterer Relevanz – ist, dass mit jeder positiven Entscheidung über das Bestehen von Gesetzgebungskompetenzen auch eine negative Entscheidung auf der jeweilig anderen Ebene korrespondiert.[546] Eine parallele Regelung kommt demnach nicht in Betracht.

Dennoch gilt es zu verhindern, dass das Landesparlament im Falle des Bestehens einer Bundeskompetenz anderweitig entscheidet und sodann eine eigene Kompetenz versucht durchzusetzen. Das Bestehen einer Bundeskompetenz müsste demnach Bindungswirkung im Bundesland entfalten, um das Landesparlament von der eigenen Gesetzgebungskompetenz wirksam auszuschließen.[547] Nur so kann die Kompetenzverteilung im föderalistischen System gewährleistet werden.

Gleichwohl wird mitunter eine unmittelbare Wirkung der Gesetzgebungskompetenzen verneint.[548] Dabei wird ausdrücklich auf die Wirkung der Durchgriffsnormen abgestellt und erkannt, dass Art. 31 GG den kompetenzrechtlichen Normenkonflikt löse und dies keine Frage der Homogenität paralleler Regelungen sei.[549] In diesem Zusammenhang wird hingegen nur angezweifelt, gegenüber welchem Subjekt die Durchgriffswirkung erfolgt. Kritisiert wird die

545 Zweiter Abschnitt, D.II.1.f).

546 Zweiter Abschnitt, D.II.1.f).

547 Vgl. *Lindner*, AöR 143 (2018), 437 (453), welcher zumindest von Durchgriffscharakter spricht. Ob damit die endgültige Qualifikation als Durchgriffsnormen ausgedrückt werden soll, bleibt indes unklar.

548 *Dittman*, Hnd. StaatsR Bnd. VI, § 127 Rn. 33; *Storr*, Verfassungsgebung, S. 209 ff.; so auch *Baldus*, Thüringen LVerf Kommentar, E5, Rn. 26 m.w.N., welcher ebenfalls zunächst auf die – zutreffende – fehlende Bindungswirkung für den Landesverfassungsgeber hinweist, die einfachen Gesetzgeber hingegen wiederum zutreffend als Adressaten ausmacht.

549 *Dittman*, Hnd. StaatsR Bnd. VI, § 127 Rn. 33.

unmittelbare Bindungswirkung für den Landesverfassungsgeber.[550] Konsequenterweise werden diese (auch durch die Volksgesetzgebung eingebrachten) verfassungsändernden Gesetze nur an Art. 28 GG gemessen.[551] Zielsubjekt der Durchgriffswirkung ist aber der einfache Gesetzgeber, dessen Bindung im Wege der Durchgriffsanordnung hier im Raum steht. Dies mag zu einer divergierenden Charakterisierung der Gesetzgebungskompetenzen als Durchgriffsnormen führen, allerdings nicht zu einem Ausschluss im Hinblick auf den Urheber von Landesgesetzen unter Verfassungsrang. Dass der Landesverfassungsgeber nicht an die Kompetenzordnung gebunden ist, kann zu keinem Ausschluss der Bindungswirkung des einfachen Gesetzgebers führen. Insofern verbleibt es dabei, dass die Gesetzgebungskompetenzen zumindest in dieser Hinsicht als Durchgriffsnormen zu charakterisieren sind.

Mangels ausdrücklicher Durchgriffsanordnung ergibt sich der Charakter somit vor allem aus teleologischen Aspekten. Die Gesetzgebungsvorschriften stellen mithin eine Durchgriffsnorm dar und fallen damit möglicherweise in den prinzipiellen landesverfassungsrechtlichen Kognitionshorizont.

3. *Die Überprüfung am Maßstab von Durchgriffsnormen*

Der Durchgriffscharakter der Vorschriften führt sogleich zu der Problematik um deren Überprüfbarkeit: Durchgriffsnormen stellen kein Landesverfassungsrecht, sondern weiterhin originäre Bestandteile des Grundgesetzes dar und fallen demnach unter Beachtung der obigen Überprüfungsabgrenzung anhand des Trennungsprinzips nicht in den landesverfassungsrechtlichen Überprüfungsmaßstab.

Das Landesverfassungsgericht hat lediglich seinen eigenen Prüfungsmaßstab aufgrund der Vorlageverpflichtung nach Art. 100 Abs. 1 GG und des damit zum Ausdruck kommenden Einfügens in das bundesstaatliche Gesamtgefüge inzident auf die Vereinbarkeit mit höherrangigem Recht zu überprüfen.[552] Als Ausfluss des Trennungsprinzips verbleibt damit die strikte Grundannahme, dass eine prinzipielle (im Sinne einer direkten und unmittelbaren) Anwendung des Prüfungsmaßstabes Grundgesetz auf den Überprüfungsgegenstand zu versagen

550 Dies wird ausführlich von *Storr*, Verfassungsgebung, S. 209 ff. diskutiert.

551 Hier würde sich die Folgefrage stellen, inwiefern die Landesverfassungsgerichte diesbezüglich prüfungsbefugt sind. Die noch im dritten Abschnitt aufzeigende Argumentation wird dabei im Zweifel auch auf die Prüfung volksgesetzgebungsinitiierter verfassungsändernder Gesetzentwürfe anzuwenden sein, was die Landesverfassungsgerichte zur Prüfung anhand Art. 28 Abs. 1 GG berechtigt.

552 Bereits zweiter Abschnitt, D.I.1.

ist. Die Verschränkung der grundsätzlich unabhängig voneinander bestehenden Verfassungsräume legitimiert keine automatische Überprüfungsfunktion der Landesverfassungsgerichte; auch nicht bezüglich solcher Vorschriften, die direkt von außen auf den originären Verfassungsraum einwirken. Eine prinzipielle Anwendung der Durchgriffsnormen auf den zu überprüfenden Gegenstand ist somit abzulehnen, so dass die Durchgriffsnormen keinen prinzipiellen Teil des landesverfassungsrechtlichen Überprüfungs- und Entscheidungsmaßstabes darstellen.[553] Bei der Frage der Grundgesetzkonformität des anzulegenden Prüfungsmaßstabes hingegen spielen die Durchgriffsnormen insofern eine Rolle, als dass sie bei der inzidenten Prüfung heranzuziehen und als Bewertungsmaßstab des Prüfungsmaßstabes herhalten müssen.

E. Die landesverfassungsrechtliche Aufnahme des Grundgesetzes

Zuletzt wäre eine prinzipielle Anwendung durch eine Inkorporation denkbar. Diese könnte insbesondere durch den Wortlaut der jeweiligen Verfassungen anzunehmen sein, welche mitunter auf die Gesetzgebungskompetenzen verweisen.[554] Gemeinsamkeiten der Überprüfungsmöglichkeit sind der Ausgangspunkt der Einwirkung des Grundgesetzes selbst, dieser wird nicht im Rahmen des Bundes „von oben“ herab bestimmt, sondern als eigenständige verfassungsautonom geprägte Entscheidung des Verfassungsgebers oder der Verfassungsgerichtsbarkeit auf Landesebene aufgefasst. Das Landesverfassungsgericht zieht in diesem Fall seinen Prüfungsmaßstab nur aus der Landesverfassung und beschränkt sich abseits der inzidenten Prüfung auch nur auf die prinzipielle Anwendung ebenjenen Prüfungsmaßstabes. Zusammenfassend kann diese Möglichkeit als „*Inkorporationstechniken*“[555] verstanden werden. In die Richtung einer Inkorporation könnten die Aussagen des Bundesverfassungsgerichts zu deuten sein, wenn es die Bestandteilsnormen aufgrund einer Öffnung der Landesverfassung legitimiert.[556]

Zu den als Oberbegriff beschriebenen Inkorporationstechniken wird auch die Lehre der Bestandteilsnormen gezählt,[557] welche jedoch bereits abgelehnt wurde.

---

553 So auch *Dreier*, Dreier GG Bnd. II, Art. 28 Rn. 48.
554 Exemplarisch die Ansicht des LVerfG SH, Erster Abschnitt, D.II.
555 Nach *Voßkuhle*, JöR 59 (2011), 215 (228 ff.).
556 Dazu Zweiter Abschnitt, D.1.d).
557 *Voßkuhle*, JöR 59 (2011), 215 (231 f.).

Von Relevanz zeigen sich die verbleibenden Konstruktionen, welche unter der passenden und deshalb hier aufgegriffenen Bezeichnung der „*Hebeltechnik*“[558] und „*Verweistechnik*“[559] verwendet werden.

I. Die Hebeltechnik

Unter dieser Formulierung werden Normen verstanden, welche als Transportmedium des Grundgesetzes in die Landesverfassung wirken.[560] Dazu wird unter anderem das Rechtsstaatsprinzip gezählt.[561] Aufgrund des Zusammenhangs mit der Prüfung im Volksgesetzgebungsverfahren ist sich dem Rechtsstaatsprinzip als Anwendungsbeispiel der Hebeltechnik im dritten Abschnitt zu widmen.

II. Die Verweistechnik

Im Falle des Verweises werden das Grundgesetz oder einzelne Bestimmungen desselbigen durch direkten landesverfassungsrechtlichen Anwendungsbefehl Bestandteil des formellen Landesverfassungsrechts.[562] Der Verfassungstext lautet dann: „*Die im Grundgesetz (…) festgelegten Grundrechte und staatsbürgerlichen Rechte sind Bestandteil dieser Verfassung und unmittelbar geltendes Landesrecht.*“, so nach Art. 4 Abs. 1 LVerf NRW. Derartige Inkorporationen führen unter Beachtung der Prüfungsmaßstäbe unstreitig zu einer Überprüfungsmöglichkeit der Landesverfassungsgerichte.[563] Die Implikation des Tenors ist dabei ausschlaggebend für die Zulässigkeit einer derartigen Inkorporation; das Landesverfassungsgericht überprüft in jenem Falle nicht das Grundgesetz, sondern die Landesverfassung, welche das Grundgesetz inkorporiert hat.[564] Es erfolgt somit im Falle des Konflikts kein Ausspruch über den Grundgesetzkonflikt, sondern lediglich über die Unvereinbarkeit mit der Landesverfassung. Der

558 *Voßkuhle*, JöR 59 (2011), 215 (228 f.).

559 *Voßkuhle*, JöR 59 (2011), 215 (229 f.).

560 *Voßkuhle* spricht insofern von der Funktion der Normen als Hebel oder Transportband, *ders.*, JöR 59 (2011), 215 (228).

561 So bspw. SächsVerfGH v. 10.7.2003 – 42-II-00, LVerfGE 14, 333 (379 ff.).

562 Siehe *Menzel*, Landesverfassungsrecht, S. 298; ferner *Voßkuhle*, JöR 59 (2011), 215 (229 f.).

563 *Kaiser*, NVwZ 2020, 207 (208); *Menzel*, Landesverfassungsrecht, S. 298; *Voßkuhle*, JöR 59 (2011), 215 (230); vgl. auch *Hestermeyer*, Eigenständigkeit, S. 206, wonach eine Auslegung grundgesetzlicher Bestimmungen, die in die Landesverfassung aufgenommen worden sind, keine Auslegung des Grundgesetzes darstellt.

564 So vor allem *Menzel*, Landesverfassungsrecht, S. 298 f.

Landesverfassungsgeber ist zu der Inkorporation kraft der ihm zustehenden Verfassungsautonomie berechtigt, solange die Grenzen des Art. 28 Abs. 1 GG nicht überschritten werden.[565]

Es bleibt indes unter Zunahme der landesverfassungsgerichtlichen Rechtsprechung aufzuzeigen, ob durch den Verweis des Verfassungswortlauts auf die Gesetzgebungskompetenzen eine Inkorporation ebendieser erreicht werden soll. Dem ist sich näher im folgenden Abschnitt zu widmen.

F. Zusammenfassung

Das Verhältnis des Bundesverfassungsgerichts zu den Landesverfassungsgerichten ist weiterhin nicht vollends geklärt und weist in bestimmten Facetten weiterhin erhebliche Unklarheiten auf.[566] Trotz dessen hat sich im Bereich der Abgrenzung der Überprüfungskompetenzen ein einigermaßen gängiges Bild durchgesetzt. Aufgrund der zu versagenden prinzipiellen und umfassenden Prüfung des Prüfungsgegenstands am Maßstab des Grundgesetzes (Art. 100 Abs. 3 GG) und den nicht konfliktlösenden Ansatz, die Kompetenzbereiche der Gerichtsbarkeiten anhand des Prüfungsgegenstands abzugrenzen, erfolgt die Abgrenzung der Kompetenzbereiche weiterhin anhand der Überprüfungsmaßstäbe. Dabei streitet der Grundsatz dafür, in Anlehnung an die Verfassungsgerichtsbarkeit als Hüter ihrer Verfassung und parallel zu dieser, die Kognition des Bundesverfassungsgerichts auf das Grundgesetz, die der Landesverfassungsgerichte auf die Landesverfassung zu begrenzen. Damit ist es den Landesverfassungsgerichten untersagt, das Grundgesetz prinzipiell als Teil ihres eigenen Prüfungsmaßstabes auf den Prüfungsgegenstand anzuwenden und anhand dessen zu entscheiden. Daran ändern auch die Einschränkungen des Trennungsprinzips nichts. Insbesondere die Vorlageverpflichtung nach Art. 100 Abs. 1 GG führt nur zu einer inzidenten Anwendung des Grundgesetzes auf den eigenen Prüfungsmaßstab.

Auch die Durchgriffs- und Bestandteilsnormen können eine Prüfung der Gesetzgebungskompetenzen nicht begründen. Die Gesetzgebungskompetenzen scheiden schon als Anwendungsbereich der Bestandteilsnormen aus; diese sind ohnehin aufgrund eines Verstoßes gegen die gliedstaatliche

565 Beispielhaft die Möglichkeit der Einbeziehung befürwortend *Sachs*, DVBl. 1987, 857 (858 Fn. 12); *Voßkuhle*, JöR 59 (2011), 215 (228 ff.).

566 Siehe zu aktuellen verfassungsrechtlichen Problematiken in diesem Bereich insbesondere *Lindner*, AöR 143 (2018), 437 (440), Fn. 11.

Verfassungsautonomie und Gewaltenteilung abzulehnen. Sie stellen indes einen Anwendungsfall der Durchgriffsnormen dar, welche allerdings wiederum nur inzident und nicht prinzipiell von den Landesverfassungsgerichten beachtet werden dürfen.

Dem Landesverfassungsgeber ist indes kraft seiner eigenen Verfassungsautonomie die Möglichkeit gegeben, Normen des Grundgesetzes in das Landesverfassungsrecht zu inkorporieren oder Bestimmungen aufgrund Verweises in den Verfassungstext einzufügen. Prüfungsmaßstab bleibt in diesen Fällen allein die Landesverfassung. Es bleib aufzuzeigen, inwiefern dies im Volksgesetzgebungsverfahren gehandhabt wird.

Bezogen auf Volksinitiativen lässt sich somit zunächst festhalten, dass das Landesverfassungsgericht nicht prinzipiell befugt ist, den Gegenstand der Initiative am Maßstab des Grundgesetzes zu messen. Ihr alleiniger Prüfungsmaßstab bleibt die Landesverfassung. Landesverfassungsgerichte, die die Zulässigkeit der Volksgesetzgebung anhand der Gesetzgebungskompetenzen messen, verstoßen somit zunächst gegen die Kompetenz des Bundesverfassungsgerichts. Dies hätte zur Folge, dass der Prüfungsauftrag nach Art. 100 Abs. 1 GG hätte vorgelegt werden müssen.

Dritter Abschnitt – Das Grundgesetz als Teil des Prüfungsmaßstabes im Volksgesetzgebungsverfahren

Die Überprüfung der Volksinitiative respektive des Volksbegehrens hinsichtlich seiner Konformität mit den Gesetzgebungskompetenzen zeichnet sich jedoch durch eine Einzigartigkeit aus, die eine Ausnahme vom bestehenden Trennungsprinzip und somit dem Verhältnis der Prüfungsmaßstäbe der Verfassungsgerichtsbarkeiten begründen könnte. Diese Besonderheit liegt darin – um sie bereits an dieser Stelle zu benennen -, dass das Landesverfassungsgericht bereits einen Gesetzentwurf frühzeitig hinsichtlich seiner Vereinbarkeit mit den Gesetzgebungskompetenzen überprüft (im Folgenden Präventiv- / Vorabkontrolle).

A. Der Prüfungsumfang der Präventivkontrolle im Hinblick auf die Gesetzgebungskompetenzen des Landtags

Es stellt sich deshalb abschließend die Frage, ob der Prüfauftrag hinsichtlich der Entscheidungszuständigkeit des Landtags auch auf die Gesetzgebungskompetenzen des Bundes hinweist. Eine direkte Anwendung des Prüfungsmaßstabes des Grundgesetzes scheidet dabei nach bisherigen Erkenntnissen aus. Dabei gilt es zunächst, bestehende Ansätze aus Rechtsprechung und Literatur zu untersuchen und zu bewerten.

I. Die Rechtsprechung der Landesverfassungsgerichte

Nach aktueller Rechtsprechung bejahen alle Landesverfassungsgerichte die Überprüfung anhand der Gesetzgebungskompetenzen im Rahmen der Vorabkontrolle. Dabei gilt zu beachten, dass nicht von allen Gerichten Rechtsprechungsmaterial vorliegt. So verhält es sich bei den Landesverfassungsgerichten von Mecklenburg-Vorpommern, Brandenburg, Niedersachsen, Sachsen-Anhalt, Sachsen, Saarland und Rheinland-Pfalz. Der Staatsgerichtshof Hessens bestätigte seine bereits dargestellten[567] Ausführungen nochmals[568], darüber hinaus liegt indes keine neuere Entscheidung vor.

---

567 HessStGH v. 15.1.1982 – P.St. 947, NJW 1982, 1141 (1141 f.).

568 Das Gericht griff das Urteil lediglich im Rahmen einer Normenkontrolle auf und bestätigte die Erkenntnisse, siehe dazu HessStGH, v. 16. April 1997 – P.St 1202, Rn. 98 (juris).

1. *Das Landesverfassungsgericht Schleswig-Holstein*

Das Landesverfassungsgericht Schleswig-Holsteins war erstmalig 2019 mit der Frage der Gesetzgebungskompetenzen im Rahmen der Volksgesetzgebung befasst. In Frage stehendes Verfahren war eine Volksinitiative, welches ein landesweites Fracking-Verbot anstrebte.[569] Mangels Gesetzgebungskompetenz wurde die Initiative sowohl vom Landtag als auch bestätigend vom Landesverfassungsgericht als unzulässig bewertet.[570]

Das Gericht begründet die Überprüfung der Gesetzgebungskompetenz landesverfassungsrechtlich orientiert. Es setzt bei dem Prüfauftrag an, welcher sich aus dem Wortlaut der Landesverfassung nach Art. 48 Abs. 1 S. 1 LVerf SH ergäbe.[571] Durch den beschränkenden Wortlaut auf die Entscheidungszuständigkeit des Landtages seien die Gesetzgebungskompetenzen des Grundgesetzes lediglich in Bezug genommen.[572] Dies führe dazu, dass alleiniger Prüfungsmaßstab die Landesverfassung bleibe.[573] Die Gefahr einer abweichenden Rechtsprechung zum Bundesverfassungsgericht verneint das Gericht mit dem Hinweis auf Art. 100 Abs. 3 GG, wonach ersichtlich sei, dass sich das Landesverfassungsgericht mit der Prüfung des Grundgesetzes befassen könne.[574]

Das Gericht urteilt mithin, dass das Grundgesetz keinen Teil der Vorabprüfung darstellt, sondern nur die Landesverfassung geprüft wird. Das Landesverfassungsgericht bewegt sich damit stringent auf der Ebene des Trennungsprinzips.

2. *Der Staatsgerichtshof Baden-Württemberg*

Der Staatsgerichtshof Baden-Württembergs befasste sich im Rahmen der Zulässigkeit des Volksbegehrens „Volksbegehren für den Frieden“ mit der Gesetzgebungskompetenz des Landtages.[575] Das Volksbegehren zielte auf einen Gesetzentwurf ab, welcher die Beschaffung oder Lagerung von Kriegswaffen verhindern sollte.[576] Das Gericht lehnte den gegen die negative Bescheidung des

569 LVerfG SH v. 6.12.2019 – 2/18, LVerfGE 30, 470.

570 LVerfG SH v. 6.12.2019 – 2/18, LVerfGE 30, 470 (486).

571 Dazu bereits Erster Abschnitt, D.II.

572 LVerfG SH v. 6.12.2019 – 2/18, LVerfGE 30, 470 (495).

573 LVerfG SH v. 6.12.2019 – 2/18, LVerfGE 30, 470 (495).

574 LVerfG SH v. 6.12.2019 – 2/18, LVerfGE 30, 470 (495); im Ergebnis bestätigend, allerdings ohne neue Ansatzpunkte, LVerfG SH v. 14.9.2020 – 3/19, Rn. 74 (juris).

575 VerfGH BaWü v. 18.3.1986 – 1/85, NVwZ 1987, 574 ff.

576 Siehe § 1 des eingebrachten Gesetzentwurfs, VerfGH BaWü v. 18.3.1986 – 1/85, NVwZ 1987, 574 (574).

Landtages gerichteten Antrag aufgrund eines Verstoßes gegen das Grundgesetz sowie die Landesverfassung ab.[577] Begründet wurde dies durch die mangelnde Gesetzgebungskompetenz, welche aufgrund der Einstufung des Gesetzentwurfs als auswärtige Angelegenheit und Verteidigung ausschließlich dem Bund zugeordnet sei.[578] Dies wird auch landesrechtlich angeordnet, indem der §§ 27 Abs. 3, 29 Abs. 1 Nr. 3 VAbstG BaWü statuiert, dass das Volksbegehren nicht dem Grundgesetz widersprechen darf.

Das Gericht stellte fest, dass die Volksgesetzgebung keine Regelungen zu setzen vermag, welche nicht auch der Landesgesetzgeber setzen kann, dabei wird die Zuständigkeit des Gesetzgebers betont.[579] Es verweist zudem auf den damaligen Art. 60 Abs. 4 LVerf BaWü aF (Art. 60 Abs. 6 LVerf BaWü), wonach bestimmte Gesetzesmaterien der Volksgesetzgebung entzogen sind. Es wird weiter ausgeführt, dass sich der Landesgesetzgeber verfassungsrechtlichen Hindernissen ausgesetzt sieht, welche sich aus der Materie des Gesetzvorschlags ergeben.[580] Dieses Hindernis sei die ausschließliche Gesetzgebungskompetenz des Bundes.[581]

Der Staatsgerichtshof führt zusätzlich die Bundestreue an, wonach der Landesgesetzgeber gehalten sei, seine Zuständigkeit kollisionsvermeidend einzusetzen.[582] Aus diesem Grund seien weitere möglicherweise bestehende Landeskompetenzen wie beispielsweise aus dem Ordnungs- und Polizeirecht entbehrlich.[583] Das Prinzip der Bundestreue wird somit nicht kompetenzbegründend, sondern kompetenzbegrenzend herangezogen.

Weitere Entscheidungen liegen bis auf die jüngste vom 18. Mai 2020 nicht vor[584], in welcher das Gericht das Vorliegen einer Kompetenz hingegen bewusst offenließ und das Volksbegehren aus anderen Gründen als unzulässig verwarf.[585]

---

577 VerfGH BaWü v. 18.3.1986 – 1/85, NVwZ 1987, 574. Vgl. auch *Feuchte*, BaWü LVerf Kommentar, Art. 59 Rn. 8, welcher den Gesetzentwurf unter die Voraussetzung des Rahmens des Bundesrechts stellt, obgleich ohne Begründung. Im Ergebnis identisch *Braun*, Kommentar BaWü, Art. 59 Rn. 41.

578 VerfGH BaWü v. 18.3.1986 – 1/85, NVwZ 1987, 574 (575).

579 VerfGH BaWü v. 18.3.1986 – 1/85, NVwZ 1987, 574 (575).

580 VerfGH BaWü v. 18.3.1986 – 1/85, NVwZ 1987, 574 (575).

581 VerfGH BaWü v. 18.3.1986 – 1/85, NVwZ 1987, 574 (575).

582 VerfGH BaWü v. 18.3.1986 – 1/85, NVwZ 1987, 574 (575).

583 VerfGH BaWü v. 18.3.1986 – 1/85, NVwZ 1987, 574 (575).

584 VerfGH BaWü v. 18.5.2020 – 1 GR 24/19, NVwZ-RR 2020, 1050 ff.

585 So verstieß das Begehren nach Ansicht des Gerichts gegen das landesverfassungsrechtliche Rechtsstaatsprinzip nach Art. 23 LVerf BaWü und die Anforderungen des Art. 59 LVerf BaWü. Nach VerfGH BaWü v. 18.5.2020 – 1 GR 24/19, NVwZ-RR 2020,

Eine Prüfung der Gesetzgebungskompetenzen wird durch den Staatsgerichtshof Baden-Württembergs somit aufgrund landesrechtlicher Erhebung der Gesetzgebungskompetenzen als Zulässigkeitsvoraussetzung durchgeführt, indem das Landesrecht anordnet, das Volksbegehren dürfe dem Grundgesetz nicht widersprechen. Weiterführen kann zudem möglicherweise das Prinzip der Bundestreue, wobei dieser Ansatz nicht konsequent verfolgt wird. So verbleiben Zweifel, ob das Gericht mit dem Prinzip der Bundestreue die Prüfung der Gesetzgebungskompetenzen untermauern will oder lediglich prozessökonomisch auf die Prüfung weiterer Landeskompetenzen verzichtet.

3. *Das Landesverfassungsgericht Hamburg*

Das Landesverfassungsgericht verneinte in der Entscheidung vom 7. Mai 2019[586] über die Erfolgsaussichten des „Volksbegehrens gegen den Pflegenotstand“ die Gesetzgebungszuständigkeit des Landes zumindest teilweise[587] und entschied sodann mangels Teilbarkeit des Begehrens[588] über die gänzliche Unzulässigkeit. Trotz der sehr umfangreichen und detaillierten Auseinandersetzung über das Bestehen einer konkurrierenden Bundeskompetenz und der Abschlusswirkung bestehender Regelungen im Pflegebereich[589] verliert das Verfassungsgericht wenige Worte dazu, warum und auf welchem Wege es überhaupt zu der Prüfung der Gesetzgebungskompetenzen gelangt. Das Gericht beruft sich dafür lediglich auf § 26 Abs. 1 VAbstG Hamburg, wonach es Aufgabe des Gerichts sei, die Zulässigkeit auch hinsichtlich der Vereinbarkeit mit höherrangigem Recht zu prüfen.[590] Eine explizite Subsumtion der Gesetzgebungskompetenzen unter die Vereinbarkeit mit höherrangigem Recht bleibt indes offen; ebenso wie Ausführungen zum Verhältnis des Arbeitsauftrages mit der Landesverfassung oder dem Grundgesetz. Die Subsumtion der Gesetzgebungskompetenzen nahm das Gericht sodann in einem folgenden Urteil vor, beschränkte sich dabei aber nicht

---

1050 (1053), Rn. 85 wurde einer Auseinandersetzung mit weiteren Unzulässigkeitserwägungen nicht nachgegangen.

586 LVerfG Hamburg v. 7.5.2019 – 4/18, LVerfGE 30, 141 ff.

587 LVerfG Hamburg v. 7.5.2019 – 4/18, LVerfGE 30, 141 (157 ff.).

588 Siehe Anmerkungen in Fn. 273.

589 LVerfG Hamburg v. 7.5.2019 – 4/18, LVerfGE 30, 141 (159).

590 LVerfG Hamburg v. 7.5.2019 – 4/18, LVerfGE 30, 141 (151). Dabei sprach Art. 50 LVerf Hamburg aF alten Fassung explizit noch von der Zuständigkeit der Bürgschaft sprach, dazu *David*, LVerf Hamburg Kommentar, Art. 50 (Abdruck des Gesetzes, S. 753) und Rn. 21 ff.

allein auf die kompetenzrechtliche Prüfung, sondern führt eine umfassende Prüfung anhand des Grundgesetzes durch.[591] Weitergehende Erörterungen werden nicht unternommen.

4. *Der Verfassungsgerichtshof des Landes Berlin*

a) *Das Urteil vom 06. Oktober 2009*

In seiner ersten einschlägigen Entscheidung entschied der Verfassungsgerichtshof des Landes Berlins zugunsten einer Überprüfung der Gesetzgebungskompetenzen. In dem Urteil aus dem Jahre 2009 über das Volksbegehren „Schluss mit Geheimverträgen – Wir Berliner wollen unser Wasser zurück"[592] bejahte das Gericht das Vorliegen der Gesetzgebungskompetenz des Landes und somit die materiellen Zulässigkeitsvoraussetzungen des Volksbegehrens.[593] Die Argumentation fällt dabei streng landesverfassungsrechtlich orientiert aus.

Der Gerichtshof kann entgegen vieler anderer Landesverfassungsgerichte auf einen klaren Arbeitsauftrag zurückgreifen. Im Rahmen der Zulässigkeitsprüfung überprüft das Gericht die Voraussetzungen nach Art. 62 Abs. 1 S. 1 LVerf Berlin, § 11 Abs. 1 S. 1 VAbstG Berlin. Dort heißt es explizit, dass ein Volksbegehren darauf gerichtet werden kann, ein Gesetz zu erlassen, zu ändern oder aufzuheben, soweit dem Land Berlin die Gesetzgebungskompetenz zusteht. Der Verfassungstext ist somit im Gegensatz zu anderen Verfassungen nicht auslegungsoffen, sondern erhebt die Gesetzgebungskompetenz des Landes unmissverständlich zur Zulässigkeitsvoraussetzung des Begehrens. Der Gerichtshof stützt sich somit bei der Prüfung auf eine klare landesverfassungsrechtliche Anweisung.[594] Weiterhin auf klarer Linie wurde entschieden, dass abgesehen von dem Vorliegen der Gesetzgebungskompetenz keine weitere Prüfung hinsichtlich der formellen oder materiellen Verfassungsmäßigkeit unter dem Aspekt der Kompetenz zu erfolgen hat.[595] Einschränkend wird lediglich das Prinzip der Bundestreue aufgeführt, welches bei einem expliziten Missbrauch die Zulässigkeit des Begehrens verhindern könne, im vorliegenden Fall ein solcher Missbrauch hingegen nicht ersichtlich sei.[596] Das Prinzip wird allerdings

591 Dazu LVerfG Hamburg v. 4.12.2020 – 4/20, Rn. 112 ff. (juris).

592 BerlVerfGH v. 6.10.2009 – VerfGH 63/08, LVerfGE 20, 23.

593 BerlVerfGH v. 6.10.2009 – VerfGH 63/08, LVerfGE 20, 23 (31 f.).

594 BerlVerfGH v. 6.10.2009 – VerfGH 63/08, LVerfGE 20, 23 (31 f.).

595 BerlVerfGH v. 6.10.2009 – VerfGH 63/08, LVerfGE 20, 23 (44 f.).

596 BerlVerfGH v. 6.10.2009 – VerfGH 63/08, LVerfGE 20, 23 (43 f.).

nicht als Prüfungskompetenz herangezogen, sondern als Beschränkung der selbigen.[597]

b) *Das Urteil vom 13. Mai 2013*

Noch eindeutiger wird die Ansicht des Verfassungsgerichtshofs unter Zugrundelegung des Urteils vom 13. Mai 2013.[598] Auch in dieser Entscheidung bejahte das Gericht die Prüfung der Gesetzgebungskompetenz, führt aber weiter aus und nahm insbesondere die Auswirkungen auf das Grundgesetz selbst in den Blick.

Das Gericht greift die landesverfassungsrechtlichen Zulässigkeitsanforderungen aus Art. 62 Abs. 1 S. 1 LVerf Berlin, § 11 Abs. 1 S 1 VAbstG Berlin auf und stellt fest, dass, obwohl den primären Prüfungsmaßstab die Landesverfassung darstelle – also eine strikte Einhaltung des Trennungsprinzips –, der Verfassungsgeber die Anordnung treffen könne, dass der Gesetzgeber die Vorgaben der Bundesverfassung zur Verbandskompetenz zu beachten habe, was durch Art. 62 Abs. 1 LVerf Berlin geschehen sei.[599] Das Gericht bejaht somit die Möglichkeit der Erhebung der Gesetzgebungskompetenz zur Zulässigkeitsvoraussetzung und hält sich unter Achtung des Prüfauftrages für nicht nur berechtigt, sondern sogar verpflichtet, ebenjene Gesetzgebungskompetenz im Rahmen des Volksbegehrens zu überprüfen.[600]

Im Weiteren wird geurteilt, dass eine inzidente Prüfung anhand der Gesetzgebungskompetenzen auch im Hinblick auf das Grundgesetz und die Kompetenzen des Bundesverfassungsgerichts zulässig ist.[601] Denn der alleinige Prüfungsmaßstab bleibe die Landesverfassung, und nicht Bundesrecht.[602] Dies folge insbesondere aus dem dem Gericht zugewiesenen Aufgabenkatalog nach Art. 82 Abs. 2 LVerf Berlin.[603] Auch eine Verletzung der Kompetenzen des Bundesverfassungsgerichts sei nicht ersichtlich da Art. 100 Abs. 3 GG von einer Auslegung des Grundgesetzes durch Landesverfassungsgerichte ausgehe,[604] Art. 100 Abs. 1 GG mangels direkter Grundgesetzprüfung – auf das jeweils nur mittelbar

---

597 Siehe dazu generell BVerfG v. 15.11.2971 – 2 BvF 1/70, BVerfGE 32, 199 (218).

598 BerlVerfGH v. 13.5.2013 – VerfGH 32/12, LVerfGE 24, 26.

599 BerlVerfGH v. 13.5.2013 – VerfGH 32/12, LVerfGE 24, 26 (39 f.).

600 BerlVerfGH v. 13.5.2013 – VerfGH 32/12, LVerfGE 24, 26 (39 f.); auch *dass.* v. 21.1.2021 – VerfGH 105/19, Rn. 69 (juris).

601 BerlVerfGH v. 13.5.2013 – VerfGH 32/12, LVerfGE 24, 26 (40).

602 BerlVerfGH v. 13.5.2013 – VerfGH 32/12, LVerfGE 24, 26 (40).

603 BerlVerfGH v. 13.5.2013 – VerfGH 32/12, LVerfGE 24, 26 (40).

604 Dazu bereits Zweiter Abschnitt, C.I.2.

zugegriffen werde – nicht anwendbar sei und Gesetzentwürfe ohnehin nicht nach Art. 100 Abs. 1 GG vorlagefähig seien.[605]

Die Aussagen lassen sich zu folgendermaßen systematisieren: Eine Prüfung der Gesetzgebungskompetenzen im Rahmen der Volksgesetzgebung setzt einen Prüfungsauftrag sowie kein Entgegenstehen einer anderweitigen Prüfungsbefugnis voraus. Den Auftrag entnimmt das Gericht dabei Art. 62 Abs. 1 LVerf Berlin, wonach ein Volksbegehren der Gesetzgebungszuständigkeit unterliegen muss. Eine anderweitige Prüfungskompetenz des Bundesverfassungsgerichts wird abgelehnt.

5. *Das Landesverfassungsgericht Thüringen*

Im Urteil vom.19. September 2001[606] entschied das Landesverfassungsgericht Thüringens gegen die Zulässigkeit des Volksbegehrens betreffend ein Gesetz zur Änderung der Thüringer Verfassung (Gesetz zur Stärkung der Rechte der Bürger).[607] Das beabsichtigte Gesetz wurde dabei nicht im Hinblick auf die Gesetzgebungskompetenzen untersucht. Gleichwohl urteilte das Gericht, dass primärer Prüfungsmaßstab im Rahmen der vorbeugenden Prüfung lediglich die Landesverfassung sei.[608] Das Grundgesetz – hier insbesondere die in Rede stehenden Art. 28 Abs. 1 GG und Art. 31 GG – sei lediglich mittelbar zu überprüfen.[609]

Auch das Volksbegehren „Für eine bessere Familienpolitik in Thüringen" und dessen Zulässigkeitsprüfung durch das Gericht[610] beschäftigt sich nicht explizit mit den Gesetzgebungskompetenzen. Das Gericht stellt lediglich fest, dass es aufgrund des Sinns und Zwecks der Vorabprüfung gehalten sei, eine umfassende Vorabprüfung anhand höherrangigen Rechts durchzuführen.[611] Dieser Sinn und Zweck sei, zu verhindern, dass ein nichtiges Gesetz entstehe.[612] Insofern

605 BerlVerfGH v. 13.5.2013 – VerfGH 32/12, LVerfGE 24, 26 (40).

606 ThürVerfGH v. 19.9.2001 – VerfGH 4/01, LVerfGE 12, 405.

607 ThürVerfGH v. 19.9.2001 – VerfGH 4/01, LVerfGE 12, 405 (407 f.).

608 ThürVerfGH v. 19.9.2001 – VerfGH 4/01, LVerfGE 12, 405 (423).

609 ThürVerfGH v. 19.9.2001 – VerfGH 4/01, LVerfGE 12, 405 (424).

610 ThürVerfGH, v. 05.12.2007 – VerfGH 47/06, LVerfGE 18, 609 ff.

611 ThürVerfGH v. 05.12.2007 – VerfGH 47/06, LVerfGE 18, 609 (618 f.). Die Ausführungen entstanden aus dem Zusammenhang, als dass die Rüge der Unzulässigkeit nur auf bestimmte Aspekte begrenzt werden solle, das Gericht jedoch entschied, dass es im Rahmen der Vorprüfung von Amts wegen auf jedwede höherrangige Norm prüfen kann.

612 ThürVerfGH v. 05.12.2007 – VerfGH 47/06, LVerfGE 18, 609 (620).

erscheint es naheliegend, dass das Gericht bei relevanten Fällen diese Argumentation auch auf die Gesetzgebungskompetenzen ausdehnt.

Obwohl es sich um kein Zulässigkeitsverfahren eines Volksbegehrens handelte, ist noch ein Blick auf eine der jüngeren Entscheidungen des Gerichts zu werfen. Dabei handelt es sich um ein abstraktes Normenkontrollverfahren vor dem Verfassungsgericht aus dem Jahre 2018.[613] In diesem griff das Gericht die Prüfung des Grundgesetzes auf und untermauerte diese mit allgemeinen Ausführungen, welche im Zweifel auch auf die Volksgesetzgebung anzuwenden sind. Zunächst gab das Gericht an, dass auch die Grundsätze des Art. 28 Abs. 1 GG – trotz Stellung als Durchgriffsnorm – dann den vom Gericht zu beachtenden Prüfungsmaßstab abbilden, sofern diese in die Landesverfassung inkorporiert wurden.[614] Zugleich stellt es fest, dass – sofern zwingende grundgesetzliche Vorgaben entsprechend der Homogenitätsklausel fehlen – aufgrund der Trennung der Verfassungsräume lediglich die Landesverfassung den Entscheidungsmaßstab des Verfassungsgerichts bildet.[615] Im Rahmen der abstrakten Normenkontrolle prüft das Gericht sodann die Gesetzgebungskompetenz des Landes unter dem Aspekt des landesverfassungsrechtlichen Rechtsstaatsprinzips nach Art. 44 Abs. 1 S. 2, Art. 47 Abs. 4 LVerf Thüringen.[616] Dabei wird es indes belassen.

Erkennbar ist dennoch, dass sich das Landesverfassungsgericht bei der Zulässigkeitsprüfung an der Landesverfassung orientiert. So stellt diese für das Gericht den einzig relevanten Prüfungsmaßstab dar, sofern verpflichtende Bestimmungen des Grundgesetzes nicht vorliegen. Aber selbst für diese – in Form des Art. 28 Abs. 1 GG – sieht sich das Gericht als überprüfungsbefugt an, da die Landesverfassung diese Bestimmungen inkorporiert habe. Auffällig ist zudem, dass das Gericht die Gesetzgebungskompetenzen unter dem landesverfassungsrechtlichen Rechtsstaatsprinzip prüft. Ob gerade diese Kompetenzgrundlage zur Prüfung auch auf das Volksgesetzgebungsverfahren anzuwenden ist, ist mangels Vorliegens entsprechender Entscheidungen unklar.

---

613 ThürVerfGH v. 25.9.2018 – VerfGH 24/17, LVerfGE 29, 276.

614 ThürVerfGH v. 25.9.2018 – VerfGH 24/17, LVerfGE 29, 276 (296). Zudem führt es an, dass auch in die Landesverfassung hineinwirkendes Bundesrecht überprüfungsfähig sei, bezieht dieses Konstrukt hingegen nur auf Art. 21 Abs. 1 GG und nicht auf anderweitige Grundgesetzbestimmungen.

615 ThürVerfGH v. 25.9.2018 – VerfGH 24/17, LVerfGE 29, 276 (296).

616 ThürVerfGH v. 25.9.2018 – VerfGH 24/17, LVerfGE 29, 276 (311).

6. *Der Staatsgerichtshof Bremen*

Der Staatsgerichtshof Bremens verneinte in seiner bisher einzigen Entscheidung vom 20. Februar 2020[617] die Zulässigkeit des Volksbegehrens „Bremer Gesetz gegen den Pflegenotstand" und griff für diese Prüfung auf eine einfachgesetzliche Kompetenz zurück.[618] Sie ergibt sich aus § 9 S. 1 Nr. 2 lit b) BremVEG (Gesetz über das Verfahren beim Volksentscheid). Demnach sind Volksbegehren unzulässig, wenn der Gesetzentwurf mit geltendem Bundesrecht unvereinbar ist. Dies stellt der Staatsgerichtshof fest, indem er unter der Zulässigkeitsvoraussetzung der Vereinbarkeit mit Bundesrecht auch das Vorliegen der Gesetzgebungskompetenz prüft.[619] Der Wortlaut enthält keine Restriktionen, so dass die Subsumtion der Kompetenz unter das Bundesrecht zutreffend ausgeführt wird.

In Bremen liegt – vergleichbar mit beispielsweise Berlin – ein klarer Arbeitsauftrag vor, welcher auch die Gesetzgebungskompetenzen des Landes zur Zulässigkeitsvoraussetzung erhebt. Möglicherweise aufgrund des klaren Wortlauts hinterfragt das Gericht diesen nicht weiter, beispielsweise hinsichtlich einer Vereinbarkeit mit dem Grundgesetz oder im Falle der landesrechtlichen Zuweisung mit der Landesverfassung. Unklar bleibt zudem, ob der Gerichtshof das Grundgesetz direkt prüft oder sich nur auf die Landesverfassung beschränkt, wie es die anderen Landesverfassungsgerichte handhaben. Aus den übrigen Ausführungen ist von ersterem auszugehen, da das Gericht anfangs die Zulässigkeitsvoraussetzungen anhand der landesverfassungsrechtlichen Regelungen absteckt[620] und sich bei der Prüfung streng auf diese begrenzt, wie an den Gesetzgebungskompetenzen über § 9 S. 1 Nr. 2 lit. b) BremVEG zu erkennen ist. Somit bewegt es sich auf einer Linie mit dem Trennungsprinzip.

---

617 BremStGH v. 20.2.2020 – 1/19 (juris).

618 Dies hatte zur Konsequenz, dass sich der Staatsgerichtshof in einer früheren Entscheidung dazu gezwungen sah, zu urteilen, dass es sich trotz der Grundlage im einfachen Landesrecht um eine verfassungsrechtliche Frage handele und der Gerichtshof somit zuständig sei, siehe dazu BremStGH v. 9.6.1986 – 4/86, NVwZ 1987, 576 (576). Eine andere Auffassung teilt *Neumann*, LVerf Bremen Kommentar, Art. 71 Rn. 7, welcher auf die abzulehnende Bestandteilslehre Bezug nimmt und eine Bindung an das Grundgesetz über diese Argumentation zu erreichen versucht.

619 BremStGH v. 20.2.2020 – 1/19, Rn. 60 (juris).

620 BremStGH v. 20.2.2020 – 1/19, Rn. 45, 46 (juris).

7. Der Verfassungsgerichtshof Nordrhein-Westfalen

In der einschlägigen Entscheidung verneinte der Verfassungsgerichtshof Nordrhein-Westfalens die Gesetzgebungskompetenz des Landes und erklärte das Begehren „Aktion Volksbegehren NRW gegen Atomanlagen“ für unzulässig.[621] Die Entscheidung fußt auf dem landesverfassungsrechtlichen Prüfauftrag nach Art. 68 Abs. 1 S. 3 LVerf NRW, wonach ein Volksbegehren nur auf solchen Gebieten zulässig ist, die der Gesetzgebungsgewalt des Landes unterliegen. Auch hier wird somit die Gesetzgebungskompetenz zur Zulässigkeitsvoraussetzung erhoben. Ein vom Landesgesetzgeber nicht zu erlassendes Gesetz dürfe auch nicht im Wege der Volksgesetzgebung erlassen werden.[622]

Ein detaillierteres Bild ergibt sich unter Betrachtung der Entscheidung vom 19. Mai 1992[623], die bereits im Rahmen der Bestandteilsnormen angesprochen wurde.[624] Die wesentlichen Aussagen seien nochmals aufgegriffen. Das Landesverfassungsgericht betont ausdrücklich, dass es nur als Hüter seiner Landesverfassung verstanden werden kann und somit auch nur im Hinblick auf die eigene Landesverfassung tenorieren kann.[625] Dies tut nach Ansicht des Gerichts der Prüfungskompetenz keinen Abbruch, da diese unter Hinweis auf die Bestandteilsnormen ohnehin einen Bestandteil der Landesverfassung ausmache und somit auch kein Grundgesetz geprüft werde.[626] Das Gericht relativiert diese Betrachtung sogleich wieder, indem es anmerkt, dass sich die Landesverfassung durch die Erhebung der Gesetzgebungskompetenz in Art. 68 Abs. 1 S. 3 LVerf NRW für das Grundgesetz geöffnet habe;[627] dies führe dazu, dass auch in vergangenen Entscheidungen über Art. 68 Abs. 1 S. 3 LVerf NRW die Gesetzgebungszuständigkeit geprüft wurde.[628]

Die Einordnung der Ausführungen gestaltet sich mitunter kompliziert. Einerseits offenbart das Gericht nahezu vergleichbare Argumentation wie viele andere Landesverfassungsgerichte auch: Die Landesverfassung schreibt einen Prüfauftrag vor und anhand dessen wird die Zulässigkeit des Volksbegehrens beurteilt. Sofern vorgeschrieben gehören dazu auch die Gesetzgebungskompetenzen.

---

621 VerfGH NRW v. 13.2.1987 – VerfGH 18/86, NRWVerfGHE 39, 299 (301).

622 VerfGH NRW v. 13.2.1987 – VerfGH 18/86, NRWVerfGHE 39, 299 (302).

623 VerfGH NRW v. 9.5.1992 – VerfGH 5/91, NRWVerfGHE 43, 205 ff.

624 Zweiter Abschnitt, D.II.1.c).

625 VerfGH NRW v. 19.5.1992 – VerfGH 5/91, NRWVerfGHE 43, 205 (213).

626 VerfGH NRW v. 19.5.1992 – VerfGH 5/91, NRWVerfGHE 43, 205 (213 f.).

627 VerfGH NRW v. 19.5.1992 – VerfGH 5/91, NRWVerfGHE 43, 205 (214).

628 VerfGH NRW v. 19.5.1992 – VerfGH 5/91, NRWVerfGHE 43, 205 (214).

Im Gegensatz zu anderen Entscheidungen zieht das Landesverfassungsgericht daraus aber nicht die (gegebenenfalls autonome) Entscheidung des Landesverfassungsgebers, die Kompetenz zur Zulässigkeitsvoraussetzung zu erheben. Begründet wird diese Ansicht mit den Bestandteilsnormen, welche jedoch abzulehnen sind.[629]

Unabhängig von der Annahme der Bestandteilslehre agiert das Landesverfassungsgericht wie die anderen Gerichte auf der Ebene des Trennungsprinzips und prüft nur anhand der Landesverfassung. Das Grundgesetz wird mithin nicht geprüft und auch nicht anhand dessen entschieden, was das Gericht selbst auch unmissverständlich klargestellt hat.

8. Der Verfassungsgerichtshof Bayern

Verbleibend gerät der Verfassungsgerichtshof Bayerns in den Blickpunkt, welcher unter allen Landesverfassungsgerichten eine Sonderstellung im Bereich der Volksgesetzgebung innehat, da einerseits das umfangreichste Rechtsprechungsmaterial vorliegt, andererseits das Verfassungsgericht einen bis dato individuellen Weg im Rahmen der Überprüfung der Gesetzgebungskompetenzen einschlägt.

a) Die Entscheidung vom 26. Juli 1965

In seiner ersten Entscheidung zum Volksbegehren nach einem Waldsicherungsgesetz[630] verneinte der Gerichtshof die Überprüfung anhand der Gesetzgebungskompetenzen. Das Gericht bezieht sich auf die Aufgabenzuweisung des Art. 71 Abs. 1 LWG aF (Landeswahlgesetz Bayern)[631] und prüft die Zulässigkeit des Volksbegehrens an allen Normen der Landesverfassung,[632] hingegen nicht am Maßstab des Bundesrechts.[633] Die Prüfung anhand des Grundgesetzes liege außerhalb des von der Bayerischen Verfassung vorgesehenen Aufgabenbereiches.[634] Insofern obliege die Frage der Vereinbarkeit von Landesgesetz und Grundgesetz allein dem Bundesverfassungsgericht.[635] Das Gericht untermauert diese These ferner mit der historischen Konzeption des zugrundeliegenden LWG

629 Zweiter Abschnitt, D.II.2.
630 BayVerfGH v. 26.7.1965 – Vf. 46-VIII-65, BayVerfGHE 18, 85.
631 Heute Art. 64 Abs. 1 LWG Bayern.
632 BayVerfGH v. 26.7.1965 – Vf. 46-VIII-65, BayVerfGHE 18, 85 (91).
633 BayVerfGH v. 26.7.1965 – Vf. 46-VIII-65, BayVerfGHE 18, 85 (91).
634 BayVerfGH v. 26.7.1965 – Vf. 46-VIII-65, BayVerfGHE 18, 85 (91).
635 BayVerfGH v. 26.7.1965 – Vf. 46-VIII-65, BayVerfGHE 18, 85 (91).

Bayern, welches auf einen Regierungsentwurf in das Jahre 1948 zurückgehe, zu welcher Zeit das Grundgesetz noch gar nicht galt.[636]

b) Die Entscheidung vom 14. Juni 1985

In der Entscheidung vom 14. Juni 1985[637] gab der Verfassungsgerichtshof seine bis zu diesem Zeitpunkt bestehende Ansicht auf, die Zulässigkeit eines Volksbegehrens nicht am Maßstab des Bundesrechts zu überprüfen. Der Gerichtshof führte aus, dass sowohl der Wortlaut der Norm als auch der Zweck der Regelung für eine Prüfung anhand Bundesrechts sprechen würden; landes- und bundesverfassungsrechtliche Bedenken bestünden nicht.[638]

aa) Das Wortlautargument

Der Verfassungsgerichtshof stützt sich mit dem Wortlautargument auf die damalige Fassung des Art. 71 Abs. 1 S. 1 LWG Bayern aF, wonach das Staatsministerium des Inneren die gesetzlichen Voraussetzungen für die Zulassung des Volksbegehrens vor dessen Durchführung zu prüfen hat; „Darüber" habe das Ministerium die Entscheidung des Gerichtshofes herbeizuführen, wenn es eine Unzulässigkeit feststellt.[639] Das Gericht folgert daraus nun zweierlei: Zunächst nimmt es an, dass der Wortlaut eine Prüfung anhand Bundesrechts nicht verbietet, sondern diese nahelegt,[640] und meint, dass wegen der Formulierung „Darüber" nicht anzunehmen ist, dass dem Gericht ein engerer Prüfungsumfang aufzuerlegen ist.[641] Der systematisch anhängige Wortlaut von Art. 75 Abs. 1 S. 2 LWG Bayern aF[642] deute zwar auf die Prüfung von lediglich der Landesverfassung hin, durch die Formulierung „Dies gilt insbesondere dann…" geht der Gerichtshof hingegen von einer fehlenden Abschlussfunktion aus, so dass der Zugriff auf außerhalb der Verfassung liegende Normen möglich sei.[643]

636 BayVerfGH v. 26.7.1965 – Vf. 46-VIII-65, BayVerfGHE 18, 85 (91).
637 BayVerfGH v. 14.6.1985 – Vf. 20-IX-85, BayVerfGHE 38, 51.
638 BayVerfGH v. 14.6.1985 – Vf. 20-IX-85, BayVerfGHE 38, 51 (57).
639 BayVerfGH v. 14.6.1985 – Vf. 20-IX-85, BayVerfGHE 38, 51 (57).
640 BayVerfGH v. 14.6.1985 – Vf. 20-IX-85, BayVerfGHE 38, 51 (57).
641 BayVerfGH v. 14.6.1985 – Vf. 20-IX-85, BayVerfGHE 38, 51 (57 f.).
642 Siehe Art. 64 Abs. 1 S. 2 LWG Bayern.
643 Vgl. BayVerfGH v. 14.6.1985 – Vf. 20-IX-85, BayVerfGHE 38, 51 (58).

bb) Der Sinn und Zweck der Regelung

Der Volksgesetzgeber sei zudem gleichrangig zu dem Parlamentsgesetzgeber, welcher Gesetze unstreitig nur bei Vorliegen einer Gesetzgebungskompetenz wirksam umsetzen kann und keine Regelungen treffen dürfe, welche aufgrund eines Verstoßes gegen das Bundesrecht aufgrund Art. 31 GG als nichtig zu erklären wären.[644] Im Falle der parlamentarischen Gesetzgebung sei diese Kontrolle auf Einhaltung des Bundesrechts bereits durch die im Gesetzgebungsprozess beteiligten Verfassungsorgane gegeben, bei der Volksgesetzgebung nicht.[645] Insofern sei eine Kontrolle auch am Maßstab des Bundesrechts sinnvollerweise durchzuführen, um Kosten, Verwaltungsaufwand und den Einsatz der Bürger zu bewahren.[646] Die Sinnhaftigkeit spreche dafür, dass somit nicht nur das Staatsministerium, sondern auch das Gericht eine vollumfassende Prüfung zu vollziehen habe, was zudem die schwierige Frage lösen würde, wie weiter zu verfahren ist, wenn das zunächst mit der Zulässigkeitsprüfung befasste Ministerium eine Bundesrechtswidrigkeit bejaht, das Gericht eine derartige Prüfung hingegen ablehnen würde.[647]

Der Bayerische Verfassungsgerichtshof nimmt somit zunächst eine landesrechtliche Prüfungskompetenz an, die er nicht nur anhand des Wortlauts, sondern auch aus teleologischen Gründen untermauert. Das Gericht untersucht sodann den Prüfauftrag hinsichtlich seiner landes- und bundesverfassungsrechtlichen Implikationen.

Der Verfassungsgerichtshof sei als Landesverfassungsgericht das oberste Gericht für staatsrechtliche Fragen und abgesehen von dem in Art. 61 ff. LVerf Bayern zugewiesenen Fällen auch für landesrechtlich zugewiesene Fälle nach Art. 67 LVerf Bayern zuständig, was für Art. 71 LWG Bayern aF der Fall sei.[648] Da die Befugnis des Volkes zur Volksgesetzgebung in der Landesverfassung geregelt sei, sei die Frage der Zulässigkeit eine staatsrechtliche Frage, die dem Verfassungsgerichtshof übertragen werden könne.[649] Der Gerichtshof nimmt somit eine Vereinbarkeit der Prüfung mit der Landesverfassung an.

Selbiges gilt nach seiner Ansicht auch im Hinblick auf das Grundgesetz. Es gebe keine Norm, welche die Prüfung des Grundgesetzes im

644 BayVerfGH v. 14.6.1985 – Vf. 20-IX-85, BayVerfGHE 38, 51 (58).
645 BayVerfGH v. 14.6.1985 – Vf. 20-IX-85, BayVerfGHE 38, 51 (58).
646 So BayVerfGH v. 14.6.1985 – Vf. 20-IX-85, BayVerfGH 38, 51 (58).
647 BayVerfGH v. 14.6.1985 – Vf. 20-IX-85, BayVerfGHE 38, 51 (59).
648 BayVerfGH v. 14.6.1985 – Vf. 20-IX-85, BayVerfGH 38, 51 (59).
649 BayVerfGH v. 14.6.1985 – Vf. 20-IX-85, BayVerfGHE 38, 51 (59).

Volksgesetzgebungsverfahren verhindere; vielmehr setzt nach Auffassung des Gerichts Art. 100 Abs. 3 GG – zutreffend[650] – eine solche Möglichkeit voraus.[651] Die Begrenzung des Prüfungsmaßstabes des Gerichts ergebe sich somit nicht aus der Landesverfassung, sondern aus der kollidierenden Kompetenz des Bundesverfassungsgerichts und seinem Verwerfungsmonopol.[652] Eine solche Kollision sei hingegen im Verfahren der Volksgesetzgebung nicht gegeben[653] und nach Ansicht des Gerichts auch nur allenfalls dann denkbar, wenn dieses eine Bundesrechtswidrigkeit verneint, das Bundesverfassungsgericht eine solche hingegen in Bezug auf das zustande gekommene Gesetz bejaht.[654] Zuletzt merkt das Gericht an, dass auch dieser Gedanke nichts an der Tatsache ändert, dass zum Zeitpunkt vor dem Volksbegehren die Überprüfung nur kraft Landesrechts dem Verfassungsgericht übertragen werden könne und eine Vorlage an das Bundesverfassungsgericht ohnehin nicht möglich sei.[655]

Der Verfassungsgerichtshof Bayerns lieferte mit dieser Rechtsprechungsänderung bereits ein sehr umfangreiches Grundsatzurteil, auf dem alle späteren Entscheidungen aufbauen.

c) Die Entscheidung vom 14. August 1987

Der Verfassungsgerichtshof bestätigte die vorangegangene Entscheidung im Verfahren über die Zulässigkeit des Volksbegehrens zur Wiederaufbereitungsanlage Wackersdorf.[656] Er führte dazu bereits die vorangegangenen Argumente an.

So entschied der Verfassungsgerichtshof abermals, dass der Wortlaut des Art. 71 Abs. 1 LWG Bayern aF eine umfassende Prüfung nicht ausschließe, sondern diese nahelege.[657] Das Staatsministerium habe die gesetzlichen Voraussetzungen zu überprüfen, daraus könne somit nicht auf eine Teilprüfung geschlossen werden und selbiges müsse dann auch für die sich anschließende Prüfung des Verfassungsgerichtshofs selbst gelten.[658]

Der Gerichtshof wiederholt zudem seine Ausführungen, wonach es zur Vermeidung von Kosten, Verwaltungsaufwand und unnützem politischem Einsatz

650 Dazu bereits Zweiter Abschnitt, C.I.2.
651 BayVerfGH v. 14.6.1985 – Vf. 20-IX-85, BayVerfGHE 38, 51 (59).
652 BayVerfGH v. 14.6.1985 – Vf. 20-IX-85, BayVerfGHE 38, 51 (59).
653 BayVerfGH v. 14.6.1985 – Vf. 20-IX-85, BayVerfGHE 38, 51 (59).
654 BayVerfGH v. 14.6.1985 – Vf. 20-IX-85, BayVerfGHE 38, 51 (59).
655 BayVerfGH v. 14.6.1985 – Vf. 20-IX-85, BayVerfGHE 38, 51 (59).
656 BayVerfGH v. 14.8.1987 – Vf. 55-IX-87, BayVerfGHE 40, 95.
657 BayVerfGH v. 14.8.1987 – Vf. 55-IX-87, BayVerfGHE 40, 95 (101).
658 BayVerfGH v. 14.8.1987 – Vf. 55-IX-87, BayVerfGHE 40, 95 (101 f.).

der Bürger dem Zweck nach sinnvoll sei, das Begehren schon vorab am Maßstab höherrangigen Rechts zu überprüfen.[659] Nach Ansicht des Gerichts ändert daran auch die Existenz des Art. 81 Abs. 5 LWG Bayern aF[660] nichts, welcher erlaubt, das Verfassungsgericht auch zu einem späteren Zeitpunkt nach Durchführung des Begehrens anzurufen.[661] Durch den Verweis auf Art. 71 LWG Bayern aF in Art. 81 Abs. 5 S. 3 LWG Bayern aF[662] sei das Prüfungsverfahren zu diesem Zeitpunkt identisch zu demjenigen vor Zulassung des Begehrens.[663] Es handele sich dabei lediglich um eine weitere Kontrollmöglichkeit des Begehrens, ohne dabei die anzulegenden Prüfungsmaßstäbe zu verändern.[664]

Weiterhin führt das Gericht an, dass gegen die vollumfassende Überprüfung keine landes- sowie bundesverfassungsrechtlichen Bedenken bestehen. Die Prüfung beruhe auf der einfachgesetzlichen Kompetenz des Art. 71 LWG Bayern aF, so dass eine Kollision mit dem Bundesverfassungsgericht ausgeschlossen sei, da dieses über keine vorbeugende Normenkontrolle verfüge und somit kein Verwerfungsmonopol bei der Entstehung von Landesgesetzen für sich beanspruchen könne.[665]

Der Bayerische Verfassungsgerichtshof greift somit im Wesentlichen die bereits bekannten Argumente auf, vereinfacht diese mitunter aber oder untermauert diese mit weiteren Ausführungen. An der Grundaussage ändert sich indes nichts.

d) Die Entscheidung vom 19. März 1990

Eine Änderung der Rechtsprechung trat erst mit der Entscheidung vom 19. März 1990 auf.[666] In der Zulässigkeitsentscheidung über das Volksbegehren ein bayerisches Abfallwirtschaftsgesetz betreffend betonte der Verfassungsgerichtshof zunächst ausdrücklich das in den beiden vorherigen Entscheidungen gefundene Ergebnis, das Volksbegehren auch am Maßstab von Bundesrecht zu überprüfen.[667] Dabei nimmt er zu der Auffassung der Initiatoren Stellung, wonach das Gericht aufgrund der Gewaltenteilung nicht zur Überprüfung des

659 BayVerfGH v. 14.8.1987 – Vf. 55-IX-87, BayVerfGHE 40, 95 (102).
660 Siehe Art. 73 Abs. 5 S. 2 LWG Bayern.
661 BayVerfGH v. 14.8.1987 – Vf. 55-IX-87, BayVerfGHE 40, 95 (102).
662 Nun Art. 73 Abs. 5 S. 3 LWG Bayern.
663 BayVerfGH v. 14.8.1987 – Vf. 55-IX-87, BayVerfGHE 40, 95 (102).
664 BayVerfGH v. 14.8.1987 – Vf. 55-IX-87, BayVerfGHE 40, 95 (102).
665 BayVerfGH v. 14.8.1987 – Vf. 55-IX-87, BayVerfGHE 40, 95 (102).
666 BayVerfGH v. 27.3.1990 – Vf. 123-IX-89, BayVerfGHE 43, 35.
667 BayVerfGH v. 27.3.1990 – Vf. 123-IX-89, BayVerfGHE 43, 35 (54 f.).

Grundgesetzes befugt sei.[668] Mit bereits bekannten Ausführungen betont der Gerichtshof nochmals die Gleichstellung von parlamentarischer Gesetzgebung und Volksgesetzgebung, dass jedweder Gesetzgeber keine Regelungen ohne Kompetenz erlassen dürfte und dass im Rahmen der Volksgesetzgebung die im Parlament vorhandene institutionalisierte Kontrolle fehle.[669] Der Gerichtshof führt zudem das Argument des Scheins der Gültigkeit an, welches das verfassungswidrige Gesetz im Zeitraum zwischen Zustandekommen und Kassation für sich beanspruchen würde[670] und befürwortet eine Überprüfung somit auch aus Gründen der Rechtssicherheit.

Überleitend wird eine entgegenstehende Kompetenz des Bundesverfassungsgerichts verneint;[671] das Gericht nutzt diesen Aufhänger sodann aber für die folgende Aussage: „*Der Verfassungsgerichtshof ist allerdings weder hier noch in anderen Verfahren befugt, die Bestimmungen des Grundgesetzes oder anderer Bundesgesetze verbindlich auszulegen*“[672]. Er sei lediglich befugt, die Regelungen dahingehend zu untersuchen, ob sie dem Bundesrecht bei jeder vertretbaren Auslegung der einschlägigen bundesrechtlichen Regelungen widersprechen,[673] dabei sei der Gesetzentwurf selbst bundesrechtskonform auszulegen.[674] Würde die Auslegung zu einer Vereinbarkeit des Gesetzentwurfes mit dem Grundgesetz führen, so könne das Gericht nicht ausschließen, dass das dann zustande kommende Gesetz aufgrund Bundesrechtswidrigkeit später vom Bundesverfassungsgericht für nichtig erklärt wird.[675] Das Motiv dieser Aussage liefert der Verfassungsgerichtshof direkt hinterher, indem er ausführt, dass bei Zweifeln über die Bundesrechtswidrigkeit des Volksbegehrens im Zweifel für die Zulassung des Volksbegehrens zu stimmen sei.[676] Dies ergebe sich aus dem Vorrang der Landeskompetenz nach Art. 30, 70 GG.[677]

---

668 BayVerfGH v. 27.3.1990 – Vf. 123-IX-89, BayVerfGHE 43, 35 (53). Bestätigend in BayVerfGH v. 17.7.2018 – 28-IX-18, BayVBl. 2018, 809 (810). Kritisiert wurde, dass ein derart früher Eingriff gegen das Prinzip der Gewaltenteilung verstoße.
669 BayVerfGH v. 27.3.1990 – Vf. 123-IX-89, BayVerfGHE 43, 35 (55).
670 BayVerfGH v. 27.3.1990 – Vf. 123-IX-89, BayVerfGHE 43, 35 (55 f.).
671 BayVerfGH v. 27.3.1990 – Vf. 123-IX-89, BayVerfGHE 43, 35 (56).
672 BayVerfGH v. 27.3.1990 – Vf. 123-IX-89, BayVerfGHE 43, 35 (56).
673 BayVerfGH v. 27.3.1990 – Vf. 123-IX-89, BayVerfGHE 43, 35 (56).
674 BayVerfGH v. 27.3.1990 – Vf. 123-IX-89, BayVerfGHE 43, 35 (56).
675 BayVerfGH v. 27.3.1990 – Vf. 123-IX-89, BayVerfGHE 43, 35 (56).
676 BayVerfGH v. 27.3.1990 – Vf. 123-IX-89, BayVerfGHE 43, 35 (56).
677 BayVerfGH v. 27.3.1990 – Vf. 123-IX-89, BayVerfGHE 43, 35 (56).

Der neue Ansatz der Prüfungsintensität stellt nach Ansicht des Gerichts keine Abkehr der vorherigen Rechtsprechung dar, da bereits in dieser ausgeführt wurde, dass die Zulässigkeit im Falle der feststehenden Bundesrechtswidrigkeit zu versagen sei.[678] Hierbei käme bereits zum Ausdruck, dass die bloße Möglichkeit der Grundgesetzwidrigkeit die Zulässigkeit nicht versagen könne.[679] Ob das Gericht sich dieser Abstufung der Prüfungsintenstität bereits in den vorherigen Entscheidungen bewusst war, mag dahingestellt sein.

Zur Vollständigkeit sei angemerkt, dass das Gericht seine Ausführungen mit der Feststellung schließt, dass es lediglich eine Rechts- und keine Zweckmäßigkeitskontrolle durchführt, diese läge im Bereich des Volksgesetzgebers.[680]

Der Bayerische Verfassungsgerichtshof hält in dieser Entscheidung somit an seiner Überprüfung anhand des Grundgesetzes fest, modifiziert diese aber im Rahmen der Prüfungsintensität. So lässt sich zusammenfassen, dass das Gericht die Zulässigkeit aufgrund eines Verstoßes gegen insbesondere die Gesetzgebungskompetenzen nur verneint, wenn jede denkbare Auslegung des Grundgesetzes zu einer Inkompatibilität des Gesetzentwurfes und des Bundesrechts führt. Im Zweifel sei das Begehren zuzulassen, auch mit dem Risiko, dass das anvisierte Gesetz später aufgrund Bundesrechtswidrigkeit kassiert wird.

e) Bestätigung der Rechtsprechung

In seiner Entscheidung vom 3. Februar 2009[681] bestätigte der Gerichtshof seine bisherige Rechtsprechung und stellte nochmals ausdrücklich klar, dass Sinn und Zweck der Vorabprüfung auf die Grundgesetzkonformität lediglich sei, diejenigen Volksbegehren zu nicht zuzulassen, bei denen von vornherein zweifelsfrei feststeht, dass sie aufgrund einer Grundgesetzwidrigkeit vom Bundesverfassungsgericht aufgehoben werden.[682] Ein solches Gesetz stelle zugleich eine Verletzung des bayerischen Rechtsstaatsprinzips dar.[683]

---

678 BayVerfGH v. 27.3.1990 – Vf. 123-IX-89, BayVerfGHE 43, 35 (56).

679 BayVerfGH v. 27.3.1990 – Vf. 123-IX-89, BayVerfGHE 43, 35 (56).

680 BayVerfGH v. 27.3.1990 – Vf. 123-IX-89, BayVerfGHE 43, 35 (56 f.).

681 BayVerfGH v. 3.2.2009 – Vf. 111-IX-08, BayVerfGHE 62, 1.

682 BayVerfGH v. 3.2.2009 – Vf. 111-IX-08, BayVerfGHE 62, 1 (11).

683 BayVerfGH v. 3.2.2009 – Vf. 111-IX-08, BayVerfGH 62, 1 (11). Das Gericht führt diesen Umstand hingegen nicht kompetenzbegründend zur Überprüfung des Grundgesetzes an, sondern stützt sich insoweit lediglich auf die einfachgesetzliche Zuweisung des § 64 Abs. 1 S. 1 LWG Bayern und führt die Verletzung des Rechtsstaatsprinzips zur Begründung der Verwerfungskompetenz im Hinblick auf die Bayerische

Mittlerweile formelmäßig führte der Verfassungsgerichtshof selbiges in seiner Entscheidung vom 21. Januar 2016[684] und vom 16. Juli 2020[685] aus. Eine weitere Änderung der Rechtsprechung hat nicht stattgefunden.

f) Die Position des Bayerischen Verfassungsgerichtshofs

Zusammenfassend lässt sich zur Position des Bayerischen Verfassungsgerichtshofs folgendes festhalten: Der Verfassungsgerichtshof prüft die Zulässigkeit eines Volksbegehrens auch im Hinblick auf die Vereinbarung mit Bundesrecht und beruft sich dabei auf eine einfachgesetzliche Kompetenzzuweisung nach dem Landeswahlgesetz. Der Wortlaut sowie Sinn und Zweck der Vorabprüfung – welche nach stetiger und zutreffender Ansicht des Gerichts keinen Verstoß gegen die Gewaltenteilung begründet – spreche für eine Vereinbarkeitsprüfung mit dem Grundgesetz. Dabei führt das Gericht hingegen nur eine eingeschränkte Intensitätskontrolle durch und versagt dem Volksbegehren die Zulässigkeit nur dann, wenn jedwede denkbare Auslegung des Bundesrechts zu einem Verstoß mit dem Gesetzentwurf des Begehrens führt.

9. Zusammenfassung der Rechtsprechung

Nahezu alle Landesverfassungsgerichte begründen ihre Prüfungskompetenz bezüglich der Gesetzgebungskompetenzen im Einklang mit dem Trennungsprinzip. Dabei stützen sie sich immer auf einen Prüfungsauftrag, der die Vereinbarkeit des Gesetzentwurfs mit dem Grundgesetz oder den Gesetzgebungskompetenzen zur Zulässigkeitsvoraussetzung erhebt (entweder ausdrücklich oder durch Auslegung). Dieser Prüfauftrag ergibt sich je nach Bundesland entweder direkt aus der Landesverfassung oder aus einfachem Landesrecht, kein Gericht führt eine Überprüfung ohne konkreten Auftrag durch.

Weiterhin wird teilweise der Blick auf das Bundesverfassungsgericht gerichtet und der Frage nachgegangen, inwiefern die landesrechtliche Kompetenzzuweisung in dessen Aufgabenkatalog eingreift. Auch hier besteht weitgehend Einigkeit, dass eine Kompetenz des Bundesverfassungsgerichts zur Überprüfung eines Gesetzentwurfes gar nicht besteht oder nur anhand der Landesverfassung geprüft wird, was ohnehin originäre Aufgabe der Landesverfassungsgerichtsbarkeit ist.

Verfassung an, vgl. dazu ferner BayVerfGH v. 20.6.2008 – Vf. 14-VII-00, BayVerfGHE 61, 130 (138).

684 BayVerfGH v. 21.1.2016 – Vf. 66-IX-15, BayVerfGHE 69, 1 (11 f.).

685 BayVerfGH v. 16.7.2020 – Vf. 32-IX-20, NVwZ 2020, 1429 (1429 f.).

II. Ansätze im Schrifttum

Die Ansätze im Schrifttum halten sich im Gegensatz zur Rechtsprechung in Bezug auf ihre Anzahl in Grenzen. Viele Stimmen stammen aus den 1990er Jahren, in welchen die direkte Demokratie verstärkt Einzug in die Landesverfassungen gehalten hat. Die Ansätze bejahen dabei allesamt eine Überprüfung anhand der Gesetzgebungskompetenzen,[686] lassen sich jedoch grundsätzlich in zwei verschiedene Richtungen systematisieren: eine Überprüfung findet aufgrund einer ausdrücklich zugewiesenen Kompetenz oder einer ungeschriebenen Kompetenz statt.

1. Die Überprüfung ohne ausdrückliche Kompetenzzuweisung

Die Befürworter einer Überprüfung ohne ausgewiesene Kompetenzzuweisung ziehen eine Prüfung am Maßstab der Gesetzgebungskompetenzen insbesondere aus der Natur der Sache.[687] Das Landesverfassungsgericht habe die Pflicht, das Grundgesetz in seinen Prüfungsmaßstab im Volksgesetzgebungsverfahren aufzunehmen, wenn nur auf diese Art und Weise sichergestellt werden könne, das Handeln der Landesorgane – also insbesondere das des Landtags – zu rechtfertigen.[688] Angeführt wird dazu ein zunächst paradoxes Ergebnis: Es gelte zu verhindern, dass dem Landtag ein landesverfassungsrechtlich konformes Verhalten attestiert wird (Zulassung des Volksgesetzgebungsverfahrens), obwohl dieses grundgesetzwidrig ist[689] (indem die korrespondierende Kompetenz fehlt). Dies wäre aber der Fall, wenn der Landtag die Volksgesetzgebung mangels Gesetzgebungskompetenz zulässt, weil keine diesbezügliche Prüfungskompetenz besteht. Insofern sei von der primären Beschränkung des Prüfungsmaßstabes

---

686 *Bethge*, Maunz/Schmidt-Bleibtreu/Klein/Bethge, BVerfGG, § 85 Rn. 30; *ders.*, Landesverfassungsgerichtsbarkeit Bnd. II, S. 17 (30 ff.); *Blackstein*, Landesverfassungsgericht SH, S. 206 ff.; *Kaiser*, NVwZ 2020, 207 (208 f.); *Lindner*, BayVBl. 2019, 721 (722 ff.); *ders.*, DÖV 2021, 12 (20); *Meder*, LVerf Bayern Kommentar, Art. 74 Rn. 3; *Rozek*, Prüfungs- und Entscheidungsmaßstab, S. 280 ff.; *Menzel*, Landesverfassungsrecht, S. 527 f.; *Tilch*, FS BayVerfGH zum 50-jährigen Bestehen, S. 275 (281 ff.).

687 *Bethge*, Landesverfassungsgerichtsbarkeit Bnd. II, 17 (S. 30 ff.).

688 *Bethge*, Maunz/Schmidt-Bleibtreu/Klein/Bethge, BVerfGG, § 85 Rn. 34; *ders.*, Landesverfassungsgerichtsbarkeit Bnd. II, S. 17 (30 ff.).

689 Dazu *Bethge*, Maunz/Schmidt-Bleibtreu/Klein/Bethge, BVerfGG, § 85 Rn. 30.

auf die Landesverfassung eine Ausnahme zu machen.[690] Passend wird diese Argumentation als Kompetenzextension zugunsten des Landesverfassungsgerichts beschrieben,[691] um dieses zunächst widersinnig erscheinende Ergebnis zu vermeiden.

Weiter wird angeführt, dass die Gesetzgebungskompetenzen die jeweilige Staatsgewalt der Länder und des Bundes begrenzen und somit von jedem Organ zu beachten seien, für das sie gelten; dazu zähle (über den Zwischenschritt des Landtages) auch die Landesverfassungsgerichtsbarkeit.[692]

2. *Die Überprüfung kraft ausdrücklicher Kompetenzzuweisung*

Klare und eindeutige Gegenansichten gibt es nur vereinzelt. Vielmehr beschränkt sich die Diskussion heutzutage auf die generelle Frage, ob das Landesverfassungsgericht zur Überprüfung anhand des Grundgesetzes befugt ist. Auf die konkreten Gegebenheiten des Volksgesetzgebungsverfahrens wird dabei nicht mehr eingegangen.

Zunächst wird generell festgehalten, dass es keine Anwendung bundesrechtlicher Prüfungsmaßstäbe ohne eine landesverfassungsrechtliche Zuweisung der Prüfung geben kann; dies ergibt sich aus dem Umstand, dass materiell-rechtlich keine Prüfungspflicht des Grundgesetzes zu erkennen sei.[693] Zwar könne eine solche aus Art. 1 Abs. 3 GG zu ziehen sein – insoweit bekannt aus dem Ansatz der generellen Überprüfung des Grundgesetzes[694] –, aufgrund der identischen Bindung der Grundrechte für Staatsorgane ergibt sich aber grade kein Aufsichtsverhältnis des einen Organs über das andere.[695] Insofern führt der Ansatz auch in diesem Kontext zu bekanntem Ergebnis, dass eine Überprüfung der Grundgesetzmäßigkeit eines Landesorgans über ein anderes eine weitergehende Aufgabenzuweisung als die generelle Grundrechtsbindung benötigt.

Auch der Grundsatz der Bundestreue könne nicht zielführend angeführt werden, da dieser eine Kompetenzausübungsregelung darstelle und keinen

---

690 *Bethge*, Maunz/Schmidt-Bleibtreu/Klein/Bethge, BVerfGG, § 85 Rn. 32 schreibt davon, dass unabhängig vom bestehenden Verfassungstext das Grundgesetz in den Prüfungsmaßstab mit aufzunehmen ist.

691 *Rozek*, Prüfungs- und Entscheidungsmaßstab, S. 262.

692 Dazu *Grawert*, NWVBl. 1987, 2 (5).

693 Vgl. *Sachs*, DÖV 1982, 595 (597).

694 Zweiter Abschnitt, C.I.

695 *Sachs*, DÖV 1982, 595 (597); so auch *Blackstein*, Landesverfassungsgericht SH, S. 206.

kompetenzbegründenden Charakter besäße.[696] Diese Argumentation ähnelt den Ausführungen zu Art. 100 Abs. 3 GG als Kompetenzgrundlage.[697]

Notwendigerweise betrachten die Befürworter einer geschriebenen Kompetenz diese weiterhin hinsichtlich ihrer Vereinbarkeit mit dem Landesverfassungsrecht selbst und mit dem Grundgesetz. Dabei wird eine Vereinbarkeit mit der Landesverfassung stets bejaht, entweder weil diese schon selbst eine Kompetenz vorgibt[698] oder die einfach gesetzliche Kompetenzzuweisung eine staatsrechtliche Frage behandele, welche originär den Landesverfassungsgerichten zugewiesen werden kann.[699] Teilweise wird die Vereinbarkeit einer einfachgesetzlichen Zuweisung aber auch befürwortet, ohne sich endgültig in der Problematik festzulegen.[700] Eine Vereinbarkeit der Landeszuweisung mit dem Grundgesetz wird überwiegend mangels entgegenstehender Kompetenz des Bundesverfassungsgerichts zur Überprüfung von Gesetzentwürfen bejaht.[701]

B. Die Beschaffenheit der Zuweisung einer Präventivkontrolle

Unklar bleibt bei den Ansätzen, ob das Grundgesetz oder aber die Landesverfassung den Prüfungsmaßstab abbildet. Die verschiedenen Ansätze sind damit im Einzelnen detaillierter darzustellen und zu würdigen.

I. Die Notwendigkeit einer ausdrücklichen landesverfassungsrechtlichen Kompetenzzuweisung

Zunächst gilt es herauszuarbeiten, dass es einer geschriebenen Kompetenzzuweisung zur Überprüfung der Gesetzgebungskompetenzen bedarf.

---

696 Vgl. *Sachs*, DÖV 1982, 595 (597).

697 Vergleiche Zweiter Abschnitt, C.I.2.

698 Siehe dazu *Rozek*, Prüfungs- und Entscheidungsmaßstab, S. 271 f.

699 Siehe *Rozek*, Prüfungs- und Entscheidungsmaßstab, S. 272 ff.; vgl. ferner im Ergebnis auch als zulässig erachtet durch *Kaiser*, NvWZ 2020, 207 (209); *Lindner*, BayVBl. 2019, 721 (722 f.).

700 So beispielweise *Menzel*, Landesverfassungsrecht, S. 527 f., welcher schreibt, dass die Vereinbarkeit anzunehmen sein dürfte; vgl. ferner *Preuß*, DVBl. 1985, 710 ff., welcher die generelle Regelung im Landesrecht nicht in Frage stellt, hingegen aber die Überprüfung durch ein Exekutivorgan.

701 *Bethge*, Maunz/Schmidt-Bleibtreu/Klein/Bethge, BVerfGG, § 85 Rn. 32; a.A. *Schmidt*, NVwZ 1982, 181 (182).

1. *Keine grundgesetzliche Pflicht zur Überprüfung*

Eine grundgesetzliche Pflicht zur Überprüfung der Gesetzgebungskompetenzen im Volksgesetzgebungsverfahren ist nicht ersichtlich. Wie bereits ausgeführt, besteht für das Landesverfassungsgericht keine prinzipielle Möglichkeit, das Grundgesetz als Prüfungsmaßstab auf den Prüfungsgegenstand anzuwenden, diese Prüfung obliegt dem Bundesverfassungsgericht. Ansätze, die eine generelle Prüfungskompetenz aus Art. 100 Abs. 3 GG gefolgert haben, sind abzulehnen.[702] Eine Überprüfung kann auch nicht über Art. 100 Abs. 1 GG angeführt werden. Zwar handelt es sich streng genommen um eine inzidente Überprüfung des Grundgesetzes in Form der inzidenten Normenkontrolle eines Gesetzentwurfes, der Sache nach wird aber nicht der eigene Prüfungsmaßstab hinsichtlich seiner Grundgesetzkonformität überprüft, sondern die Gesetzgebungskompetenzen auf den Überprüfungsgegenstand angewendet. Eine grundgesetzliche Pflicht zur Überprüfung ist abzulehnen. Im Speziellen lässt sich auch keine Pflicht erkennen, präventiv auf die Vereinbarkeit mit Bundesrecht im Rahmen der Volksgesetzgebung zu prüfen.

2. *Die Unzulänglichkeit einer ungeschriebenen Kompetenz*

Selbiges muss für die Ansätze gelten, die eine ungeschriebene Kompetenz befürworten. Als ungeschriebene Überprüfungskompetenzen sind eine Kompetenz kraft Natur der Sache, dem Prinzip der Bundestreue oder dem landesverfassungsrechtlichen Rechtsstaatsprinzip anzuführen.

a) Die Kompetenz Kraft Natur der Sache

Die Befürworter einer Kompetenz kraft Natur der Sache beschränken sich auf Zweckmäßigkeitserwägungen, die eine Prüfung zwar sinnvoll erscheinen lassen, aber keine tragfähige dogmatische Grundlage zu liefern vermögen. Bei einer näheren Betrachtung ist zweierlei festzustellen: einerseits fehlt es bereits an den Grundvoraussetzungen, eine ungeschriebene Kompetenz heranzuziehen; andererseits ist das auf den ersten Blick paradoxe Ergebnis nicht so widersprüchlich, wie es scheint.

Das Erfordernis einer ungeschriebenen Kompetenz ließe sich dann annehmen, wenn eine solche unter Ausschluss anderer sachgerechter Lösungen erforderlich erscheint.[703] Das wäre dann der Fall, wenn nur durch die Annahme

702 Bereits zweiter Abschnitt. C.I.2.

703 *Rozek*, Prüfungs- und Entscheidungsmaßstab, S. 265.

einer ungeschriebenen Kompetenz verhindert werden kann, dass eine potenziell grundgesetzkonforme Handlung als landesverfassungswidrig zu bewerten ist. Dies ist aber nicht der Fall.

Der Ansatz sieht sich schon im Grundsatz einem Gedankenfehler ausgesetzt, wenn bei der Bescheinigung des widersinnigen Ergebnisses davon ausgegangen wird, dass ein grundgesetzwidriges Ergebnis bei landeskonformen Verhalten attestiert wird, dabei aber unklar bleibt, wie das grundgesetzwidrige Verhalten überhaupt festzustellen ist.[704] Wenn man rein nach der landesrechtlichen Prüfung verfährt, müsste das Grundgesetz bei der Überprüfung außer Acht bleiben. Es muss somit auf eine rein tatsächliche Betrachtungsweise zur Feststellung der Grundgesetzwidrigkeit geschlossen werden, die dann aber auch keine Kompetenz zugunsten einer Überprüfung rechtfertigen kann, sondern sich den Vorwurf der Zweckmäßigkeitserwägung ausgesetzt sieht. Bei der Begründung einer Prüfungskompetenz von einer Kompetenz auszugehen ist demnach ein Zirkelschluss[705] und nicht weiter zu verfolgen.

Weiterhin führt die hypothetische Nichtbeachtung des Grundgesetzes im Stadium der Vorabüberprüfung nicht zu einem grundgesetzlich sinnwidrigen Zustand. Ein kompetenzlos zustande gekommenes Gesetz ist verfassungswidrig und aus diesem Grund auch einer repressiven Überprüfung zugänglich. Dabei ist insbesondere an die auch von der Landesregierung einleitbare abstrakte Normenkontrolle nach Art. 93 Abs. 1 Nr. 2 GG zu denken; weiterhin an die konkrete Normenkontrolle nach Art. 100 Abs. 1 GG, sofern es zu dem Fall der Entscheidungserheblichkeit der kompetenzwidrigen Norm kommt,[706] oder generell die Rechtssatzverfassungsbeschwerde. Ein verfassungswidriges Gesetz stellt damit kein schlichtweg untragbares Ergebnis dar und ist im Normalfall der repressiven Rechtskontrolle unterworfen, die beim Bundesverfassungsgericht konzentriert wird. Die Untragbarkeit ergibt sich einzig daraus, dass im Rahmen der Volksgesetzgebung andere Ressourcen als im parlamentarischen Gesetzgebungsverfahren eingesetzt und somit möglicherweise umsonst verbraucht werden.

Zuletzt bleibt dem Land im Rahmen des Bund-Länder-Streits nach Art. 93 Abs. 1 Nr. 3 GG die Möglichkeit, Gesetze anzugreifen.[707] Dem Verfahren wohnt

---

704 *Rozek*, Prüfungs- und Entscheidungsmaßstab, S. 266.

705 *Rozek*, Prüfungs- und Entscheidungsmaßstab, S. 266; *Sachs*, DVBl. 1987, 857 (858 Fn. 12); ähnlich auch *Kaiser*, NVwZ 2020, 207 (208).

706 Dazu generell *Rozek*, Prüfungs- und Entscheidungsmaßstab, S. 268.

707 BVerfG v. 23.10.1951 – 2 BvG 1/51, BVerfGE 1, 14 (30); *dass.* v. 19.8.2011 – 2 BvG 1/10, BVerfGE 129, 108 ff.; *Sachs*, DÖV 1982, 595 (597).

dabei sogar ein präventives Element inne, da die Voraussetzung der Gefahr der Verletzung der Rechte des Bundes[708] bereits dann bestehen würde, wenn auf Landesebene ein evident kompetenzwidriger Gesetzentwurf im Rahmen der Volksgesetzgebung zugelassen würde, ohne dass eine korrespondierende Prüfungsmöglichkeit auf Landesebene existiert.[709] Allerdings unterscheidet sich der Bund-Länder-Streit in seinem Wesen zu stark von einer präventiven Normenkontrolle, um deren Notwendigkeit zu versagen, was sich schon an dem gänzlich verschiedenen Prüfungsgegenstand der Verfahren zeigt.[710]

Eine Kompetenz aus der Natur der Sache lässt sich somit nicht rechtfertigen, da es einerseits an Verfahrensmöglichkeiten zur Rüge der Kompetenzwidrigkeit nicht mangelt und andererseits sich das zu verhindernde paradoxe Ergebnis einer fehlenden grundgesetzlichen Vorabprüfung im Kontext der repressiven Rechtskontrolle bewegt. Daraus lässt sich nochmals bekräftigen, dass es keine grundgesetzliche Überprüfungspflicht gibt.

b) Das Prinzip der Bundestreue

Das Prinzip der Bundestreue verpflichtet nach stetiger Rechtsprechung das Land im Rahmen der gegebenen Kompetenzen, diese mit Rücksicht auf den Bund auszuüben[711] und somit die Zulässigkeit der Volksgesetzgebung aufgrund mangelnder Gesetzgebungskompetenz zu versagen. Unklar ist allerdings, ob die Bundestreue auch selbst die Kompetenz zur Prüfung der Gesetzgebungskompetenzen begründet oder diese eher voraussetzt. Die Diskussion ist damit vergleichbar mit der um die generelle Grundgesetzüberprüfung nach Art. 100 Abs. 3 GG.[712]

Schon der Eingangssatz lässt erkennen, dass es sich bei dem Prinzip der Bundestreue um ein kompetenzmodifizierendes und kein kompetenzbegründendes Prinzip handelt. Mitunter werden hier bereits aus anderer Stelle bekannte

---

708 BVerfG v. 22.3.1995 – 2 BvG 1/89, BVerfGE 92, 203 (228); vgl. ferner *Detterbeck*, Sachs GG, Art. 93 Rn. 65; *Johann*, BeckOK BVerfGG, § 69 Rn. 3.

709 Vgl. *Pestalozza*, Verfassungsprozeßrecht, § 7 Rn. 34 (S. 115 f.); *Rozek*, Prüfungs- und Entscheidungsmaßstab, S. 269; *Sachs*, DÖV 1982, 595 (597 f.).

710 Dies zeigt schon der Vergleich der Prüfung der Meinungsverschiedenheiten von Rechten und Pflichten des Bundes, Art. 93 Abs. 1 Nr. 3 GG, wohingegen im Rahmen der Volksgesetzgebung die Zulässigkeit von durch den Volksgesetzgeber eingebrachten Gesetzentwürfen auf die Vereinbarkeit zumindest mit Landesrecht überprüft wird.

711 Siehe beispielhaft BVerfGE 1, 114 (140 f.); *dass.* v. 12.2.2003 – 2 BvL 3/00, BVerfGE 107, 218 (239).

712 Zweiter Abschnitt, C.I.2.

Argumente angeführt; aufgrund der Bundestreue gelte es, das eigenartige Ergebnis zu verhindern, dass ein grundgesetzwidriges Verhalten zugelassen und fortgeführt wird.[713] Teilweise wird sie auch einfach apodiktisch festgestellt.[714] Derartige Ausführungen können zur Beantwortung des Problems nicht beitragen und lassen eine Differenzierung zwischen Primär- und Sekundärebene vermissen. Auf Primärebene – dem „Ob" der Überprüfung – können die angeführten Gründe zur Notwendigkeit einer Prüfung vollends überzeugen; auf der Sekundärebene – dem „Wie" der Prüfung – hingegen nicht, denn es fehlt insoweit an einer dogmatisch begründeten Kompetenzgrundlage. Eine nicht vorhandene Kompetenz kann nicht bundesfreundlich ausgeübt werden.[715] Insofern verbleibt es dabei, dass über das Prinzip der Bundestreue keine ungeschriebene Kompetenz zur Überprüfung im Volksgesetzgebungsverfahren geschlussfolgert werden kann.

c) Das landesverfassungsrechtliche Rechtsstaatsprinzip

Obwohl das landesverfassungsrechtliche Rechtsstaatsprinzip als Brücke zur Überprüfung der Gesetzgebungskompetenzen sowohl in Rechtsprechung als auch Literatur nicht kompetenzbegründend herangezogen wird, ist diesem eine kurze Betrachtung zu widmen. Eine solche rechtfertigt sich aus der Erwähnung in der Rechtsprechung, wonach der Erlass kompetenzwidriger Gesetze einen Verstoß gegen das Prinzip herbeiführe.[716] Die Vorabprüfung anhand des Rechtsstaatsprinzips zu legitimieren scheint nahezuliegen.

Einschränkend ist zunächst festzuhalten, dass der Bayerische Verfassungsgerichtshof die Prüfung anhand des Rechtstaatsprinzips nicht legitimiert, sondern den Verstoß als Zusatz zu seinen Ausführungen zur Prüfung anhand höherrangigen Rechts heranzieht.[717] Ausgeführt wird, dass trotz der Zusammensetzung des primären Prüfungsmaßstabes allein aus Landesverfassungsrecht eine zeitgleiche Verletzung des landesverfassungsrechtlichen Rechtsstaatsprinzips bei

---

713 *Bethge*, Maunz/Schmidt-Bleibtreu/Klein/Bethge, BVerfGG, § 85 Rn. 30; *Möstl*, BayVBl. 2017, 659 (665).

714 So *Menzel*, Landesverfassungsrecht, S. 528.

715 *Rozek*, Prüfungs- und Entscheidungsmaßstab, S. 270; vgl. *Sachs*, DÖV 1982, 595 (597); *Blackstein*, Landesverfassungsgericht SH, S. 206 f.; wohl auch explizit eine Kompetenz vorausgesetzt in BVerfGE 8, 122 (138); *dass.* v. 22.5.1990 – 2 BvG 1/88, BVerfGE 81, 310 (337).

716 Dritter Abschnitt, A.I.8.e).

717 BayVerfGH v. 3.2.2009 – Vf. 111-IX-08, BayVerfGHE 62, 1 (11).

bundesrechtswidrigen Prüfungsgegenständen im Raum stehe.[718] Da das landesverfassungsrechtliche Rechtsstaatsprinzip indes keine Schutzwirkung in den Bundesbereich hinein entfalte,[719] sei ein Verstoß des zu prüfenden Gegenstandes gegen das landesverfassungsrechtliche Rechtsstaatsprinzip nur bei offen zutage tretenden Verstößen, die zugleich als besonders schwerwiegende und krasse Eingriffe in die Rechtsordnung zu werten seien, verletzt.[720]

Explizit anerkannt ist diese Annahme hingegen nur im Rahmen des Popularklageverfahrens.[721] Eine Ausweitung auf die Vorabprüfung ist nicht erfolgt und auch nicht naheliegend. Es kann insgesamt offenbleiben, ob der Bayerische Verfassungsgerichtshof sich zur mittelbaren Überprüfung von Bundesrecht über das landesverfassungsrechtliche Rechtsstaatsprinzip berufen kann.[722] Ausdrücklich klar wird, dass das Gericht seine Vorabprüfung anhand höherrangigen Rechts mit dem Ergebnis legitimiert, dass das später gegebenenfalls zustande gekommene Gesetz ohnehin – wenn nicht schon aufgrund des Verstoßes gegen das Grundgesetz vom Bundesverfassungsgericht – aufgrund der Kollision mit dem landesrechtlichen Rechtsstaatsprinzip vom Landesverfassungsgericht zu kassieren wäre. Vergleichbar wie bei der drohenden Aufhebung durch das Bundesverfassungsgericht handelt es sich dabei um eine prognostische Betrachtung, die eine sinnlose Fortführung der Volksgesetzgebung samt vollständiger Ressourcenaufwendung verhindern soll. Die Prüfung wird somit aufgrund genereller Erwägungen des „Obs" legitimiert; ersetzen aber keine Ausführungen zu der Grundlage der Kompetenz, also des „Wie" der Prüfung.

Daraus folgt, dass das Rechtsstaatsprinzip auch nicht für eine Vorabprüfung herangezogen werden kann. Die Verletzung des Prinzips wird erst offengelegt, wenn das Gesetz nach erfolgreichem Volksgesetzgebungsverfahren zustande gekommen ist. Dies kann ein Gesetzentwurf noch nicht bewirken, insbesondere nicht im frühesten Stadium der Beantragung; er schafft nur die prognostizierte Gefahr. Aufgrund des frühzeitigen Eingriffs in die Belange des Volksgesetzgebers ist somit eine ausdrückliche Kompetenzzuweisung zu verlangen, die zumindest

718 BayVerfGH v. 20.6.2008 – Vf. 14-VII-00, BayVerfGHE 61, 130 (138).

719 BayVerfGH v. 20.6.2008 – Vf. 14-VII-00, BayVerfGHE 61, 130 (138).

720 So stete Rechtsprechung, siehe BayVerfGH. v. 20.6.2008 – Vf. 14-VII-00, BayVerfGHE 61, 130 (138) m.w.N.

721 BayVerfGH v. 20.6.2008 – Vf. 14-VII-00, BayVerfGHE 61, 130 (138).

722 Wohl befürwortend *Lindner*, DÖV 2021, 12 (19 f.); a.A.: *Rozek*, Prüfungs- und Entscheidungsmaßstab, S. 228 ff.; mit Zweifeln auch BVerfG-K v. 31.3.2016 – 2 BvR 1576/13, NVwZ-RR 2016, 521 ff.; dazu *Möstl*, BayVBl. 2017, 659 ff.; zudem BayVerfGH v. 3.12.2019 – Vf. 6/7-VIII-17, BayVBl. 2020, 226 ff.

im Wege der Auslegung eine Prüfung nahelegt. Das Rechtsstaatsprinzip ist zu offen für eine derartige Aufgabenübertragung. Mithin ist es, wenn überhaupt, erst heranzuziehen, wenn anderweitige Möglichkeiten zur Rechtswahrung nicht bestehen; es ist zu den bestehenden Kompetenzen subsidiär.[723]

3. *Der Kerngehalt der Kompetenzzuweisung als Zuweisung nicht integrierten Bundesrechts in den Prüfungsmaßstab der landesverfassungsrechtlichen Entscheidungsfindung*

Eine Prüfung ist mithin weder grundgesetzlich gefordert noch lässt sie sich auf einen ungeschriebenen Kompetenztitel respektive das Rechtsstaatsprinzip stützen. Damit schließt sich der Kreis zu der Rechtsprechung, wonach die überwiegende Anzahl der Gerichte sich entweder auf eine explizite oder zumindest durch Auslegung ermittelte Kompetenz zur Überprüfung der Gesetzgebungskompetenzen berufen.

Die Notwendigkeit der geschriebenen Kompetenzgrundlage korrespondiert mit dem anzulegenden Prüfungs- und Entscheidungsmaßstab im Volksgesetzgebungsverfahren. Die Gerichte führen dazu aus, dass alleiniger Prüfungsmaßstab die Landesverfassung bleibe und somit auch keine Rechtsprechungsdivergenz zum Bundesverfassungsgericht zu befürchten sei.[724] Es bleibt jedoch unklar, wie sich der Prüfungsmaßstab der Gerichte zusammensetzt. Richtigerweise ist anzuführen, dass aufgrund des Ursprungs der Kompetenz in Form des geschriebenen Arbeitsauftrages im Landesrecht zunächst auch nur Landesrecht als Ursprung und somit Entscheidungsmaßstab[725] in Betracht kommt. Eine derartige Sichtweise vermag die Problematik aber nur zur Hälfte zu beantworten. Denn unmissverständlich werden in einigen Verfassungen die Gesetzgebungskompetenzen im Wortlaut als Zulässigkeitsvoraussetzung benannt,[726] in anderen

---

723 Vgl. *Rozek*, Prüfungs- und Entscheidungsmaßstab, S. 228; *Schulze-Fielitz*, Dreier GG Bnd. II, Art. 20 Rn. 44; *Starck*, Verfassungsauslegung, S. 189; zur Ausdeutungsbedürftigkeit des Rechtsstaatsprinzips sowie der Gefahr der Verkehrung in die Sinnlosigkeit durch Heranziehung in vielen Fällen *Jarass*, Jarass/Pieroth GG, Art. 20 Rn. 38; *Stern*, StaatsR. Bnd. I, S. 782 ff.

724 Siehe dazu die dargestellte Rechtsprechung der Landesverfassungsgerichte unter Dritter Abschnit A.I.

725 So *Menzel*, Landesverfassungsrecht, S. 296 ff.

726 So insbesondere in Berlin, dort werden die Gesetzgebungskompetenzen explizit als Zulässigkeitsvoraussetzung genannt.

Verfassungen sind sie zumindest im Wege der Auslegung[727] dem Verfassungstext zu entnehmen. Es verbleibt die Frage, wie die Landesverfassung den maßgeblichen Prüfungsmaßstab abbilden kann, obwohl zugleich am Maßstab der Gesetzgebungskompetenzen geprüft wird. Zu untersuchen ist damit, ob die Gesetzgebungskompetenzen als Grundgesetzbestimmungen oder aber als eigenes Landesrecht geprüft werden.

Der zweite Ansatz würde aber eine Aufnahme der Gesetzgebungskompetenzen in die Landesverfassung erfordern, was über die Verweis- oder Hebeltechnik[728] vollzogen werden kann. Der dafür notwendige autonome Wille des Verfassungsgebers zur Integration ist hingegen nicht ausdrücklich erkennbar. Typischerweise findet sich die Integration von Grundrechten oder sonstigen Bestimmungen des Grundgesetzes in Form expliziter Aufnahmeklauseln[729] wieder, die bestimmte Artikel des Grundgesetzes unmissverständlich zum Bestandteil der Landesverfassung erheben und ihnen den Status von Landesverfassungsrecht zusprechen. Ein derart klarer Wortlaut fehlt vorliegend. So mag man noch vertretbar von einer Inkorporation sprechen, wenn der Verfassungstext explizit die Gesetzgebungskompetenzen nennt. Von einer konkludenten Aufnahme wäre ferner auch noch vertretbar auszugehen, wenn der Wortlaut die Gesetzgebungskompetenzen umschreibt, indem die Zulässigkeit beispielsweise von der Entscheidungszuständigkeit[730] abhängig gemacht wird. Insofern ist die Auffassung des Landesverfassungsgerichts Schleswig-Holsteins, den Wortlaut in diese Richtung auszulegen, auch nicht zu beanstanden.[731] Fernliegend wird es dann, wenn der Prüfauftrag gänzlich offen gestaltet ist, indem nur von gesetzlichen Voraussetzungen[732] oder Ähnlichem die Rede

727 Dies betrifft den Großteil der Länder durch Formulierungen wie „Gesetzgebungszuständigkeit“ in SH; Vereinbarkeit mit Bundesrecht in Bremen oder Unterliegen der Gesetzgebungsgewalt in NRW, vgl. insgesamt die dargestellte Rechtsprechung unter Dritter Abschnitt, A.I.

728 Dazu bereits Zweiter Abschnitt, E.I.II.

729 Nur beispielhaft *„Die im Grundgesetz der Bundesrepublik Deutschland festgelegten Grundrechte und staatsbürgerlichen Rechte sind Bestandteil dieser Verfassung und unmittelbar geltendes Recht“*, Art. 3 LVerf SH; *„Die im Grundgesetz für die Bundesrepublik Deutschland festgelegten Grundrechte und staatsbürgerlichen Rechte sind Bestandteil dieser Verfassung“*, Art. 3 Abs. 2 S. 1 LVerf Niedersachsen; ähnlich Art. 4 Abs. 1 LVerf NRW.

730 Dazu Art. 48 Abs. 1 S.1 LVerf SH.

731 Dazu Erster Abschnitt, D.II.

732 So in Bayern, siehe dazu Art. 64 Abs. 1 LWG Bayern; ferner Dritter Abschnitt, A.I.8.

ist.[733] Noch ferner liegt diese Ansicht dann, wenn diese Zuweisung nicht mal im Text der Landesverfassung enthalten ist, sondern in einfachem Landesrecht. Man würde unterstellen, dass der Gesetzgeber die Gesetzgebungskompetenzen in einfaches Landesrecht inkorporieren wollte. Allein aus dem Ursprung der Zuweisung kann demnach nicht darauf geschlossen werden, dass nur das Landesrecht den Prüfungsmaßstab abbildet.

Im Gegensatz dazu muss somit geschlussfolgert werden, dass der Maßstab Grundgesetz selbst durch die Landesverfassungsgerichte überprüft wird. Insofern ist den Stimmen[734] auch zuzustimmen, die in diesem Zusammenhang von einer Durchbrechung des Trennungsprinzips sprechen. Aus den Ausführungen des zweiten Abschnitts folgend führt dies dazu, dass das Landesverfassungsgericht das Grundgesetz prinzipiell als Prüfungsmaßstab auf den Prüfungsgegenstand – die beantragte Volksinitiative bzw. Volksbegehren – anwendet. Es bewegt sich somit aus der ihm durch Art. 100 Abs. 1 GG grundsätzlich übertragenen inzidenten Prüfungsdurchführung heraus. Dabei bleibt entscheidend, dass das Gericht nur aus seiner Anwendung des Grundgesetzes als Prüfungsmaßstab heraustritt und diesen Schritt nicht auch auf seine Entscheidung ausdehnt. Das Grundgesetz wird somit durch die landesverfassungsrechtliche Zuweisung zum prinzipiellen landesverfassungsrechtlichen Prüfungs-, aber nicht Entscheidungsmaßstab. Letzterer bleibt weiterhin die Landesverfassung bzw. einfaches Landesrecht, welches durch den konkreten an das Gericht gerichteten Arbeitsauftrag die abzuleistende Prüfung bestimmt. Auf der Entscheidungsebene bleibt es somit bei einer rein landesrechtlichen Prüfung; es wird nicht anhand des Grundgesetzes entschieden.

Für die zu versagende Inkorporation der Gesetzgebungskompetenzen in eigenes Landesrecht ist zudem die Unfähigkeit zur Korporation anzuführen. Ebenso wie die Kompetenzen mangels doppelter Existenzfähigkeit im Rahmen der Hineinwirkung der Bestandteilslehre abzulehnen[735] sind, können sie auch

---

733 In dieselbe Richtung schlägt auch *Lindner*, AöR 143 (2018), 438 (463), welcher die Konstellationen untersucht, innerhalb derer Bestimmungen des Grundgesetzes Bestandteil der Landesverfassung werden. Zutreffend wird ausgeführt, dass eine ungeschriebene oder nicht explizite Aufnahme von Grundgesetzbestimmungen in die Landesverfassung regelmäßig die Verfassungsexegese übersteigt und allenfalls aus historischen Erwägungen herangezogen werden kann. Zugegebenermaßen mag der Wortlaut unter Nennung der Entscheidungszuständigkeit jedoch schon ausreichen, um eine geschriebene Verweisung anzunehmen.

734 So angedeutet bei *Rozek*, Prüfungs- und Entscheidungsmaßstab, S. 240; ferner *Blackstein*, Landesverfassungsgericht SH, S. 206.

735 Dazu bereits Zweiter Abschnitt, D.II.1.f).

nicht im Wege der autonomen landesverfassungsrechtlichen Entscheidung zu Landesrecht erhoben werden.[736] Anderenfalls würde die Notwendigkeit der gesamtstaatlichen Regelung durch die Dependenz der Landes- von der Bundeskompetenz ausgehöhlt und unterlaufen und somit faktisch dasselbe Ergebnis wie infolge der Bestandteilslehre geschaffen werden.

Kernpunkt ist somit, dass die Gesetzgebungskompetenzen als Bestandteil des Grundgesetzes zur Zulässigkeitsvoraussetzung des Volksgesetzgebungsverfahrens erhoben werden, ohne diese zugleich als eigenständiges Landesrecht zu konzipieren. Verbleibend ist mithin zu untersuchen, ob eine derartige Zuweisung sowohl mit der Landesverfassung als auch mit dem Grundgesetz vereinbar ist.

II. Die Legitimation der landesverfassungsrechtlichen Kompetenzzuweisung im Kontext der Landesverfassungen und des Grundgesetzes

Bei der Beurteilung der Zulässigkeit ist strikt zu trennen, ob die Prüfung am Maßstab der Gesetzgebungskompetenzen durch die Landesverfassung oder einfaches Landesrecht angeordnet wird.

1. *Vereinbarkeit mit der Landesverfassung*

a) *Prüfungszuweisung durch die Landesverfassung*

Teilweise wird attestiert, dass die Zuweisung der Prüfung der Volksgesetzgebung hinsichtlich ihrer Vereinbarkeit mit den Gesetzgebungskompetenzen durch die Landesverfassung von vornherein keinerlei Bedenken begegne.[737] Obwohl eine geschriebene landesverfassungsrechtliche Ewigkeitsklausel nicht existiert, kann die Prüfung der Volksgesetzgebung hinsichtlich der Vereinbarkeit mit den Gesetzgebungskompetenzen aber möglicherweise gegen das landesverfassungsrechtliche Demokratieprinzip verstoßen. Dieser Gedanke liegt in der Einzigartigkeit der Prüfung begründet.

aa) *Das Konzept der Vorabüberprüfung*

Diese Einzigartigkeit zeichnet sich dadurch aus, dass der im Wege der Volksgesetzgebung eingebrachte Gesetzentwurf bereits als solcher geprüft wird. Hierin

---

736 So auch *Grawert*, NWVBl. 1987, 1 (5); vgl. auch *Sachs*, DÖV 1982, 595 (595 f.); obgleich dieser speziell nur auf die Bestandteilslehre eingeht.

737 So auch *Rozek*, Prüfungs- und Entscheidungsmaßstab, S. 271 f.; *Menzel*, Landesverfassungsrecht, S. 528.

könnte eine Schlechterstellung des Volksgesetzgebers gegenüber dem Parlament zu sehen sein.

(1) Grundkonstellation

Das Volksgesetzgebungsverfahren wird durch die Initiative eingeleitet und sodann durch die Exekutive bzw. Judikative überprüft.[738] Als Folge einer negativen Zulässigkeitsentscheidung mag das Landesverfassungsgericht zur endgültigen Klärung des Streits angerufen werden, was sodann den Konflikt um den anzuwendenden Prüfungsmaßstab sowie die Überprüfung anhand der Gesetzgebungskompetenzen durch die Landesverfassungsgerichte aufwirft. Bildet den Gegenstand der Initiative ein Gesetzentwurf, wird dieser somit vorzeitig hinsichtlich seiner Rechtmäßigkeit untersucht. Da primärer Überprüfungsgegenstand die Zulässigkeit der Volksinitiative darstellt, handelt es sich um eine inzidente Normenkontrolle eines Gesetzentwurfs.[739] Eine derartige Kontrolle ist den Zuweisungskatalogen an Bundes- oder Landesverfassungsgerichte im Hinblick auf parlamentarisch eingebrachte Gesetzentwürfe hingegen völlig fremd. Von der Judikative werden parlamentarische Gesetzentwürfe in der Regel erst in vollendeter Form als Gesetze selbst und somit im Wege der repressiven konkreten Normenkontrolle nach Art. 100 Abs. 1 GG oder der abstrakten Normenkontrolle nach Art. 93 Abs. 1 Nr. 2 GG (im Fall der Vorlage an das Bundesverfassungsgericht)[740] überprüft. Eine präventive Kontrolle des parlamentarischen Gesetzgebers ist grundsätzlich ausgeschlossen.[741] Die Kontrolle von Gesetzentwürfen im Verfahren der Volksinitiative stellt somit eine Besonderheit dar und wird in der Literatur passend als präventive Normenkontrolle bezeichnet.[742]

Insbesondere in dem Fall der Vorabprüfung durch die Exekutive ist ein frühzeitiger Eingriff in die Belange der Volksgesetzgebung zu befürchten, was wiederum zusätzlich einen Verstoß gegen die Gewaltenteilung nach sich ziehen könnte.

738 Erster Abschnitt, D.

739 *Rozek*, Prüfungs- und Entscheidungsmaßstab, S. 244; *Schmidt*, NVwZ 1982, 181 (182).

740 Auf Landesebene entscheiden die jeweiligen Landesverfassungsgerichte im Rahmen der Landesnormenkontrolle; vgl. nur beispielhaft Art. 65 Abs. 3 Nr. 3 LVerf Hamburg; Art. 51 Abs. 2 Nr. 2 LVerf SH; Art. 84 Abs. 2 Nr. 2 LVerf Berlin.

741 Vgl. *Preuß*, DVBl. 1985, 710 ff.; *Menzel*, Landesverfassungsrecht, S. 527.

742 *Rozek*, Prüfungs- und Entscheidungsmaßstab, S. 241; als vorbeugend ThürVerfGH v. 19.9.2001 – 04/01, LVerfGE 12, 403 (423).

(2) Die Legitimation der Präventivkontrolle

Die Vorabkontrolle des Gesetzentwurfes stellt jedoch ein notwendiges Verfahrensstadium im Rahmen der Volksgesetzgebung dar. Die Notwendigkeit und Rechtfertigung ergibt sich durch den Vergleich mit dem parlamentarischen Gesetzgebungsprozess. Dabei lassen sich einerseits tatsächliche, andererseits rechtliche Gründe für eine Vorabkontrolle anführen.

Im parlamentarischen Gesetzgebungsverfahren werden Gesetzentwürfe von der Bundesregierung, dem Bundesrat oder aus der Mitte des Bundestages eingebracht, Art. 76 Abs. 1 GG.[743] Unabhängig von der konkreten Initiativperson wird der Entwurf mithin von Verfassungsorganen oder Abgeordneten zur Diskussion gestellt. Insbesondere die Abgeordneten handeln beim Einbringen des Entwurfs in Ausführung ihres Parlamentsmandats – ein öffentliches Amt[744] – und unterliegen besonderen Verfassungspflichten, so maßgeblich dem Handeln im Gemeinwohlinteresse.[745] Sie handeln – entscheidend – nicht als Privatpersonen.

Letzteres kann indes auf die Initiatoren der Volksgesetzgebung zutreffen. Darüber hinaus dürfte der Volksinitiative in aller Regelmäßigkeit ein Privatinteresse zugrunde liegen, welches sich erst durch gesteigerte Partizipation an der Initiative in ein öffentliches Interesse wandeln kann. Aus einem solchen Interesse handeln die Abgeordneten von vornherein. Spätestens durch den Eintritt des Volksgesetzgebungsverfahrens in den Prozess der staatlichen Willensbildung als Teil der Abstimmungen nach Art. 20 Abs. 2 S. 1 GG ist es vorzugswürdig und legitim, den Initiatoren der Volksinitiative denselben Verfassungspflichten wie Abgeordnete und somit einer Kontrolle zu unterwerfen.[746] Selbst im Falle des Handelns aus reinem Privatinteresse ergibt sich im parlamentarischen Gesetzgebungsprozess schon während des Einbringens des Gesetzentwurfs ein gegenseitiger Kontrollablauf. Diese institutionelle Kontrolle[747] folgt aus den am Gesetzgebungsverfahren beteiligten Parteien, ausschlaggebend vor allem

---

743 Auf Landesebene respektive von der Landesregierung oder einzelnen oder mehreren Abgeordneten; siehe beispielhaft Art. 44 Abs. 1 LVerf SH; vgl. ähnlich Art. 59 Abs. 2 LVerf Berlin; Art. 71 LVerf Bayern; Art. 48 Abs. 1 LVerf Hamburg.

744 BVerfG v. 5.11.1975 – 2 BvR 193/74, BVerfGE 40, 296 (314); *Rozek*, Prüfungs- und Entscheidungsmaßstab, S.242; vgl. ferner Wortlaut von Art. 48 Abs. 2 GG.

745 *Rozek*, Prüfungs- und Entscheidungsmaßstab, S. 242.

746 So im Ergebnis nach steter Rechtsprechung BayVerfGH v. 26.7.1965 – Vf. 46-VIII-65, BayVerfGHE 18, 85 (91); *ders.* v. 27.3.1990 – Vf. 123-IX-89, BayVerfGHE 43, 35 (56); HessStGH v. 15.1.1982 – P.St. 947, NJW 1982, 1141 (1142); SaarlVerfGH v. 14.7.1987 – Lv 3/86, AS 21, 249 (265 f.).

747 Begrifflichkeit nach *Rozek*, Prüfungs- und Entscheidungsmaßstab, S. 242.

durch die Opposition. Schon seinem Wesen nach fehlt eine institutionelle Kontrolle in der Volksgesetzgebung; ohnehin dürften sich dieser nur Befürworter anschließen[748].

Genannte Gründe legitimieren die Vorabprüfung vor allem hinsichtlich einer Integritätskontrolle der Volksinitiative, um frühzeitig die Gefahr der Durchsetzung rein privater Partikularinteressen zu kontrollieren. Zweifellos ist dieser Punkt mit Sorge zu betrachten und deswegen engen Grenzen zu unterwerfen, die im Anschluss zu prüfen sind. Zusätzlich wird angeführt, dass eine frühzeitige Fehlerverhinderung das Vertrauen in das Verfahren der Volksgesetzgebung selbst stärkt, da das aufwendige Sammeln von Stimmen und Ähnlichem nicht wiederholt werden muss.[749] Dabei schwingt ein Schutzaspekt der Volksgesetzgebung selbst mit, welche im Falle der späteren Aufhebung und anschließendem Neubeginn möglicherweise das Interesse der Bevölkerung als gesetzliches Mitsprache- und vor allem Gestaltungsrecht verlieren könnte.

Zusätzliche Gründe sprechen aus einer ökonomischen sowie rechtlichen Betrachtung für eine präventive Kontrolle. Unterstellt, eine präventive Kontrolle erfolgt nicht und der Gesetzentwurf verstößt gegen Bundes- oder Landesverfassungsrecht, wird die Initiative angenommen und der unterbreitete Entwurf als Gesetz beschlossen und verkündet. Die unterstellte offensichtliche Verfassungswidrigkeit kann mithin erst im Nachhinein festgestellt werden, das zustande gekommene Gesetz wird umgehend vom Verfassungsgericht aufgrund ebenjener Verfassungswidrigkeit kassiert.

Das Volksgesetzgebungsverfahren wird somit ökonomisch verschwenderisch durchgeführt. Nicht nur wird die Initiative trotz offensichtlicher Erfolglosigkeit fortgeführt, auch das Gesetzgebungsverfahren erfolgt zwecklos mit dem Wissen, ein verfassungswidriges und umgehend aufzuhebendes Gesetz zu beschließen. Es werden nicht nur Ressourcen der Initiatoren, sondern auch die des Parlaments sinnlos und nicht erfolgsversprechend eingesetzt. Überleitend leidet unter der nachträglichen Aufhebung trotz anfänglich festgestellter, aber sich nicht auswirkender Verfassungswidrigkeit die Staatsintegrität und explizit die Rechtssicherheit.[750] Die in ein Gesetz umgesetzte Volksinitiative erfährt durch die Gesetzesform einen Schein der Gültigkeit[751] und vermag das Vertrauen

748 Dazu auch *Jung*, ZParl 2013, 315 (321 f., Fn 39).

749 BerlVerfGH v. 6.10.2009 – VerfGH 63/08, LVerfGE 20, 23 (38); ThürVerfGH, v. 19.9.2001 – 04/01, LVerfGE 12, 403 (423); LVerfG Hamburg v. 4.12.2020 – 4/20, Rn. 116 (juris).

750 Vgl. BayVerfGH v. 27.3.1990 – Vf. 123-IX-89, BayVerfGHE 43, 35 (55 f.).

751 BayVerfGH v. 27.3.1990 – Vf. 123-IX-89, BayVerfGHE 43, 35 (55 f.).

in das Instrument der Initiative zu stärken (die Initiative war erfolgreich und führte zum angestrebten Gesetz), nur um dieses Vertrauen im nächsten Schritt durch die Kassation des Gesetzes wieder zu entziehen. Abschließend und überaus passend bringt es der Verfassungsgerichtshof Berlin auf den Punkt: „*Eine umfassende Vorabkontrolle am Maßstab des höherrangigen Rechts kann insbesondere dadurch gerechtfertigt sein, dass Belastungsproben für die Verfassungsordnung vermieden werden sollen, die bei verfassungsgerichtlicher Kassation eines durch Volksentscheid erlassenen Gesetzes entstehen und die Akzeptanz und Autorität richterlicher Entscheidungen gefährden könnten. Sie lässt sich auch damit begründen, dass es kaum sinnvoll erscheint, den erheblichen organisatorischen und finanziellen Aufwand eines Volksbegehrens oder gar Volksentscheids zu betreiben, um dann erst nachträglich die etwaige Nichtigkeit des so zustande gekommenen Gesetzes verfassungsgerichtlich feststellen zu können (…)*"[752]. Auch wenn hier die Prüfung anhand höherrangigen Rechts im Vordergrund steht, sprechen die Argumente auch für die Legitimation einer Vorabkontrolle im Generellen.

Die präventive Kontrolle des Gesetzentwurfs im Gegensatz zur üblichen repressiven Kontrolle des Gesetzes verfolgt somit das legitime Ziel, eine Diskrepanz zwischen dem politischen Willen der Initiatoren und der rechtlichen Wirksamkeit der Initiative selbst und somit einen Vertrauensschaden und Rechtsunsicherheit zu verhindern.[753]

(3) Grenzen der Vorabprüfung im Rahmen der Volksgesetzgebung

Die Legitimation der Vorabkontrolle bewegt sich im Spannungsfeld der Integrität der Volkswillensbildung einerseits und Wahrung der Rechtmäßigkeit andererseits. Dies führt unweigerlich dazu, dass im Rahmen der Vorabkontrolle keine umfassende Prüfungsmöglichkeit einzuräumen ist. Anderenfalls wäre ein Verstoß gegen die Gewaltenteilung zu befürchten, sollte das Verfassungsgericht bzw. Parlament oder die Exekutive frühzeitig und intensiv in die Belange des Volksgesetzgebers eingreifen.[754] Grenzen der Kontrollmöglichkeit ergeben sich demnach in zeitlicher und sachlicher Hinsicht.

Eine frühzeitige Einwirkungsmöglichkeit des Parlaments oder des Verfassungsgerichts ist zu verhindern. So muss unbestritten eine Einmischung während des Zeitraums vor Antragstellung der Initiative unterlassen werden; in der Praxis sind derartige Möglichkeiten in rechtlicher Hinsicht dementsprechend

---

752 BerlVerfGH v. 13.5.2013 – 32/12, LVerfGE 24, 26 (38 f.).

753 Vgl. *Rozek*, Prüfungs- und Entscheidungsmaßstab, S. 243.

754 BayVerfGH v. 27.3.1990 – Vf. 123-IX-89, BayVerfGHE 43, 35 (55 f.).

nicht existent. Die Prüfung der Organe erfolgt erst – und nur dann ist sie legitim – im Rahmen der Wandlung zur Staatswillensbildung, was erst mit Stellung des Antrags anzunehmen ist.[755]

In sachlicher Hinsicht gilt es, die Prüfung auf eine Rechtmäßigkeitskontrolle zu begrenzen, eine Zweckmäßigkeitskontrolle ist durch die Landesverfassungsgerichte nicht durchzuführen.[756] Diese dürfen die Zulässigkeit also nicht mit dem Argument versagen, eine andere Regelung würde den mit dem Gesetzentwurf verfolgten Zweck besser erreichen können. Dasselbe gilt auch für den kongruent prüfenden Landtag respektive die Exekutive, welche die eingebrachte Initiative oder das Begehren aber auch aus inhaltlichen Gründen negativ bescheiden können.[757] Dies folgt daraus, dass mit der Initiative nur eine Befassungspflicht korrespondiert.[758] In einem solchen Fall würde sich das Volksbegehren (beim Vorhandensein eines entsprechenden Willens seitens der Initiatoren) respektive der Entscheid anschließen. Das Verbot der Zweckmäßigkeitskontrolle bezieht sich somit nur darauf, die Zulässigkeit der Initiative aufgrund fehlender Zweckmäßigkeit zu versagen;[759] eine derartige Einschätzung liegt in der Prärogative des Volksgesetzgebers.[760] Die Entscheidung über die fehlende Zweckmäßigkeit kann somit zu keiner Unzulässigkeit der Initiative führen, sondern lediglich zu einer Nichtumsetzung, die den Fortgang des weiteren Verfahrens nicht hemmt.

(4) Keine Schlechterstellung des Volksgesetzgebers

Die Schlechterstellung des Volksgesetzgebers resultiert somit nur aus einer rein faktischen Betrachtung. Auch wenn das Parlament bzw. die Exekutive die

755 Zumindest konkludent vorausgesetzt in BayVerfGH v. 26.7.1965 – Vf. 46-VIII-65, BayVerfGHE 18, 85 (91); *ders.* v. 14.6.1985 – Vf. 20-IX-85, BayVerfGHE 38, 51 (58 f.) (hier wird namentlich eine Prüfung nach den Unterschriften für notwendig erachtet); *ders.* v. 27.3.1990 – Vf. 123-IX-89, BayVerfGHE 43, 35 (56); HessStGH v. 15.1.1982 – P.St. 947, NJW 1982, 1141 (1142); SaarlVerfGH v. 14.7.1987 – Lv 3/86, AS 21, 249 (265 f). Eine andere Sichtweise ist hingegen gar nicht denkbar, da keine Landesverfassung eine frühere Prüfung der Volksgesetzgebung anordnet.

756 Vgl. *Rozek*, Prüfungs- und Entscheidungsmaßstab, S. 242.

757 Bereits Erster Abschnitt, D.I.1.c).

758 Siehe Erster Abschnitt, A.I.III.1.

759 BayVerfGH v. 26.7.1965 – Vf. 46-VIII-65, BayVerfGHE 18, 85 (91); *ders.* v. 10.3.1978 – Vf. 132-IX-77, BayVerfGHE 31, 77 (89).

760 BayVerfGH v. 27.3.1990 – Vf. 123-IX-89, BayVerfGHE 43, 35 (56 f.); *Rozek*, Prüfungs- und Entscheidungsmaßstab, S. 242 f.

durch die Volksgesetzgebung initiierten Gesetze überprüft, ist eine Schlechterstellung nur anzunehmen, wenn in der Prüfung eine allumfassende Prüfungskompetenz beinhaltet ist. Eine solche ist jedoch nicht zu erkennen, da sich die Präventivkontrolle auf rein rechtliche Aspekte zu begrenzen hat und Zweckmäßigkeitserwägungen der Zulässigkeit der Volksgesetzgebung nicht entgegenstehen können. Zwar mag das Parlament sich gegen die Volksgesetzgebung aussprechen; damit schafft es sogleich aber die Zulässigkeitsvoraussetzung für die zweite Stufe des Volksgesetzgebungsverfahrens. Der Erstprüfung liegt damit keine Kompetenz zur Verfahrensbeendigung zugrunde, da sich ggf. die zweite Stufe des Volksgesetzgebungsverfahrens, anderenfalls die Überprüfung durch die Landesverfassungsgerichte anschließt. Der Schutz der Integrität des Volksgesetzgebungsprozesses und seiner Ökonomie[761] sowie die Wahrung der rechtlichen Wirksamkeit vermögen die Vorabkontrolle als zu sichernde Rechtsgüter rechtfertigen, sofern die erhobenen Grenzen in sachlicher und zeitlicher Hinsicht nicht verletzt werden.

bb) Zusammenfassung

Die präventive Kontrolle der Volksinitiative durch den Landtag beziehungsweise das Landesverfassungsgericht ist aufgrund seiner strukturellen Unterschiede zum parlamentarischen Gesetzgebungsprozess zulässig und kann eine Schlechterstellung des Volksgesetzgebers gegenüber dem Parlament nicht begründen. Die Prüfung hat sich dabei jedoch nur auf eine rechtliche und politische Prüfung zu beschränken, eine reine Zweckmäßigkeitskontrolle und die darauf gestützte Zulässigkeitsentscheidung obliegt nur dem Volksgesetzgeber.

b) Prüfungszuweisung durch einfaches Landesrecht

Die einfachgesetzliche Zuweisung bereitet Schwierigkeiten im Hinblick auf den landesverfassungsrechtlichen Aufgabenkatalog und das Demokratieprinzip.

aa) Vereinbarkeit mit den Aufgaben des Landesverfassungsgerichts

Jede Landesverfassung sieht einen Aufgabenkatalog vor, aus welchem sich der maßgebliche Arbeitsauftrag an die Landesverfassungsgerichte ergibt.[762] Bei der

761 Indem erfolgreich zustande gekommene Gesetze nicht nachträglich durch das BVerfG kassiert werden müssten und der Aufwand erfolglos durchgeführt worden ist.

762 Beispielhaft Art. 51 LVerf SH; Art. 81 LVerf Sachsen; Art. 75 LVerf NRW; Art. 135 LVerf Rheinland-Pfalz; Art. 68 LVerf BaWü; Art. 60 ff. LVerf Bayern; Art. 84 Abs. 2 LVerf Berlin; Art. 65 LVerf Hamburg; Art. 54 LVerf Niedersachsen; Art. 140 LVerf Bremen.

einfachgesetzlichen Zuweisung ist darin kein Hinweis auf die Überprüfung des Volksgesetzgebungsverfahrens hinsichtlich seiner Gesetzgebungskonformität enthalten. Vielmehr wird diese Zuweisung auf den ersten Blick durch die vorhandenen Auffangklauseln an den Gesetzgeber geregelt, wonach dieser dazu befugt ist, die Aufgaben des Gerichts durch ein einfaches Gesetz weitergehend zu regeln.[763]

Die Grenze der Zuweisungskompetenz findet sich in dem Leitbild der Aufgabenfunktion, die dem Landesverfassungsgericht kraft der Landesverfassung übertragen wird.[764] Das darin gezeichnete Bild darf vom Gesetzgeber nicht in seinen Grundzügen verändert, sondern lediglich modifiziert und ergänzt werden.[765] Eine Negativabgrenzung gibt Überblick über die zuweisungsfähigen Gebiete: Aufgaben der Fachgerichtsbarkeit dürfen nach Art. 95 Abs. 1 GG nicht übertragen werden[766] und unter Anlehnung an die Terminologie der öffentlich-rechtlichen Streitigkeit nach § 40 Abs. 1 S. 1 VwGO[767] ergibt sich eine verbleibende Zuweisungsmöglichkeit für verfassungsrechtliche Fragen.[768] Nach gängiger Definition müssen dabei am Verfassungsleben beteiligte Organe über die Anwendung von Verfassungsrecht streiten.[769]

Bereits aufgezeigt wurde die Funktion der Volksinitiative und des Volksbegehrens als Gesetzesinitiativrecht des Volkes und Bestandteil der Willensbildung als Abstimmung im Rahmen des Art. 20 Abs. 2 S. 1 GG.[770] Es handelt sich dabei ebenso wie beim parlamentarischen Verfahren um eine Frage der Gesetzgebung und damit eine Materie, die originär dem Verfassungsrecht zuzuordnen ist.[771]

---

763 Siehe exemplarisch Art. 51 Abs. 5 LVerf SH; Art. 84 Abs. 3 LVerf Berlin; Art. 68 Abs. 1 Nr. 4 LVerf BaWü; Art. 65 Abs. 4 LVerf Hamburg; Art. 54 Nr. 6 LVerf Niedersachsen.

764 Vgl. dazu die Ausführungen BerlVerfGH v. 13.5.2013 – VerfGH 32/12, LVerfGE 24, 26 (39 f.); *Pestalozza*, Verfassungsprozeßrecht, § 17 Rn. 11 (S. 241).

765 So *Pestalozza*, Verfassungsprozeßrecht, § 17 Rn. 11 (S. 241); *Rozek*, Prüfungs- und Entscheidungsmaßstab, S. 272.

766 Vgl. *Pestalozza*, Verfassungsprozeßrecht, § 17 Rn. 12 (S. 241 f.); *Rozek*, Prüfungs- und Entscheidungsmaßstab, S. 272.

767 Angelehnt an *Rozek*, Prüfungs- und Entscheidungsmaßstab, S. 272 f.

768 Siehe dazu *Pestalozza*, Verfassungsprozeßrecht, § 23 Rn. 114 (S. 454 f.).

769 BVerwG v. 28.11.1975 – VII C 53/73, NJW 1976, 637 (638); *Ehlers/Schneider*, Schoch/Schneider VwGO, § 40 Rn. 136; *Klenke*, NVwZ 1994, 644 (648).

770 Erster Abschnitt, A.I.

771 Vgl. BayVerfGH v. 14.6.1985 – Vf. 20-IX-85, BayVerfGHE 38, 51 (59); *ders.* v. 27.3.1990 – Vf. 123-IX-89, BayVerfGHE 43, 35 (56); BremStGH v. 9.6.1986 – 4/86, NVwZ 1987, 576 (576); *Bethge*, NJW 1975, 77 (77 f.); BayVerfGH v. 14.6.1985 – 20-IX-85, Rn. 87 (juris).

Daraus folgt, dass die an dem Verfahren der Volksgesetzgebung beteiligten Organe ebenfalls Verfassungsorganstatus genießen.[772] Obwohl der Großteil der Verfahrensausgestaltung mitunter in einfachem Landesrecht geregelt wird,[773] ändert dies aufgrund des engen Sachzusammenhangs[774] mit der Volksgesetzgebung nichts an der verfassungsrechtlichen Qualität der Aufgabe.

Teilweise kritisch[775] wird die Zuweisung im Hinblick auf die Prüfung des Grundgesetzes betrachtet, da diese einen originären Bestandteil der bundesverfassungsgerichtlichen Aufgabe darstellt. Zugleich wird aber zutreffend darauf hingewiesen, dass eine derart stringente Sicht einerseits das Bedürfnis nach einer umfassenden Vorabprüfung ignoriert[776] und der Einschätzungsspielraum des Gesetzgebers[777] nicht als verletzt anzusehen ist, da sich die Regelungen immer noch auf ein landesrechtliches Gesetzgebungsverfahren beziehen.[778] Die Dependenz der Endgültigkeit der landesrechtlichen Zulässigkeitsentscheidung vom Grundgesetz[779] legitimiert auch die Aufnahme des Grundgesetzes in den Arbeitsauftrag der Landesgerichte.[780] Kennzeichnend ist, dass von der „*besondere*[n] *Fallkonstellation der vorbeugenden Normenkontrolle*"[781] die Rede ist. Es handelt sich vorliegend um ein einziges Verfahren, für welches gewichtige Gründe zugunsten einer Prüfung anhand des Grundgesetzes sprechen und welches im Kern nur die Gesetzgebung auf Landesebene thematisiert. Eine gravierende Veränderung des zugrundeliegenden Leitbilds der landesverfassungsgerichtlichen Aufgaben ist abzulehnen.

bb) Keine Schlechterstellung des Volksgesetzgebers

Auch die Anordnung der Kompetenz zur Vorabprüfung durch einfaches Landesrecht begründet mit identischer Argumentation wie bei der

---

772 So insbesondere das sich bildende Volk und die im Rahmen der Zulässigkeit eingeschalteten Organe, siehe dazu *Rozek*, Prüfungs- und Entscheidungsmaßstab, S. 273 m.w.N.

773 Exemplarisch Erster Abschnitt, D.

774 *Bethge*, NJW 1975, 77 (77 f.).

775 *Rozek*, Prüfungs- und Entscheidungsmaßstab, S. 274 f.

776 *Rozek*, Prüfungs- und Entscheidungsmaßstab, S. 275.

777 *Pestalozza*, Verfassungsprozeßrecht, § 17 Rn. 11 (S. 241).

778 BayVerfGH v. 27.3.1990 – Vf. 123-IX-89, BayVerfGHE 43, 35 (56).

779 Siehe die Ausführungen zur Bindungswirkung der Gesetzgebungskompetenzen als Durchgriffsnorm den Zweiten Abschnitt, D.III.2.

780 So im Ergebnis auch *Rozek*, Prüfungs- und Entscheidungsmaßstab, S. 275.

781 *Rozek*, Prüfungs- und Entscheidungsmaßstab, S. 275.

landesverfassungsrechtlichen Zuweisung keinen Verstoß gegen das landesverfassungsrechtliche Demokratieprinzip.[782]

c) Zusammenfassung

Die Erhebung der Gesetzgebungskompetenzen zur Zulässigkeitsvoraussetzung ist sowohl auf landesverfassungsrechtlicher als auch einfach landesrechtlicher Basis mit der Landesverfassung vereinbar. Auch wenn die Zuweisung der Prüfung auf landesverfassungsrechtlicher Basis die *„verfassungssystematisch saubere Lösung"*[783] ist, ist die landesrechtliche Zuweisung als zulässig[784] zu bewerten.

2. Vereinbarkeit mit dem Grundgesetz

Der Schwerpunkt der Vorabüberprüfung liegt in der Vereinbarkeit mit dem Grundgesetz. Auch wenn nicht anhand des Grundgesetzes entschieden, sondern nur geprüft wird, obliegt diese Aufgabe originär dem Bundesverfassungsgericht, was nicht zuletzt die Konzentration der Rechtsprechung durch die Vorlagen nach Art. 100 Abs. 1, 3 GG aufzeigt. Ihm steht die Aufgabe zur Überwachung der Vereinbarkeit von Gesetzen mit dem Grundgesetz und die daraus resultierende Verwerfungskompetenz zu. Durch die Zuweisung an das Landesverfassungsgericht könnte aber in den originären Aufgaben- und Wirkungskreis des Bundesverfassungsgerichts eingegriffen werden, was wiederum zu einer Unvereinbarkeit mit dem Grundgesetz führen würde. Sowohl in Rechtsprechung[785] als auch Literatur[786] wird ein Konflikt mit dem Kompetenzbereich des Bundesverfassungsgerichts hingegen überwiegend mit dem Verweis der fehlenden bundesverfassungsrechtlichen Vorabprüfung von Gesetzentwürfen und dem mangelnden Anwendungsbereich der Vorlageverpflichtungen verneint.

---

782 Dritter Abschnitt, B.II.1.a),aa)

783 *Menzel*, Landesverfassungsrecht, S. 528.

784 So im Ergebnis auch *Kaiser*, NvWZ 2020, 207 (209); vgl. ferner *Lindner*, BayVBl. 2019, 721 (722).

785 LVerfG SH v. 6.12.2019 – 2/18, LVerfGE 30, 470 (495); BerlVerfGH v. 13.5.2013 – VerfGH 32/12, LVerfGE 24, 26 (40); BayVerfGH v. 14.6.1985 – Vf. 20-IX-85, BayVerfGHE 38, 51 (59).

786 *Bethge*, Landesverfassungsgerichtsbarkeit Bnd. II, S. 17 (31); *Blackstein*, Landesverfassungsgericht SH, S. 208 f.; *Grawert*, NWVBl. 1987, 2 (6 f.); *Kaiser*, NVwZ 2020, 207 (208); *Menzel*, Landesverfassungsrecht, S. 528; *Rozek*, Prüfungs- und Entscheidungsmaßstab, S. 276 f.

a) Die repressive Überprüfung des Bundesverfassungsgerichts

Ein prinzipieller Eingriff in den Aufgabenkreis des Bundesverfassungsgerichts lässt sich ausschließen, da dessen Wirkungskreis auf eine repressive Kontrolle von Gesetzen zugeschnitten ist und keine präventive Kontrolle von Gesetzentwürfen kennt.[787] Das Verfahren der abstrakten Normenkontrolle nach Art. 93 Abs. 1 Nr. 2 GG verlangt als Zulässigkeitsvoraussetzung grundsätzlich die Verkündung der überprüften Norm,[788] die Vorlage von Gesetzentwürfen ist nicht vorgesehen. Die Normenkontrolle hat den Schutz der Verfassung zum Ziel[789] und überprüft somit grundsätzlich auch nur diejenigen Gegenstände, die diesen Schutz unterlaufen könnten; dazu zählt aber nur geltendes Recht.[790]

Ausnahmsweise ist eine Überprüfung von Gesetzentwürfen (vor Verkündung und Inkrafttreten, das Gesetzgebungsverfahren muss im Übrigen abgeschlossen sein) [791] nur im Rahmen von Zustimmungsgesetzen zu völkerrechtlichen Verträgen geboten, um den Zustand eines europarechtskonformen, aber grundgesetzwidrigen Gesetzes (oder umgekehrt) zu verhindern.[792] Schon aus der Nichtexistenz der Volksgesetzgebung auf Grundgesetzebene ergibt sich somit die Einzigartigkeit der präventiven Kontrolle von Gesetzentwürfen bei den Landesverfassungsgerichten.

b) Keine Vorlagemöglichkeit nach Art. 100 Abs. 1 GG

Eine Verletzung des bundesverfassungsgerichtlichen Verwerfungsmonopols wird mangels tauglichen Vorlagegegenstandes verneint; wie bei der abstrakten Normenkontrolle seien nur verkündete Gesetze vorlagefähig.[793] Dafür streitet schon der Wortlaut „Gesetz".

---

787 Dieses Argument scheint in der gesamten Diskussion das „Totschlagargument" zu sein, um die Praxis der Landesverfassungsgerichte mit nur einem einzigen Satz zu rechtfertigen; siehe dazu Nachweise in Fn. 785, 786.

788 Vgl. BVerfG v. 30.7.1952 – 1 BvF 1/52, BVerfGE 1, 396 (400); *Söhn*, Bundesverfassungsgericht und Grundgesetz Bnd. I, S. 292 (314).

789 *Benda/Klein*, Verfassungsprozessrecht, S. 275 Rn. 662; *Blackstein*, Landesverfassungsgericht SH, S. 208 f.

790 *Benda/Klein*, Verfassungsprozessrecht, S. 284 Rn. 682 f.; vgl. ferner *Kees*, BVerfGG Mitarbeiterkommentar, § 76 Rn. 37 f.

791 *Benda/Klein*, Verfassungsprozessrecht, S. 285 Rn. 683.

792 *Benda/Klein*, Verfassungsprozessrecht, S. 285 Rn. 684.

793 Vgl. *Bethge*, Maunz/Schmidt-Bleibtreu/Klein/Bethge, BVerfGG, § 85 Rn. 32; *Detterbeck*, Sachs GG, Art. 100 Rn. 8; *Kment*, Jarass/Pieroth GG, Art. 100 Rn. 11.

Der Sinn der Konzentration der Grundgesetzprüfung beim Bundesverfassungsgericht mag damit aber konterkariert werden, so dass auch die Vorlage von Gesetzentwürfen als zulässig erachtet wurde.[794] Das Landesverfassungsgericht könne zwar den in Frage stehenden Gesetzentwurf hinsichtlich seiner Vereinbarkeit mit dem Grundgesetz prüfen, das bundesverfassungsgerichtliche Verwerfungsmonopol könne dadurch aber nicht verkürzt werden.[795] Vielmehr sei es dem Sinn und Zweck der Konzentrationsfunktion nach geboten, dem Bundesverfassungsgericht auch die Überprüfung des Gesetzgebers im Volksgesetzgebungsverfahren zu übertragen und einen Gesetzentwurf als Gesetz i.S.d. Art. 100 Abs. 1 GG zu behandeln.[796]

Eine derartige Vorlage ist abzulehnen. Einerseits wird zurecht darauf hingewiesen, dass der Wortlaut des Art. 100 Abs. 1 GG in diese Richtung nicht auslegungsoffen ist;[797] es mangelt weiterhin an einem Gesetz und somit an einem tauglichen Vorlagegegenstand. Ferner ist auch in diesem Verfahren der Schutz des Grundgesetzes verfehlt. Ein Gesetzentwurf im Volksgesetzgebungsverfahren kann die Wirksamkeit des Grundgesetzes ebenso wenig gefährden wie ein solcher im Parlamentsgesetzgebungsverfahren.[798] Das Ziel der Wahrung der Prüfungskonzentration und strengen Einhaltung des Trennungsprinzips mag über diese Bedenken nicht hinweghelfen.

c) Keine grundlegende Vorlageverpflichtung nach Art. 100 Abs. 3 GG

Auch Art. 100 Abs. 3 GG kann nicht als prüfungshindernder Ausfluss der Prüfungskonzentration beim Bundesverfassungsgericht herangezogen werden. Ebenso wenig wie die Divergenzvorlage als umfassende Kompetenz zur Anwendung des Grundgesetzes als Prüfungsmaßstab herangezogen werden kann,[799] kann sie die Vorabprüfung verhindern. Vorausgesetzt ist, dass das Landesverfassungsgericht bei der Anwendung einer Kompetenz das Grundgesetz divergierend auslegt; vorliegend handelt es sich um das Paradebeispiel dieser Vorschrift. Das Landesverfassungsgericht beruft sich bei der Prüfung auf eine Landeskompetenz, in dessen Rahmen das Grundgesetz zum Zulässigkeitsmaßstab der Volksgesetzgebung erhoben wird. Es wird direkt am Maßstab des Grundgesetzes

---

794 So *Schmidt*, NVwZ 1982, 181 (181 f.).
795 *Schmidt*, NVwZ 1982, 181 (182).
796 *Schmidt*, NVwZ 1982, 181 (182).
797 Vgl. *Rozek*, Prüfungs- und Entscheidungsmaßstab, S. 277.
798 So *Blackstein*, Landesverfassungsgericht SH, S. 208 f.
799 Bereits Zweiter Abschnitt, C.I.2.

geprüft, so dass die Frage der Anwendbarkeit des Art. 100 Abs. 3 GG bei der mittelbaren Grundgesetzprüfung[800] offenbleiben kann.

Art. 100 Abs. 3 GG kann in diesem Zusammenhang somit als Absicherung der Prüfung am Maßstab des Grundgesetzes im Volksgesetzgebungsverfahren verwendet werden,[801] indem dessen Grundgedanken gefolgt wird, dass eine Prüfung anhand des Grundgesetzes durch die Landesverfassungsgerichte generell möglich ist. Damit lässt sich aber auch festhalten, dass die Landesverfassungsgerichte zur Vorlage verpflichtet sind, sollten sie im Rahmen der Beurteilung der Gesetzgebungskompetenzen von der Auslegung des Bundesverfassungsgerichts abweichen.[802]

d) Die Untauglichkeit sonstiger Verfahren zur Rüge der Verletzung der Gesetzgebungskompetenzen durch einen Gesetzentwurf

Schon bei der Ablehnung einer ungeschriebenen Kompetenzgrundlage wurde auf die Existenz von Verfahren hingewiesen, welche der Gefahr eines kompetenzwidrigen Gesetzes aufgrund eines Volksgesetzgebungsverfahrens entgegenwirken.[803] Ebenso wenig wie der Bund-Länder-Streit der Zulässigkeit der Präventivprüfung entgegensteht (im verfahrenstechnischen Sinne), kann er eine entgegenstehende Kompetenz des Bundesverfassungsgerichts zur Überprüfung von Gesetzentwürfen rechtfertigen.[804] Trotz der prinzipiellen Möglichkeit[805] ist konkreter Streitgegenstand des Bund-Länder-Streits weiterhin das Bestehen von Rechten und Pflichten des Bundes und der Länder aus einem zwischen ihnen bestehenden Rechtsverhältnis[806] (vgl. Art. 93 Abs. 1 Nr. 3 GG) und nicht die präventive Inzidenzkontrolle des Gegenstands einer Volksinitiative oder eines Volksbegehrens auf seine Vereinbarkeit mit den Gesetzgebungskompetenzen. Zudem stehen sich als Beteiligte nicht Bund und Länder gegenüber, sondern die Volksgesetzgeber vertreten von ihren jeweiligen Vertrauenspersonen und das

800 Für die Anwendung von Art. 100 Abs. 3 GG auch in den Fällen, in denen das Grundgesetz inkorporiert wird, *Möstl*, BayVBl. 2017, 659 (663).

801 So insbesondere LVerfG SH v. 6.12.2019 – 2/18, LVerfGE 30, 470 (495); siehe auch *Bethge*, Maunz/Schmidt-Bleibtreu/Klein/Bethge, BVerfGG, § 85 Rn. 32.

802 So auch *Rozek*, Prüfungs- und Entscheidungsmaßstab, S. 278.

803 Dazu Dritter Abschnitt, B.I.2.

804 So auch *Rozek*, Prüfungs- und Entscheidungsmaßstab, S. 278.

805 Dazu Fn. 707.

806 Dazu kann mitunter aber auch ein Gesetz als Streitgegenstand zählen, vgl. BVerfG v. 23.10.1951 – 2 BvG 1/51, BVerfGE 1, 14 (30); *Wieland*, Dreier GG Bnd. III, Art. 93 Rn. 76. Aber auch hier steht ein Gesetz als Gegenstand fest und kein Gesetzentwurf.

zur Überprüfung in erster Instanz berufene Organ. Die Verfahren „*sind deshalb inkommensurabel.*“[807]

Es bleibt somit bei der fehlenden Kompetenz des Bundesverfassungsgerichts. Diesem ist es auch im Verfahren nach Art. 93 Abs. 1 Nr. 3 GG nicht möglich, Gesetzentwürfe zu überprüfen. Die einzige Möglichkeit zur Überprüfung des identischen Verfahrensgegenstandes wäre in den Fällen denkbar, in denen das Bundesverfassungsgericht nach Art. 99 GG agiert, dabei handelt es sodann aber nicht mehr als Bundes-, sondern nunmehr als Landesverfassungsgericht. Insofern scheidet auch in dieser Konstellation eine Kollision aus.

e) Zusammenfassung

Die Erhebung der Gesetzgebungskompetenzen zur Zulässigkeitsvoraussetzung im Volksgesetzgebungsverfahren ist mangels entgegenstehender Prüfungskompetenz des Bundesverfassungsgerichts hinsichtlich eines fehlenden identischen Prüfungsgegenstandes mit dem Grundgesetz vereinbar. Insofern scheidet auch eine Vorlageverpflichtung des landesrechtlichen oder landesverfassungsrechtlichen Prüfauftrages nach Art. 100 Abs. 1 GG aus.

3. Die Voraussetzungen einer landesverfassungsrechtlichen Überprüfung der Gesetzgebungskompetenzen im Volksgesetzgebungsverfahren

Die Zulässigkeit der Prüfung anhand der Gesetzgebungskompetenzen im Volksgesetzgebungsverfahren folgt somit dem Bestehen zweier Mindestvoraussetzungen: Einerseits muss eine Kompetenz zur Überprüfung existieren. Diese kann sich wohl aus der Landesverfassung selbst oder aus einfachem Landesrecht ergeben. Die Prüfung kraft ungeschriebener Kompetenz ist somit zu versagen; obgleich die Kompetenz auch durch Auslegung ermittelt werden kann. Diese erste Voraussetzung variiert dabei je nach Bundesland und zur Verfügung stehender Rechtsgrundlage.

Zweite notwendige Voraussetzung ist die fehlende Kompetenz des Bundesverfassungsgerichts. Auch diese Voraussetzung ist erfüllt, da das Bundesverfassungsgericht einerseits durch die vom Grundgesetz zugewiesenen Aufgaben nicht in der Lage ist, einen Gesetzentwurf präventiv auf seine Rechtmäßigkeit hin zu überprüfen und andererseits auch das Verwerfungsmonopol des Bundesverfassungsgerichts mangels tauglichen Vorlagegegenstandes nicht berührt

---

807 *Rozek*, Prüfungs- und Entscheidungsmaßstab, S. 278.

wird. Erforderlich wäre eine doppelte Aufgabenzuweisung: auf den anzulegenden Prüfungsmaßstab und den zu prüfenden Gegenstand. Durch die Zuweisung an die Landesverfassungsgerichte erfolgt hingegen nur ein Eingriff in ersteres, an einem korrespondierenden Prüfungsgegenstand mangelt es.

Die Landesverfassungsgerichte bleiben indes zur Divergenzvorlage verpflichtet, was eine Prüfung hingegen nicht ausschließt. Die Voraussetzung der fehlenden Kompetenz ist universell gültig und bleibt es abgesehen von neuen Entwicklungen in der Rechtsprechung oder der Einführung einer Volksgesetzgebung auf Bundesebene auch.

4. *Die Reduzierung der Prüfungsintensität*

Zuletzt verbleibt die Untersuchung der Prüfungsintensität, welche durch die Rechtsprechung des Bayerischen Verfassungsgerichtshofs geprägt ist; die übrigen Landesverfassungsgerichte haben sich dieser bisher nicht angeschlossen. Demnach versagt der Gerichtshof die Zulässigkeit der Volksgesetzgebung nur, wenn jede mögliche Auslegung des Grundgesetzes zu einer Unvereinbarkeit mit dem Gesetzentwurf führt.[808]

Dem Gericht wird in diesem Punkt Inkonsequenz vorgeworfen.[809] Die Verfahrensweise des Gerichts sei widersprüchlich, wenn einerseits die Richtigkeit der Auslegung nicht endgültig festgelegt wird, dies andererseits aber für die Vertretbarkeit der Auslegung geschieht.[810] Es habe den nach seiner Auslegung zutreffenden Maßstab zugrunde zu legen und Zweifel zu vermeiden; alles andere widerspreche der richterlichen Aufgabe und könne der Entscheidung keine streitbeendende Funktion zuschreiben.[811]

Dem wird wiederum entgegengesetzt, dass dem Landesverfassungsgericht die letztverbindliche Auslegung des Grundgesetzes nicht zustehe.[812] Zudem gebiete es die Achtung vor dem Volksgesetzgeber, das gesamte Volksgesetzgebungsverfahren bei Zweifeln über die Vereinbarkeit nicht zu blockieren.[813] Insbesondere dürfe eine Vorwegnahme der Entscheidung bei komplexeren Gestaltungen nicht

---

808 Dazu Dritter Abschnitt, A.I.8.d); im Ergebnis auch *Tilch*, FS BayVerfGH zum 50-jährigen Bestehen, S. 275 (283 f.).

809 *Rozek*, Prüfungs- und Entscheidungsmaßstab, S. 279.

810 *Rozek*, Prüfungs- und Entscheidungsmaßstab, S. 279.

811 *Rozek*, Prüfungs- und Entscheidungsmaßstab, S. 279.

812 *Kaiser*, NVwZ 2020, 207 (209); *Lindner*, BayVBl. 2019, 721 (725); insofern unbestritten von *Rozek*, Prüfungs- und Entscheidungsmaßstab, S. 279.

813 *Kaiser*, NVwZ 2020, 207 (209).

im Hinblick auf die dafür vorgesehenen repressiven Verfahren durchgeführt werden.[814]

Die Prüfungsintensität stellt den Ausgleich zwischen der Rechtswahrung und Achtung des Volksgesetzgebungsverfahrens dar; die Ansicht des Bayerischen Verfassungsgerichtshofs tendiert zu der Volksgesetzgebung, eine vollumfängliche Prüfung zu einer hohen Intensität für die Rechtswahrung. Es wird eine hypothetische Betrachtung angestellt: Würde das Bundesverfassungsgericht das später zustande gekommene Gesetz aufgrund des Verstoßes gegen Gesetzgebungskompetenzen verwerfen? Solange diese Frage nicht eindeutig positiv beantwortet werden kann, votiert der Bayerische Verfassungsgerichtshof im Zweifel für die Zulässigkeit der Volksgesetzgebung. Der Ansatz selbst ist erstrebenswert und versucht einen Ausgleich zwischen der Notwendigkeit der präventiven Kontrolle und Einschnitten in das Volksgesetzgebungsverfahren zu erreichen. Wenn schon frühzeitig kontrolliert wird, dann immerhin nicht vergleichbar intensiv wie bei einer repressiven Kontrolle. Denn nur die bloße Möglichkeit der späteren Aufhebung könne das Volksgesetzgebungsverfahren nicht endgültig stoppen.[815]

Schon fraglich bleibt, wann eine Möglichkeit der Aufhebung besteht. Dafür verbleibt nur diejenige Fallkonstellation, in der keinerlei Rechtsprechung seitens des Bundesverfassungsgerichts vorliegt. Ein Konfliktpotenzial liegt nur in diesen gänzlich unbekannten Auslegungsspielräumen der Gesetzgebungskompetenzen vor. Bei vorhandener Auslegung orientiert sich das Landesverfassungsgericht entweder an dieser Auslegung des Bundesverfassungsgerichts und damit auf Ebene der „richtigen" Auslegung oder es muss bei Abweichung nach Art. 100 Abs. 3 GG vorlegen.[816] Die Möglichkeit, das Bundesverfassungsgericht könne seine bisherige Rechtsprechung zu der einschlägigen Kompetenz mittlerweile geändert haben, kann eine geringere Prüfungsintensität nicht rechtfertigen; die Möglichkeit der Kassation ist in Anbetracht der Folgen einer falsch prognostizierten Zulässigkeit zu gering. In dieser Konstellation legt das Landesverfassungsgericht das Grundgesetz auch nicht letztverbindlich aus. Warum sollte

814 *Lindner*, BayVBl. 2019, 721 (724). Zusätzlich wird die unterschiedliche Besetzung des Landesverfassungsgerichts in den unterschiedlichen Verfahrensarten als Argument angeführt, so insbesondere der Vergleich zwischen einer hypothetischen Normenkontrolle, dazu *Lindner*, BayVBl. 2019, 721 (725). Die unterschiedliche Besetzung des Gerichts stellt aber eine landesrechtliche Besonderheit dar, so dass das Argument nicht universell auf die generelle Beantwortung der Problematik ausgedehnt werden kann.

815 *Lindner*, BayVBl. 2019, 721 (725).

816 Dazu kritisch *Lindner*, DÖV 2021, 12 (20).

es den Gerichten in derartigen Fällen also genommen werden, endgültig über die Sachlage zu entscheiden? Als Konsequenz würde dies zu der Konstellation führen, dass ein zweifelhaft zulässiges Volksgesetzgebungsverfahren weiterhin mit voller Ressourcenausgabe durchgeführt wird. Schon damit bleibt fraglich, ob seitens der Unterstützer ein Verfolgungswille besteht, wenn das Begehren mit der Möglichkeit der Kassation weiter betrieben wird. Der Schaden, wenn das Begehren von dem Gericht als im Zweifel zulässig bewertet und das fertige Gesetz dennoch kassiert wird, dürfte für die Integrität der Volksgesetzgebung ungleich größer sein.

Bei Auslegungsfragen ohne vorliegende Rechtsprechung des Bundesverfassungsgerichts liegt die Konstellation anders. Die Möglichkeit der anschließenden Kassation durch das Bundesverfassungsgericht steigt, das Gericht nimmt lediglich eine Prognose über die voraussichtliche Entscheidung vor. Sollte das Gericht somit bei einer vertretbaren Auslegungsprognose zu einer Vereinbarkeit der Volksgesetzgebung mit den Gesetzgebungskompetenzen gelangen, ist im Zweifel eigentlich für das Volksbegehren zu stimmen; dieses also zuzulassen. Aber auch hier stellen sich sodann die praktischen Schwierigkeiten, dass das Volksgesetzgebungsverfahren auf einer unsicheren rechtlichen Grundlage fortgeführt wird. Dies kann für alle Beteiligten kein erstrebenswerter Zustand sein. Durch das Offenlassen der endgültigen Entscheidung überträgt das Gericht die Prognoseentscheidung hinsichtlich der Kassation durch das Bundesverfassungsgericht auf die Volksgesetzgebung selbst; diese müssen sodann über die Erfolgsaussichten der Fortsetzung unter Bezugnahme des Ressourcenverbrauchs entscheiden. Die Konsequenz eines derartigen Verfahrensausgangs bewirkt somit lediglich Rechtsunsicherheit, aber nicht die durch die Anrufung des Landesverfassungsgerichts begehrte Funktion der Streitbeendigung unter Ausspruch eines Ergebnisses, welches den weiteren Verfahrensverlauf[817] auf eine sichere Grundlage stellt. Dasselbe Ergebnis würde erreicht werden, wenn die Gesetzgebungskompetenzen gar nicht erst in den Prüfungsmaßstab fallen; der Sinn und Zweck[818] des Einbezugs wird konterkariert. Insofern ist auch bei nicht vorhandener Rechtsprechung des Bundesverfassungsgerichts eine verbindliche Entscheidung des Landesverfassungsgerichts einzuholen, um dem Sinn und Zweck der Vorabkontrolle vollends gerecht zu werden. Das Risiko einer anderslautenden hypothetischen Entscheidung des Bundesverfassungsgerichts ist in Anbetracht des Zwecks zu legitimieren.

---

817 Entweder die Fortführung des Volksgesetzgebungsverfahrens oder dessen Beendigung.

818 Dazu bereits Dritter Abschnitt, B. II. 1. a), aa)

Resümierend unterliegt das Landesverfassungsgericht keiner eingeschränkten Prüfungsintensität; es hat die nach seiner Sicht richtige Auslegung zu ermitteln – bei Abweichung zur Rechtsprechung des Bundesverfassungsgerichts nach Art. 100 Abs. 3 GG vorzulegen – und das Volksgesetzgebungsverfahren anhand dieses Ergebnisses für zulässig oder unzulässig zu erklären.

C. Die Zulässigkeit der landesverfassungsgerichtlichen Überprüfung im Falle der hypothetischen Einfügung direktdemokratischer Elemente auf Bundesebene

Nach derzeitiger Verfassungslage ist die Überprüfung durch die Landesverfassungsgerichte zulässig. Durch die vermehrte Forderung nach direktdemokratischen Elementen auf Bundesebene[819] ist eine Einführung derer nicht auszuschließen, was eine Neubewertung der aktuellen Ausgangslage rechtfertigt. Trotz der aktuellen Unzulässigkeit der Einführung besteht die Möglichkeit zur Schaffung eigener Verfahrensregelungen im Grundgesetz zur Volksgesetzgebung, die eine nach Art. 79 Abs. 3 GG geforderte Länderbeteiligung garantieren.[820] Die Bewertung findet somit anhand einer hypothetischen Zukunftsbetrachtung statt.

Die Risiken einer ungeprüften Durchführung der Volksgesetzgebung gestalten sich auf Bundesebene identisch, so dass die Gründe[821] einer Legitimation der Präventivkontrolle auch hier zur Befürwortung ebenjener heranzuziehen sind. Wie gehabt prüft das Bundesverfassungsgericht sodann entlang des Trennungsprinzips an dem Grundgesetz. Damit vereinnahmt es den zugewiesenen Prüfungsmaßstab für sich, so dass die Entscheidung über die Zulässigkeit der derzeitigen Prüfungsdurchführung durch die Landesverfassungsgerichte von der Zuweisung des Prüfungsgegenstandes abhängt.

Unterstellt, eine vergleichbar mit Art. 100 Abs. 1 GG konzipierte Überprüfung sämtlicher Gesetzentwürfe im Volksgesetzgebungsverfahren bei dem Bundesverfassungsgericht würde eingerichtet, gestaltet sich die Prüfung durch die Landesverfassungsgerichte aufgrund der Zuweisung als unzulässig. Dem Bundesverfassungsgericht würde das Monopol zustehen, sämtliche volksgesetzgebungsinitiierten Gesetzentwürfe auf die Vereinbarkeit mit dem Grundgesetz und insbesondere den Gesetzgebungskompetenzen zu prüfen. Insofern ergibt

---

819 Siehe dazu die Einleitung.

820 Dazu Erster Abschnitt, C.II.

821 Dazu Dritter Abschnitt, B. II. 1. a), aa)

sich eine Parallele zur jetzigen Verfassungslage, wonach das Bundesverfassungsgericht sowohl Bundes- als auch Landesgesetze hinsichtlich der Konformität mit dem Grundgesetz überprüft und durch die Vorlageverpflichtung das Verwerfungsmonopol für sich beanspruchen kann.

Indes wäre die Schaffung einer derartigen Prüfungskonzentration schon aus praktischen Gründen anzuzweifeln. Eine derartige Zuweisung würde dem Bundesverfassungsgericht die Prüfung sämtlicher Volksgesetzgebungsverfahren im gesamten Bundesgebiet auferlegen und die Landesverfassungsgerichte von ihrer jeweiligen Aufgabe entbinden. Es dürfte der Aufgabenfunktion und insbesondere der Arbeitsauslastung des Bundesverfassungsgerichts widersprechen, wenn es die zusätzliche Aufgabe der 16 Landesverfassungsgerichte übernehmen müsste. Zudem bleibt unklar, ob dem Bundesverfassungsgericht in diesem Fall lediglich die Prüfung der Vereinbarkeit mit dem Grundgesetz oder auch anderweitige Zulässigkeitsvoraussetzungen zugewiesen werden. Die Trennung des Rechtsweges in Schleswig-Holstein[822] offenbart schon, dass das Bundesverfassungsgericht nicht mit der umfassenden Prüfung sämtlicher Zulässigkeitsvoraussetzungen betraut werden soll.

Wie gehabt kann das Bundesverfassungsgericht über bestehende Verfahrensarten keine Landesgesetzentwürfe überprüfen.[823] Die Zulässigkeit der Überprüfung durch Landesverfassungsgerichte hängt somit lediglich davon ab, ob auch Landesgesetzentwürfe dem Bundesverfassungsgericht zur Überprüfung zugewiesen werden würden. Mangels entsprechender Regelungen bewegt sich diese Ausführung natürlich im Bereich eines reinen Gedankenkonstrukts ohne tatsächliche Implikationen, soll aber dennoch als kleiner Denkanstoß für etwaige zukünftige Änderungen dienen.

D. Zusammenfassung

Das Landesverfassungsgericht ist berechtigt und verpflichtet, die Volksinitiative bzw. das Volksbegehren auf seine Zulässigkeit mit den Gesetzgebungskompetenzen des Landes zu überprüfen. Technisch gesehen handelt es sich bei dem Verfahren um eine präventive Normenkontrolle, die frühzeitig in die Rechte des Volksgesetzgebers eingreift. Zur Verhinderung des Auseinanderfallens des Volksgesetzgebungsverfahrens mit der rechtlichen Wirklichkeit und der

---

822 Erster Abschnitt, D.III.1.,2.

823 Dritter Abschnitt, B.II.2.

fehlenden Überprüfungsfunktion im Verfahren selbst ist eine Vorabüberprüfung rechtlich zu rechtfertigen und praktisch sinnvoll.

Das Landesverfassungsgericht muss sich für die Durchführung der Überprüfung hingegen auf eine ausdrückliche oder zumindest durch Auslegung zu entnehmende Kompetenz stützen können. Diese kann sich aus der Landesverfassung oder aus einfachem Landesrecht ergeben. Die Prüfung auf Grundlage einer ungeschriebenen Kompetenz ist abzulehnen. Im Rahmen der Prüfungszuweisung wird das Grundgesetz zur Zulässigkeitsvoraussetzung erhoben und auch in dieser Form geprüft; es bildet damit einen Teil des Prüfungs-, hingegen nicht des Entscheidungsmaßstabes ab. Konfliktpotenzial besteht hinsichtlich eines Eingriffs in den Aufgabengebereich des Bundesverfassungsgerichts, welches zur Prüfung des Grundgesetzes berufen ist. Bestehende Verfahren sind allerdings nicht in gleicher Art und Weise wie eine präventive Prüfung geeignet, den Zweck der Vorabprüfung zu gewährleisten. Mangels Aufgabenbereichs des Bundesverfassungsgerichts zur Überprüfung von Gesetzentwürfen findet kein Eingriff in dessen Aufgabenbereich statt, so dass die landesrechtliche Aufgabenzuweisung im Kontext des Grundgesetzes als zulässig zu bewerten ist. Die Überprüfung der Gesetzgebungskompetenzen erfordert damit sowohl einen Prüfungsauftrag als auch eine fehlende Kollision mit dem Bundesverfassungsgericht.

Bei der Durchführung der Prüfung ist das Landesverfassungsgericht nicht auf eine geringere Prüfungsintensität verwiesen. Der Sinn und Zweck der Vorabprüfung und die Funktion des Verfahrens zur Schaffung von Rechtssicherheit und Beendigung des Streits rechtfertigen eine umfassende Prüfungsintensität. Konflikte zur bundesverfassungsrechtlichen Rechtsprechung sind durch die Vorlagepflicht nach Art. 100 Abs. 3 GG nicht zu besorgen.

Vierter Abschnitt – Zusammenfassung der Ergebnisse

Das Volksgesetzgebungsverfahren legt den Gesetzgebungsprozess umfassend in die Hände des Volkes und kann somit als direktdemokratischtes Element bezeichnet werden. Obwohl Abstimmungen terminologisch in Art. 20 Abs. 2 S. 2 GG angelegt sind, findet es sich als praktische Umsetzung nur in den Bundesländern wieder. Das Volksgesetzgebungsverfahren ist dort entweder zweistufig – Volksbegehren und Volksentscheid – oder dreistufig – die Volksinitiative als vorgegliedertes Eingangsverfahren – angelegt. Direktdemokratische Elemente wie die Volksbefragung, die isolierte Volksinitiative oder das Referendum stellen keine Bestandteile der Volksgesetzgebung dar.

Die Volksgesetzgebung auf Landesebene ist zulässig. Die jeweiligen Landesverfassungen sind dabei an dem Homogenitätserfordernis des Art. 28 Abs. 1 S. 1 GG zu messen. Aus diesen Anforderungen ergibt sich, dass die Länder kraft der ihnen zustehenden Verfassungsautonomie grundsätzlich befugt sind, das von Art. 28 Abs. 1 S. 1 GG geforderte Bestehen der Demokratie selbstständig zu realisieren. Eine passgenaue Angleichung auf die Konzeption des Grundgesetzes in Form der parlamentarischen Demokratie hat nicht zu erfolgen. Insbesondere ist kein Übergewicht des parlamentarischen Gesetzgebers zu erkennen (was sich schon aus der Gleichstellung von Wahl und Abstimmung nach Art. 20 Abs. 2 S. 2 GG ergibt), so dass aufgrund dieses Ansatzes der Volksgesetzgebung die Legitimation nicht abgesprochen werden kann.

Indes darf das Parlament durch die direkte Länderverpflichtung des Art. 28 Abs. 1 S. 2 GG – wonach eine Volksvertretung bestehen muss – nicht abgeschafft oder hinsichtlich seiner Funktionstauglichkeit ausgehöhlt werden. Die Realisierung des Demokratieprinzips auf Landesebene als ausschließlich direkte Demokratie ist demnach unzulässig, eine Vermischung beider Demokratieformen hingegen als zulässig zu bewerten. Dabei muss allerdings beachtet werden, dass zur Wahrung der Funktionsfähigkeit des Parlaments bestimmte Gegenstände nicht als taugliche Regelungsmaterie der Volksgesetzgebung in Betracht kommen, so insbesondere Fragen des Haushalts.

Nach derzeitigem Erkenntnisstand ist die Zulässigkeit der Volksgesetzgebung auf Bundesebene zu verneinen. Die Einführung steht unter einem zwingenden Verfassungsvorbehalt, welcher sich wiederum am Schutzbereich des Art. 79 Abs. 3 GG zu messen hat. Daraus folgen zwei Ansatzpunkte der

Unzulässigkeit: der Konflikt mit dem Grundsatz der Demokratie und der grundsätzlichen Mitwirkung der Länder an der Gesetzgebung.

Die Volksgesetzgebung stellt per se schon eine Ausformung des Demokratieprinzips dar und fügt sich somit in die Mindestanforderung der Ewigkeitsklausel. Aufgrund der verlangten Grundsätze der Demokratie spielt die Ausformung im Grundgesetz als parlamentarische Demokratie gleichwohl keine Rolle bei der Bestimmung des Mindestgehalts, so dass eine Zulässigkeit hinsichtlich dieses Aspekts zu bejahen ist. Stärkeres Konfliktpotenzial tritt somit bei der Beteiligung der Länder bei der Gesetzgebung auf. Obwohl die derzeitige Beteiligung in Form des Bundesrates nicht existenzgeschützt ist, würde die Implementierung der Volksgesetzgebung der Mitwirkung der Länder sämtlichen Boden entziehen. Bestehende Lösungsansätze sehen eine differenzierte Betrachtung der Stimmabgabe in Bundes- sowie Landesstimmen oder gar eine doppelte Stimmabgabe vor; diese Ansätze scheitern allerdings allesamt an der fehlenden Differenzierung zwischen Bundes- und Landesbürger sowie mangelnder Praktikabilität und Mitwirkung. Auch die Ersetzung des Bundestages durch den Volksentscheid unter Beibehaltung des bestehenden Gesetzgebungsverfahrens und der Rechte des Bundesrates vermögen mangels Kompatibilität des bestehenden – auf das Parlament zugeschnittenen - Gesetzgebungsprozesses mit der Volksgesetzgebung keine Abhilfe schaffen. Zudem ist Art. 79 Abs. 3 GG nicht derart aufzufassen, dass die Volksgesetzgebung als zulässige verfahrensrechtliche Ausnahme von der grundsätzlichen Mitwirkung der Länder zu verstehen ist.

Es ergibt sich demnach eine Unzulässigkeit der Volksgesetzgebung im Grundgesetz, die sich jedoch nur auf die derzeitige Verfassungslage bezieht. Notwendigerweise hat die Konzeption eines eigenen Volksgesetzgebungsverfahrens auf grundgesetzlicher Ebene zu erfolgen, welches durch möglicherweise noch zu schaffende Institutionen die Mitwirkung der Länder unter größtmöglicher Autonomie des Volkes wahrt. Die Zulässigkeit ist damit nur im Hinblick auf bestehende Regelungen zu verneinen, das Grundgesetz selbst steht einem eigenen Volksgesetzgebungsverfahren offen gegenüber.

Das Verfahren der Volksinitiative ähnelt sich sowohl im zweistufigen als auch dreistufigen Aufbau. Gegliedert in ein Einleitungs-, Haupt- und Abschlussverfahren entscheidet der Landtag respektive die Exekutive über die Zulässigkeit der Volksinitiative respektive des Volksbegehrens. Ausgehend von den Zulässigkeitsvoraussetzungen in den jeweiligen Landesverfassungen oder einfachgesetzlichen Regelungen hängt die Zulässigkeit der Volksgesetzgebung an dem Vorliegen einer Gesetzgebungskompetenz des Landes. Entscheidet der Landtag gegen das Bestehen einer solchen Kompetenz, kann das Landesverfassungsgericht zur Überprüfung dieser Entscheidung angerufen werden. Das

Landesverfassungsgericht prüft dabei kongruent zu der Legislative bzw. Exekutive; es hat sich mithin auch der Frage zu widmen, inwiefern das Vorliegen der Gesetzgebungskompetenz bejaht oder verneint werden kann. Es stützt sich zur Durchführung dieser Prüfung entweder auf einen direkten Prüfungsauftrag aus der Landesverfassung oder einfachem Landesrecht oder zumindest einen solchen Auftrag, der durch Auslegung den entsprechenden Regelungen zu entnehmen ist.

Durch die Zuweisung der Zulässigkeitsprüfung und damit dem Vorliegen von Gesetzgebungskompetenzen ist das Landesverfassungsgericht zur Grundgesetzprüfung aufgerufen. Die Durchführung der Prüfung kollidiert dabei mit dem herrschenden Verständnis der Abgrenzung der Verfassungsgerichtsbarkeiten durch das Trennungsprinzip: Aufgrund der getrennten Verfassungsräume prüft das Landesverfassungsgericht anhand der Landesverfassung, das Bundesverfassungsgericht anhand des Grundgesetzes. Ansätze, die eine generelle, prinzipielle Anwendung des Grundgesetzes als Prüfungsmaßstab der Länder durch das Einfügen in den Bundesstaat oder Art. 100 Abs. 3 GG befürworten, sind abzulehnen.

Die bestehenden Prüfungskompetenzen als Ausfluss des Trennungsprinzips sind indes nicht konsequent aufrecht zu erhalten. Insbesondere hat das Landesverfassungsgericht seinen eigenen entscheidungserheblichen Prüfungsmaßstab inzident als Vorfrage hinsichtlich der Konformität mit dem Grundgesetz zu bewerten und im Kollisionsfall nach Art. 100 Abs. 1 GG vorzulegen. An der Vorlagepflicht ist auch festzuhalten; durch die im Falle der Verwerfung simultan ergehende Letztentscheidung über das Grundgesetz würde ansonsten in unzulässiger Weise in das bundesverfassungsgerichtliche Verwerfungsmonopol eingegriffen werden.

Durch die bestehende Verschränkung der grundsätzlich getrennten Verfassungsräume ergeben sich indes weitere Ausnahmen zum bestehenden Trennungsprinzip. Dazu zählen einerseits die sogenannten Bestandteilsnormen, welche trotz ihrer Stellung im Grundgesetz zugleich in die Landesverfassung hineinwirken und somit zu einem Bestandteil des Landesverfassungsrechts werden. Als Anwendungsbereich derartiger Vorschriften werden unter anderem auch die Gesetzgebungskompetenzen aufgegriffen, was zu einer direkten Überprüfungsmöglichkeit durch das Landesverfassungsgericht in Einklang mit dem Trennungsprinzip führen würde. Diese Konzeption der Prüfung scheitert indes schon an der Fähigkeit der Gesetzgebungskompetenzen, simultan bestehendes Landes- sowie Bundesverfassungsrecht darzustellen; sie können nur überordnend im Rahmen der Bundesverfassung mit universeller Gültigkeit für alle Bundesländer geregelt werden.

Darüber hinaus ist das Konstrukt der Bestandteilsnormen ohnehin abzulehnen. Geschaffen durch das Bundesverfassungsgericht in Rechtsprechung zu Art. 21 Abs. 1 GG hat sich bis heute keine überzeugende, allgemeingültige Argumentation aufgezeigt, die den Bestandteilsnormen Legitimität verleihen können. Einer Grundgesetzbestimmung das Hineinwirken in die Landesverfassung zu attestieren und es so auch zu Landesverfassungsrecht zu machen, ignoriert den Willen des Landesverfassungsgebers und stellt somit einen Verstoß gegen die gliedstaatliche Verfassungsautonomie dar. Weiterhin ist ein Verstoß gegen die Gewaltenteilung zu besorgen, wenn das Bundesverfassungsgericht kraft seiner Rechtsprechung Normen im Ergebnis zu Landesverfassungsrecht erklärt. Das Bundesverfassungsgericht vertritt mittlerweile auch eine wohl eher restriktive Anwendungsmöglichkeit von Bestandteilsnormen.

Aufgrund der notwendigen Bindungswirkung der Gesetzgebungskompetenzen für den einfachen Gesetzgeber (für den Verfassungsgeber besteht derartige Bindung nicht) greifen diese in das Landesverfassungsrecht ein, ohne dabei jedoch Bestandteil des Landesverfassungsrechts zu werden, es handelt sich um sogenannte Durchgriffsnormen. Derartige Vorschriften stellen indes weiterhin originäre Grundgesetzbestimmungen dar und fallen somit nicht in den prinzipiellen anzuwendenden Prüfungsmaßstab der Landesverfassungsgerichte, sondern sind allenfalls inzident bei der Überprüfung des eigenen Prüfungsmaßstabes heranzuziehen. In der prinzipiellen Anwendung können Bestimmungen des Grundgesetzes nur abgebildet werden, wenn sie durch den Landesverfassungsgeber in einer autonomen Entscheidung zu Landesverfassungsrecht erklärt werden. Damit verbleibt es im Grundsatz, dass den Landesverfassungsgerichten eine prinzipielle Anwendung des Grundgesetzes auf den in Frage stehenden Prüfungsgegenstand zu versagen ist.

Trotz des Trennungsprinzips wird die Prüfung der Gesetzgebungskompetenzen durch die Gerichte durchgeführt und auch aus Kreisen der Literatur befürwortet. Für die Durchführung der präventiven Kontrolle sprechen auch gewichtige Gründe. Im Vergleich zum parlamentarischen Gesetzgebungsprozess offenbart sich, dass die Gefahr des Handelns aus reinem Privatinteresse ungleich größer ist und eine vergleichbare institutionelle Kontrolle durch Opposition und andere beteiligte Organe fehlt. Zur Wahrung des Auseinanderfallens von tatsächlicher und rechtlicher Wirklichkeit hat eine möglichst frühzeitige Prüfung zu erfolgen; auch, um die Ressourcenausgabe auf ein verschwenderisches Minimum zu reduzieren. Gleichwohl muss beachtet werden, dass der Überprüfung in zeitlicher sowie sachlicher Hinsicht Grenzen zu setzen sind.

Notwendigerweise hat den Gerichten ein expliziter oder zumindest durch Auslegung zu ermittelnder Prüfungsauftrag vorzuliegen, der dem Landesverfassungsgericht die Prüfungsdurchführung überträgt. Ungeschriebene Kompetenzen aus der Natur der Sache, dem Prinzip der Bundestreue und dem landesverfassungsrechtlichen Rechtsstaatsprinzip sind nicht zu bemühen.

Bei der Zuweisung der Vorabkontrolle handelt es sich um eine Durchbrechung des Trennungsprinzips. Denkbar wäre, die Gesetzgebungskompetenzen durch den Arbeitsauftrag als in die Landesverfassung integriert anzusehen, was ebenso zu einer prinzipiellen Überprüfung unter Beibehaltung des Trennungsprinzips führen würde. Für eine derartige Annahme fehlt indes der erkennbare autonome Integrationswille des Landesverfassungsgebers; ferner scheitert diese Ansicht dann, wenn die Landesverfassung keine eigenen Regelungen enthält; diese also nur in einfachem Landesrecht aufzufinden sind. Bei dem Arbeitsauftrag handelt es sich demnach um eine Erhebung der Gesetzgebungskompetenzen als Zulässigkeitsvoraussetzung des Volksgesetzgebungsverfahren, womit diese in den landesverfassungsgerichtlichen Prüfungsmaßstab integriert werden, allerdings nicht in dessen Entscheidungsmaßstab.

In der Systematik der Überprüfung des Grundgesetzes ergeben sich in der Zusammenschau der Ergebnisse des zweiten und dritten Abschnitts folgende Überlegungen: Der Grundsatz besagt, dass die Landesverfassungsgerichte nicht zur prinzipiellen Anwendung des Grundgesetzes auf den Überprüfungsgegenstand befugt sind, diese Aufgabe obliegt dem Bundesverfassungsgericht als Hüterin des Grundgesetzes. Gefordert ist einzig eine inzidente Anwendung des Grundgesetzes im Rahmen der Vorabprüfung der Vereinbarkeit des eigenen Prüfungsmaßstabes mit dem Grundgesetz, Art. 100 Abs. 1 GG. Man kann insofern auch von einer zulässigen prinzipiellen Anwendung auf den Prüfungsmaßstab und einer unzulässigen prinzipiellen Anwendung auf den Prüfungsgegenstand sprechen. Das Landesverfassungsgericht hat somit seinen Prüfungsmaßstab – und damit insbesondere die Aufgabenzuweisung zur Überprüfung der Gesetzgebungskompetenzen im Volksgesetzgebungsverfahren – nach Art. 100 Abs. 1 GG inzident zu überprüfen; aufgrund der Vereinbarkeit kommt eine Vorlage indes nicht in Betracht.

Die Prüfung der Gesetzgebungskompetenzen im Volksgesetzgebungsverfahren ist dabei sowohl mit der Landesverfassung als auch mit dem Grundgesetz vereinbar. Die Zuweisung der Präventivkontrolle verändert das landesverfassungsgerichtliche Aufgabenbild nicht derart, dass durch die Zuweisung in einfachem Landesrecht eine Verletzung der Landesverfassung anzunehmen ist. Zugleich ist im Hinblick auf die zu wahrenden Rechtsgüter in Form der Integrität des Staates und der Rechtswahrung die frühzeitige Prüfung durch Legislative oder Exekutive zu legitimieren. Die Prüfung hat sich dabei aber primär auf rechtliche Aspekte zu begrenzen, Zweckmäßigkeitserwägungen können der Zulässigkeit nicht entgegengehalten werden. Auf grundgesetzlicher Ebene könnte ein Eingriff in den Aufgabenbereich des

Bundesverfassungsgerichts vorliegen. Dabei ist allerdings erkennbar, dass das Bundesverfassungsgericht zwar zur Überprüfung und Entscheidung anhand des Grundgesetzes berufen ist, sich allerdings nicht in der Lage befindet, über Gesetzentwürfe zu entscheiden. Die Prüfung von Gesetzentwürfen durch die Landesverfassungsgerichte kann demnach keinen Eingriff in den bundesverfassungsgerichtlichen Aufgabenbereich rechtfertigen. Der Ausschluss der Prüfung durch das Landesverfassungsgericht würde eine zweifache Zuweisung an das Bundesverfassungsgericht erfordern; hinsichtlich des Prüfungsmaßstabes und des Prüfungsgegenstandes. Letzteres ist nicht gegeben. Eine prinzipielle Anwendung und somit bestehende Ausnahme zum Trennungsprinzipe ist nur im Verfahren der Volksgesetzgebung zu machen. Aufgrund des fehlenden korrespondierenden Aufgabenbereichs des Bundesverfassungsgerichts und unter Beachtung der Zweckmäßigkeitserwägungen sowie teleologischen Gründe der Vorabprüfung ist eine solche Ausnahme zu rechtfertigen.

Das Landesverfassungsgericht hat sich bei der Ausübung der zugewiesenen Kompetenz zudem nicht auf eine eingeschränkte Prüfungsintensität verweisen zu lassen. Es ist begrüßenswert, bei verbleibenden Zweifeln über die Auslegung des Grundgesetzes das Volksgesetzgebungsverfahren im Zweifel zuzulassen und diese nur zu versagen, wenn anhand einer Prognose eine Aufhebung durch das Bundesverfassungsgericht sicher anzunehmen ist. Gleichwohl ist ungewiss, wann prognostisch eine Aufhebung des zustande gekommenen Gesetzes durch das Bundesverfassungsgericht anzunehmen ist. Beim Vorliegen entsprechender Rechtsprechung ist ohnehin im Falle der Abweichung eine Vorlage nach Art. 100 Abs. 3 GG zu fordern, anderenfalls wird die Ansicht des Gerichts übernommen. Aber auch im Falle der fehlenden Rechtsprechung durch das Bundesverfassungsgericht ist eine eingeschränkte Prüfungsintensität nicht anzunehmen. Das Landesverfassungsgericht würde in diesem Fall die Prognose über die spätere Kassation des Gesetzes auf die Volksgesetzgebung selbst verlagern, was dem Sinn und Zweck der landesverfassungsgerichtlichen Aufgabe und dem Verfahrenszweck zur Schaffung von Rechtssicherheit und Streitbeendigung widerspricht.

Die derartige Praxis der Landesverfassungsgerichte, die Zulässigkeit der Volksgesetzgebung aufgrund der landesverfassungsrechtlichen oder einfach landesrechtlichen Aufgabenzuweisung an den Bestimmungen der Gesetzgebungskompetenzen zu messen, ist zulässig. Die Gesetzgebungskompetenzen werden von der Aufgabenzuweisung zulässig als Zulässigkeitsvoraussetzung der Volksgesetzgebung statuiert. Durch die Prüfung erfolgt somit zwar ein Eingriff in den bundesverfassungsgerichtlichen Prüfungsmaßstab, indes nicht in einen dem Bundesverfassungsgericht zugewiesenen Prüfungsgegenstand

Literaturverzeichnis

Anderheiden, Michael, Mitwirkung der Länder bei der Gesetzgebung, in: Isensee, Josef/Kirchhof, Paul (Hrsg.), Handbuch des Staatsrechts Band VI, Bundesstaat, 3. Auflage, Heidelberg 2008, § 140, S. 965 - 1003.

Anonymus, Der Fall Barschel – Zur Legitimationskrise unserer Parteidemokratie – Ansätze zu ihrer Überwindung, ZRP 1988, S. 62–66.

Badura, Peter, Staatsrecht – Systematische Erläuterung des Grundgesetzes, 7. Auflage, München 2018.

Barczak, Tristan, BVerfGG – Mitarbeiterkommentar zum Bundesverfassungsgerichtsgesetz, Berlin/Boston 2018 (zit.: *Bearbeiter*, BVerfGG Mitarbeiterkommentar).

Barschel, Uwe/Gebel, Volkram, Landessatzung für Schleswig-Holstein Kommentar, Neumünster 1976 (zit.: Kommentar Landessatzung SH).

Becker, Florian, Anmerkung zu HmbVerfG, Urt. v. 13.10.2016 – Az. HVerf 2/16, NVwZ 2016, S. 1708 - 1710.

Becker, Florian/Brüning, Christoph/Ewer, Wolfgang/Schliesky, Utz, Verfassung des Landes Schleswig-Holstein Handkommentar, 1. Auflage, Baden-Baden 2021 (zit.: *Bearbeiter*, LVerf SH Handkommentar).

Benda, Ernst/Klein, Eckart/Klein, Oliver, Verfassungsprozessrecht – Ein Lehr- und Handbuch, 3. Auflage, Heidelberg/München/Landsberg/Frechen/Hamburg 2012.

Berlit, Uwe, Soll das Volk abstimmen? Zur Debatte der direktdemokratischen Elemente im Grundgesetz, KritV 1993, S. 318–359.

Bethge, Herbert, Die Kompetenzabgrenzung zwischen Bundes- und Landesverfassungsgerichtsbarkeit bei der kommunalen Verfassungsbeschwerde, DÖV 1972, S. 336–343.

Bethge, Herbert, Organstreitigkeiten des Landesverfassungsrechts, in: Starck, Christian/Stern, Klaus, Landesverfassungsgerichtsbarkeit Teilband II, Zuständigkeit und Verfahren der Landesverfassungsgerichte, 1. Auflage, Baden-Baden 1983, S. 17–43.

Bethge, Herbert, Rechtsbeziehungen aus dem VolksbegehrenG als Verfassungsrecht, NJW 1975, S. 77–78.

Blackstein, Ylva, Das Landesverfassungsgericht von Schleswig-Holstein – Geschichte, Organisation und Verfahrensarten, Kiel 2014.

Blasche, Sebastian, Die grundsätzliche Mitwirkung der Länder bei der Gesetzgebung – Eine verfassungsdogmatische Untersuchung zu Art. 79 Abs. 3, 2.

Var. GG vor dem Hintergrund einer möglichen Einführung von Volksgesetzgebung in das Grundgesetz, Baden-Baden 2006.

Böckenförde, Ernst-Wolfgang, Mittelbare/repräsentative Demokratie als eigentliche Form der Demokratie, Bemerkungen zu Begriff und Verwirklichungsproblem der Demokratie als Staats- und Regierungsform, in: Müller, Georg/Rhinow, René A./Schmid, Gerhard/Wildhaber, Luzius (Hrsg.), Staatsorganisation und Staatsfunktionen im Wandel – Festschrift für Kurt Eichenberger zum 60. Geburtstag, Basel/Frankfurt am Main 1982, S. 301–329.

Böckstiegel, Martin, Der gesetzliche (Verfassungs-)Richter – Ein Suchspiel?, LKV 1994, S. 355–360.

Boehl, Henner Jörg, Verfassungsgebung im Bundesstaat – Ein Beitrag zur Verfassungslehre des Bundesstaates und der konstitutionellen Demokratie, Berlin 1997.

Böhm, Monika, Die direkte Demokratie in der Schweiz – Ein Vorbild für Deutschland?, DÖV 2013, S. 1–7.

Borowski, Martin, Parlamentsgesetzliche Änderungen volksbeschlossener Gesetze, DÖV 2000, S. 481–491.

Bovenschulte, Andreas/Fisahn, Andreas, Volksgesetzgebung in den Ländern – Vereinbarkeit mit dem Grundgesetz, RuP 2000, S. 48–58.

Braun, Klaus, Kommentar zur Verfassung des Landes Baden-Württemberg, Stuttgart/München/Hannover 1984 (zit.: Braun, Kommentar BaWü).

Bugiel, Karsten, Volkswille und repräsentative Entscheidung – Zulässigkeit und Zweckmäßigkeit von Volksabstimmungen nach dem Grundgesetz, Baden-Baden 1991.

Burmeister, Joachim, Vorlagen an das Bundesverfassungsgericht nach Art. 100 Abs. 3 GG, in: Starck, Christian/Stern, Klaus (Hrsg.), Landesverfassungsgerichtsbarkeit Teilband II, Zuständigkeit und Verfahren der Landesverfassungsgerichte, 1. Auflage, Baden-Baden 1983, S. 399–467.

Bütler, Hugo, Direkte Demokratie – aus schweizerischer Sicht, in: von Armin, Hans Herbert (Hrsg.), Direkte Demokratie – Beiträge aus dem 3. Speyerer Demokratieforum vom 27. bis 29. Oktober 1999 an der Deutschen Hochschule für Verwaltungswissenschaften Speyer, S. 175–187, Berlin 2000.

Caspar, Johannes/Ewer, Wolfgang/Nolte, Martin/Waack, Hans-Jochen, Verfassung des Landes Schleswig-Holstein Kommentar, Band 2, 1. Auflage, Kiel 2006, (zit.: Bearbeiter, LVerf SH Kommentar).

Chen, Pin-Cheng, Sachunmittelbare Demokratie und Finanzvorbehalt – Entwicklungsmöglichkeiten in Taiwan im Lichte der deutschen Erfahrungen, Baden-Baden 2019.

Christmann, Anna, Von links geliebt – von rechts gefürchtet, Wer profitiert wirklich von direkter Demokratie?, in: Neumann, Peter/Renger, Denise (Hrsg.), Sachunmittelbare Demokratie im interdisziplinären und internationalen Kontext 2008/2009, Baden-Baden 2010, S. 256–283.

D´*Atena, Antonio,* Das demokratische Prinzip im System der Verfassungsprinzipien, JÖR Band 47 (1999), S. 1–14.

von Danwitz, Thomas, Plebiszitäre Elemente in der staatlichen Willensbildung – Verfassungsrechtliche Möglichkeiten, Eingrenzungen, Konsequenzen, DÖV 1992, S. 601–608.

David, Klaus, Verfassung der Freien und Hansestadt Hamburg Kommentar, 2. Auflage, Leipzig 2004.

Degenhart, Christoph, Buchbesprechung zu „Bugiel, Karsten, Volkswille und repräsentative Entscheidung. Zulässigkeit und Zweckmäßigkeit von Volksabstimmungen nach dem Grundgesetz, Baden-Baden 1991", Der Staat 1992, S. 468–470.

Degenhart, Christoph, Direkte Demokratie in den Ländern – Impulse für das Grundgesetz?, Der Staat 1992, S. 77–97.

Degenhart, Christoph, Staatsrecht I, Staatsorganisationsrecht, 35. Auflage, Heidelberg 2019.

Degenhart, Christoph, Volksbegehren und Volksentscheide „über den Haushalt" - zur Auslegung des Art. 73 BV, BayVBl. 2008, S. 453–460.

Dietlein, Johannes, Das Verhältnis von Bundes- und Landesverfassungsrecht, in: Präsident des Verfassungsgerichtshofs für das Land Nordrhein-Westfalen (Hrsg.), Verfassungsgerichtsbarkeit in Nordrhein-Westfalen – Festschrift zum 50-jährigen Bestehen des Verfassungsgerichtshofs für das Land Nordrhein-Westfalen, Münster 200, S. 203–225.

Dittmann, Armin, Verfassungshoheit der Länder und bundesstaatliche Verfassungshomogenität, in: Isensee, Josef/Kirchhof, Paul (Hrsg.), Handbuch des Staatsrechts Band VI, Bundesstaat, 3. Auflage, Heidelberg 2008, § 127, S. 201 - 230.

Dreier, Horst, Grundgesetz Kommentar Band II, Art. 20–82 GG, 3. Auflage, Tübingen 2015; Grundgesetz Kommentar, Band III, Art. 83–146 GG, 3. Auflage, Tübingen 2018 (zit.: *Bearbeiter,* Dreier GG Bnd.).

E*licker, Michael,* Verbietet das Grundgesetz ein Referendum über die EU-Verfassung?, ZRP 2004, S. 225–229.

Elgeti, Axel, Inhalt und Grenzen der Föderativklausel des Art. 79 III GG, Marburg/Lahn 1968.

Eller, Horst, Die Bindung der Landesverfassungsgerichte an die Entscheidungen des Bundesverfassungsgerichts und der anderen Landesverfassungsgerichte, Bonn 1963.

Emde, Ernst Thomas, Die demokratische Legitimation der funktionalen Selbstverwaltung – Eine verfassungsrechtliche Studie anhand der Kammern, der Sozialversicherungsträger und der Bundesanstalt für Arbeit, Berlin 1991.

Engelken, Klaas, Volksgesetzgebung auf Bundesebene und die unantastbare Ländermitwirkung nach Art. 79 Abs. 3 GG, DÖV 2006, S. 550–556.

Epping, Volker/Hillgruber, Christian, BeckOK Grundgesetz, 47. Edition, Stand: 15.05.2021

(zit.: *Bearbeiter*, BeckOK GG).

Estel, Denise, Bundesstaatsprinzip und direkte Demokratie im Grundgesetz, Baden-Baden 2006.

Evangelische Akademie Hofgeismar/Stiftung Mitarbeit, Direkte Demokratie in Deutschland – Handreichung zur Verfassungsdiskussion in Bund und Ländern, Bonn 1991.

Fell, Karl, Plebiszitäre Einrichtungen im gegenwärtigen deutschen Staatsrecht, Düsseldorf 1964.

Feuchte, Paul, Verfassung des Landes Baden-Württemberg Kommentar, Stuttgart/Berlin/Köln/Mainz 1987 (zit.: *Bearbeiter*, BaWü LVerf Kommentar).

Fiedler, Wilfried, Die Entstehung der Landesverfassungsgerichte nach dem Zweiten Weltkrieg, in: Starck, Christian/Stern, Klaus (Hrsg.), Landesverfassungsgerichtsbarkeit Teilband I, Geschichte, Organisation und Rechtsvergleichung, 1. Auflage, Baden-Baden 1983, S. 103–155.

Finkelnburg, Klaus, Doppelspuriger Rechtsschutz bei der Verfassungsbeschwerde – Möglichkeiten und Begrenzung, in: Macke, Peter (Hrsg.), Verfassung und Verfassungsgerichtsbarkeit auf Landesebene – Beiträge zur Verfassungsstaatlichkeit in den Bundesländern, 1.Auflage, Baden-Baden 1998, S. 181–191.

Frevel, Bernhard/Voelzke, Nils, Demokratie – Entwicklung Gestaltung Herausforderung, 3. Auflage, Wiesbaden 2017.

Friesenhahn, Ernst, Verfassungsgerichtsbarkeit, JURA – JA 1982, S. 505–520.

Friesenhahn, Ernst, Zur Zuständigkeitsabgrenzung zwischen Bundesverfassungsgerichtsbarkeit und Landesverfassungsgerichtsbarkeit, in: Starck, Christian (Hrsg.), Bundesverfassungsgericht und Grundgesetz - Festgabe aus Anlaß des 25jährigen Bestehens des Bundesverfassungsgerichts, Erster Band – Verfassungsgerichtsbarkeit, Tübingen 1976, S. 748–801.

Furtak, Florian T., Demokratische Regierungssysteme – Eine Einführung, Wiesbaden 2018.

Gebhart, Jürgen, Das Plebiszit in der Repräsentativen Demokratie, in: von Armin, Hans Herbert (Hrsg.), Direkte Demokratie – Beiträge aus dem 3. Speyerer Demokratieforum vom 27. Bis 29. Oktober 1999 an der Deutschen Hochschule für Verwaltungswissenschaften Speyer, S. 13–27, Berlin 2000.

Görres-Gesellschaft, Staatslexikon Recht Wirtschaft Gesellschaft, Erster Band, 8. Auflage, Freiburg im Greisgau 2017, (zit.: *Bearbeiter*, Staatslexikon).

Grawert, Rolf, Die Bedeutung gliedstaatlichen Verfassungsrechts in der Gegenwart, NJW 1987, S. 2329–2338.

Grawert, Rolf, Staatsvolk und Staatsangehörigkeit, in: Isensee, Josef/Kirchhof, Paul (Hrsg.), Handbuch des Staatsrechts Band II, Verfassungsstaat, 3. Auflage, Heidelberg 2004, § 16, S. 107 – 141.

Grawert, Rolf, Volksbegehren vor dem Verfassungsgerichtshof, NWVBl. 1987, S. 2–7.

Groß, Thomas, Hat das Hamburgische Verfassungsgericht die Demokratie des Volkes verhindert?, JZ 2017, S. 349–355.

Gusy, Christoph, Das Mehrheitsprinzip im demokratischen Staat, AöR 106 (1981), S. 329–354.

Häfelin, Ulrich/Haller, Walter/Keller, Helen, Schweizerisches Bundesstaatsrecht, 7. Auflage, Zürich/Basel/Genf 2008.

Hain, Karl-E., Die Grundsätze des Grundgesetzes – Eine Untersuchung zu Art. 79 Abs. 3 GG, Baden-Baden 1999.

Hanebeck, Alexander, Der demokratische Bundesstaat des Grundgesetzes, Berlin 2004.

Harbich, Jürgen, Der Bundesstaat und seine Unantastbarkeit, Berlin 1965.

Haverkate, Görg, Verfassungslehre – Verfassung als Gegenseitigkeitsordnung, München 1992.

Herbst, Tobias, Volksabstimmung ohne Grundgesetz? – Erwiderung zu Elicker ZRP 2004, 225, ZRP 2005, S. 29–31.

Herdegen, Matthias, Strukturen und Institute des Verfassungsrechts der Länder, in: Isensee, Josef/Kirchhof, Paul (Hrsg.), Handbuch des Staatsrechts Band VI, Bundesstaat, 3. Auflage, Heidelberg 2008, § 129, S. 271–316.

Herzog, Roman/Scholz, Rupert/Herdegen, Matthias/Klein, Hans, Maunz/Dürig Grundgesetz Kommentar, Band III Art. 17–28, 93. Lieferung, München 2021; Band IV, Art. 23–52a GG, 93. Lieferung, München 2021; Band VI, Art. 86–106a GG, 93. Lieferung, München 2021, (zit.: *Bearbeiter*, Maunz/Dürig GG).

Hestermeyer, Holger, Eigenständigkeit und Homogenität in föderalen Systemen, Tübingen 2019.

Hestermeyer, Holger, Verschränkte Verfassungsräume - Das Homogenitätsprinzip in Bund und Land, Outcome Paper 01/2011, Otto-Hahn-Gruppe „Diversität und Homogenität“, Heidelberg 2011.

Hien, Jakob Hans, Der Fall „Deutsche Wohnen“, ZfIR 2019, S. 226–231.

Höfling, Wolfram, Amtsgedanke und Bürgervertrauen, ZRP 1988, S. 396–400.

Hofmann, Hans/Henneke, Hans-Günter, Schmidt-Bleibtreu Hofmann Henneke Grundgesetz Kommentar, 14. Auflage, Köln 2018, (zit.: *Bearbeiter*, Schmidt-Bleibtreu/Hofmann/Henneke GG).

Horn, Hans-Detlef, Demokratie, in: Depenheuer, Otto/Grabenwarter, Christoph (Hrsg.), Verfassungstheorie, Tübingen 2010.

Horn, Hans-Detlef, Die Volksinitiative als Gesetzesinitiative, BayVBL 1995, S. 609–613.

Hotstegs, Robert, Die Landesverfassungsbeschwerde als Alternative zur Anrufung des Bundesverfassungsgerichts, ZAP 2019, S. 689–700.

Huber, Peter M., Parlamentarische und plebiszitäre Gesetzgebung im Widerstreit, ZG 2009, S. 311–337.

Huber, Peter, Die Vorgaben des Grundgesetzes für kommunale Bürgerbegehren und Bürgerentscheide, AöR 126 (2001), S. 165–203.

Huber, Peter/Voßkuhle, Andreas, Mangoldt/Klein/Starck Grundgesetz Kommentar, Band 1, Art. 1–19 GG, 7. Auflage, München 2018; Band 2, Art. 20 – 82, 7. Auflage, München 2018, Band 3, 7. Auflage, München 2018 (zit. als: *Bearbeiter*, Mangoldt/Klein/Starck GG Bnd.).

Hufschlag, Hans-Peter, Einfügung plebiszitärer Komponenten in das Grundgesetz? Verfassungsrechtliche Möglichkeiten und verfassungsrechtliche Konsequenzen direkter Demokratie im vereinten Deutschland, Baden-Baden 1999.

Isensee, Josef, Idee und Gestalt des Föderalismus im Grundgesetz, in: Isensee, Josef/Kirchhof, Paul (Hrsg.), Handbuch des Staatsrechts Band VI, Bundesstaat, 3. Auflage, Heidelberg 2008, § 126, S. 3–199.

Jarass, Hans/Kment, Martin, Grundgesetz für die Bundesrepublik Deutschland, Kommentar, 16. Auflage, München 2020, (zit.: *Bearbeiter*, Jarass/Pieroth GG).

Jellinek, Georg, Allgemeine Staatslehre, 3. Auflage, Darmstadt 1960.

Jung, Otmar, „Entspricht der Landtag … dem Volksbegehren“ – Probleme eines kupierten direktdemokratischen Verfahrens am Beispiel Brandenburgs, ZParl 2013, S. 315–328.

Jung, Otmar, Anmerkung zu der Entscheidung des bayrischen Verfassungsgerichtshofes vom 14.11.1994 – Az. Vf. 95-IX-94, BayVBL 1995, S. 238–242.

Jung, Otmar, Die Volksinitiative als qualifizierte Petition, BayVBL 1996, S. 618–623.

Jung, Otmar, Direkte Demokratie und Föderalismus. Die grundsätzliche Mitwirkung der Länder bei der Volksgesetzgebung im Bund, in: Brink, Stefan/Wolff, Heinrich Amadeus (Hrsg.), Gemeinwohl und Verantwortung, Festschrift für Hans Herbert von Arnim zum 65. Geburtstag, Berlin 2004, S. 353–367.

Jürgens, Gunther, Direkte Demokratie in den Bundesländern, Stuttgart/München/Hannover/Berlin/Weimar 1993.

Jutzi, Siegfried, Landesverfassungsrecht und Bundesrecht – Kollisionslagen und Geltungsprobleme, exemplifiziert an sozialen und wirtschaftlichen Bestimmungen des Landesverfassungsrechts, Berlin 1982.

Kaiser, Roman, Die Überprüfung von Volksbegehren am Maßstab des Bundesrechts, NVwZ 2020, S. 207–209.

Kelsen, Hans, Vom Wesen und Wert der Demokratie, 2. Auflage, Tübingen 1929.

Kersten, Jens, Homogenitätsgebot und Landesverfassungen, DÖV 1993, S. 896–902.

von Kielmansegg, Sebastian Graf, Öffentliches Recht: Mehr Macht dem Volke, JuS 2006, S. 323–326.

Klages, Andreas/Paulus, Petra, Direkte Demokratie in Deutschland – Impulse aus der deutschen Einheit, Marburg 1996.

Klatt, Matthias, Die Zulässigkeit des finanzwirksamen Plebiszits, Der Staat 50 (2011), S. 3–44.

Klenke, Reiner, Zum Konflikt zwischen parlamentarischem Enqueterecht und dem Recht auf informationelle Selbstbestimmung des Betroffenen, NVwZ 1995, S. 644–649.

Korinek, Karl, Das Petitionsrecht im demokratischen Rechtsstaat, Recht und Staat in Geschichte und Gegenwart Nr. 474 / 475, Tübingen 1977.

Krings, Günter, Die Petitionsfreiheit nach Art. 17 GG, JuS 2004, S. 474–478.

Kühling, Jürgen, Volksgesetzgebung und Grundgesetz – Mehr Demokratie wagen?, JuS 2009, S. 777–782.

Langenfeld, Christine, Das Petitionsrecht, in: Isensee, Josef/Kirchhof, Paul (Hrsg.), Handbuch des Staatsrechts Band III, Demokratie und Bundesorgane, 3. Auflage, Heidelberg 2005, § 39, S. 263 – 296.

Leonardy, Uwe, Plebiszit und Bundesstaat: Eine Rezension mit Ergänzungen zur Diskussion, ZParl 1992, S. 163–167.

Lerche, Peter, 2. Mitbericht, Föderalismus als nationales und internationales Ordnungsprinzip, Berichte und Aussprche zu den Berichten in den

Verhandlungen der Tagung der Deutschen Staatsrechtslehrer zu Münster (Westfalen) vom 3. bis 6. Oktober 1962, VVDStRL Bnd. 21 (1964), S. 66–100.

Lerche, Peter, Bundesverfassungsnormen mit landesverfassungsrechtlicher Qualität? – Zur Theorie der gesamtstaatlichen Verfassung, in: Ruland, Franz/Baron von Maydell, Bernd/Papier, Hans-Jürgen (Hrsg.), Verfassung, Theorie und Praxis des Sozialstaats, Festschrift für Hans F. Zacher zum 70. Geburtstag, Heidelberg 1998, S. 525–539.

Linck, Joachim/Baldus, Manfred/Lindner, Joachim/Poppenhäger, Holger/Ruffert, Matthias, Die Verfassung des Freistaats Thüringen, Handkommentar, 1. Auflage, Baden-Baden 2013 (zit.: *Bearbeiter,* Thüringen LVerf Kommentar).

Lindner, Josef Franz, Bindung der Landesverfassungsgerichte an die Rechtsprechung des BVerfG?, JZ 2018, S. 369–379.

Lindner, Josef Franz, Bundesverfassung und Landesverfassung, AöR 143 (2018), S. 437–470.

Lindner, Josef Franz, Die Zulassung von Volksbegehren im Bayerischen Staatsrecht, BayVBl. 2019, S. 721–728.

Lindner, Josef Franz, Landesverfassungsgerichte als funktionale Bundes-Verfassungsgerichte? – Zur Dogmatik funktionaler Gerichtsbarkeiten im Mehrebenensystem, DÖV 2021, S. 12–23.

Magsaam, Niels, Mehrheit entscheidet – Ausgestaltung und Anwendung des Majoritätsprinzips im Verfassungsrecht des Bundes und der Länder, Berlin 2014.

Martini, Mario, Die Bürger- /Volksbefragung als Baustein der Demokratie, DÖV 2015, S. 981–992.

März, Wolfgang, Bundesrecht bricht Landesrecht – Eine staatsrechtliche Untersuchung zu Art. 31 des Grundgesetzes, Berlin 1989.

Maunz, Theodor, Bundesverfassungsgerichtsgesetz Kommentar Teil B, 60. EL Juli 2020

(zit.: *Bearbeiter,* Maunz/Schmidt-Bleibtreu/Klein/Bethge BVerfGG).

Maurer, Hartmut, Der Bundesrat im Verfassungsgefüge der Bundesrepublik Deutschland, in: Haller, Herbert/Kopetzki, Christian/Novak, Richard/Paulson/Stanley/Raschauer, Bernhard/Ress, Georg/Wiederin, Ewald (Hrsg.), Staat und Recht, Festschrift für Günther Winkler, Wien 1997, S. 615–639.

Maurer, Hartmut, Die politischen Parteien im Prozeß, JuS 1992, S. 296–300.

Maurer, Hartmut, Plebiszitäre Elemente in der repräsentativen Demokratie, Heidelberg 1997.

Maurer, Hartmut, Staatsrecht I - Grundlagen, Verfassungsorgane, Staatsorganisation, 6. Auflage, München 2010.

Meder, Theodor, Die Verfassung des Freistaates Bayern Handkommentar, 3. Auflage, Stuttgart u.a. 1971 (zit.: Meder, LVerf Bayern Kommentar).

Meerkamp, Frank, Die Quorenfrage im Volksgesetzgebungsverfahren – Bedeutung und Entwicklung, 1. Auflage, Wiesbaden 2011.

Mehde, Veith, Rechtliche und rechtspolitische Potentiale von Petitionsrecht und Ombudsmanneinrichtungen, ZG 2001, S. 145–160.

Meier, Christian, Entstehung des Begriffs <Demokratie>, 1. Auflage, Frankfurt am Main 1970.

Menzel, Jörg, Landesverfassungsrecht - Verfassungshoheit und Homogenität im grundgesetzlichen Bundesstaat, Bad Langensalza 2002.

Merten, Detlef/Papier, Hans-Jürgen, Handbuch der Grundrechte in Deutschland und Europa

Band III: Grundrechte in Deutschland: Allgemeine Lehren II, Nördlingen 2009 (zit.: Verfasser, HGR Bnd. III).

Meyer, Hans, Volksabstimmungen im Bund: Verfassungslage nach Zeitgeist?, JZ 2012 S. 538–546.

Milleker, Erich, Kompetenzkonflikt zwischen Bundesverfassungsgericht und einem Landesverfassungsgericht im Rahmen der Verfassungsbeschwerde, DVBl. 1969, S. 129–135.

Möller, Jonathan, Die Einführung von Volksgesetzgebung in das Grundgesetz mit Blick auf Quoren und Finanzierung, München 2019.

Montag, Tobias, „Direkte Demokratie“ in der Praxis, Konrad Adenauer Stiftung Analyse und Argumente, Ausgabe 96, September 2011.

Möstl, Markus, Bundesverfassungsrecht als Prüfungsmaßstab der Landesverfassungsgerichte – Neues aus Karlsruhe?, BayVBl. 2017, S. 659–666.

Möstl, Markus, Landesverfassungsrecht – Zum Schattendasein verurteilt? Eine Positionsbestimmung im bundesstaatlichen und supranationalen Verfassungsverbund, AöR 130 (2005), S. 350–391.

Müller-Franken, Sebastian, Plebiszitäre Gesetzgebung in das Grundgesetz?, in: Neumann, Peter/Renger, Denise (Hrsg.), Sachunmittelbare Demokratie im interdisziplinären und internationalen Kontext 2009/2010, Baden-Baden 2012, S. 48–73.

Müller-Franken, Sebastian, Unmittelbare Demokratie und Direktiven der Verfassung – Zur Frage eines nicht erfüllten Auftrags des Grundgesetzes zur Einführung unmittelbarer Demokratie, DÖV 2005, S. 489–498.

von Münch, Ingo/Kunig, Philip, Grundgesetz Kommentar, Band 1 Art. 1–69 GG, 7. Auflage, München 2021, Band 2 Art. 70–146, 7. Auflage, München 2021, (zit.: *Bearbeiter*, v. Münch/Kunig GG).

Mürl, Lianne Paulina (Landtagspräsidentin), Schleswig-Holsteinischer Landtag, Schlußbericht der Enquete, Kommission Verfassungs- und Parlamentsreform, 1. Auflage, Baden-Baden 1989, (zit.: Schlussbericht Enquete-Kommission SH).

von Mutius, Albert/Wuttke, Horst/Hübner, Peter, Kommentar zur Landesverfassung Schleswig-Holstein, Kiel 1995, (zit.: *Bearbeiter,* Mutius/Wuttke/Hübner, LVerf SH Kommentar).

***N**eumann, Heinzgeorg,* Die Verfassung der Freien Hansestadt Bremen Kommentar, 1. Auflage, Bad Langensalza 1996 (zit.: *Bearbeiter,* LVerf Bremen Kommentar).

Neumann, Peter, Sachunmittelbare Demokratie im Bundes- und Landesverfassungsrecht unter besonderer Berücksichtigung der neuen Bundesländer, Baden-Baden 2009.

Niedobitek, Matthias, Neuere Entwicklungen im Verfassungsrecht der deutschen Länder, Speyer 1994.

***O**gorek, Christina,* Direkte Demokratie – Heilsbringer oder Büchse der Pandora?, ZRP 2019,

S. 61.

Ossenbühl, Fritz, Föderalismus nach 40 Jahren Grundgesetz, DVBl. 1989, S. 1230–1237.

***P**aterna, Tatiana,* Volksgesetzgebung – Analyse der Verfassungsdebatte nach der Vereinigung Deutschlands, Frankfurt am Main 1995.

Paus, Martin/Schmidt, Ansgar, Das Grundgesetz und die direkte Demokratie auf staatlicher und kommunaler Ebene, JA 2012, S. 48–52.

Peine, Franz-Joseph, Volksbeschlossene Gesetze und ihre Änderung durch den parlamentarischen Gesetzgeber, Der Staat 1979, S. 375–401.

Pestalozza, Christian, Die Bedeutung gliedstaatlichen Verfassungsrechts in der Gegenwart, NVwZ 1987, S. 744–751.

Pestalozza, Christian, Verfassungsprozeßrecht – Die Verfassungsgerichtsbarkeit des Bundes und der Länder mit einem Anhang zum Internationalen Rechtsschutz, 3. Auflage, München 1991.

Pestalozza, Christian, Volksbefragung – das demokratische Minimum, NJW 1981, S. 733–735.

Preuß, Ulrich K., Das Landesvolk als Gesetzgeber – Verfassungsrechtliche Anmerkungen zum Volksgesetzgebungsverfahren aus Anlaß eines badenwürttembergischen Volksbegehrens, DVBl. 1985, S. 710–715.

***R**eutter, Werner,* Verfassungsgerichtsbarkeit in den Bundesländern - Theoretische Perspektiven, methodische Überlegungen und empirische Befunde, Wiesbaden 2020.

Rittger, Gebhard, Der Streit um die direkte Demokratie in der Bundesrepublik Deutschland, Bonn 1992.

Rommelfanger, Ulrich, Das konsultative Referendum, Eine verfassungstheoretische,- rechtliche und -vergleichende Untersuchung, Berlin 1988.

Rozek, Jochen, Das Grundgesetz als Prüfungs- und Entscheidungsmaßstab der Landesverfassungsgerichte – Zugleich eine Betrachtung zum Phänomen der in die Landesverfassung hineinwirkenden Bundesverfassung, Baden-Baden 1993.

Rux, Johannes, Direkte Demokratie in Deutschland – Rechtsgrundlagen und Rechtswirklichkeit der unmittelbaren Demokratie in der Bundesrepublik Deutschland und ihren Ländern, Baden-Baden 2008.

Sachs, Michael, Anmerkung zu BVerfG Beschl. v. 24. März 1982 – Az. 2 BvH 1/82, DÖV 1982, S. 595–598.

Sachs, Michael, Aussprache, Das parlamentarische Regierungssystem und der Bundesrat – Entwicklungsstand und Reformbedarf 1. Bericht, Berichte und Diskussionen auf der Tagung der Vereinigung der Deutschen Staatsrechtslehrer in Potsdam vom 07. bis 10. Oktober 1998, VVDStRL 58 (1999), S. 108–114.

Sachs, Michael, Bedeutung gliedstaatlichen Verfassungsrechts, DVBl. 1987, S. 857–866.

Sachs, Michael, Die Landesverfassung im Rahmen der bundesstaatlichen Rechts- und Verfassungsordnung, ThürVBl. 1993, S. 121–124.

Sachs, Michael, Das materielle Landesverfassungsrecht, in: Burmeister, Joachim (Hrsg.), Verfassungsstaatlichkeit, Festschrift für Klaus Stern zum 65. Geburtstag, München 1997, S. 475–509.

Sachs, Michael, Grundgesetz Kommentar, 9. Auflage, München 2021, (zit.: *Bearbeiter*, Sachs GG).

Sacksofsky, Ute, Landesverfassungen und Grundgesetz – am Beispiel der Verfassungen der neuen Bundesländer, NVwZ 1993, S. 235–240.

Salaw-Hanslmeier, Stefanie/Möller, Franz-Josef, Direkte und repräsentative Demokratie – Binden Entscheidungen der direkten Demokratie mehr als die des Repräsentativorgans?, ZRP 2020, S. 77–80.

Scheffczyk, Fabian, Organisation und Aufgaben der Verfassungsgerichte der Länder und ihr Verhältnis zum Bundesverfassungsgericht, LKV 2017, S. 392–398.

Schellenberger, Jens, Bürgerbegehren und Bürgerentscheid in Baden-Württemberg – Eine Bestandsaufnahme sowie Reformvorschläge zu § 21 GemO, Berlin 2020.

Scheuner, Ulrich, Das Grundgesetz in der Entwicklung zweier Jahrzehnte, JöR 95 (1970), S. 353–408.

Schinkel, Manfred-Carl, Der Haushaltsvorbehalt in der Volksgesetzgebung, in: Birk, Hans-Jörg/Kunig, Philip/Sailer, Wolfgang (Hrsg.), Zwischen Abgabenrecht und Verfassungsrecht – Hans-Joachim Driehaus zum 65. Geburtstag, Herne/Berlin 2005, S. 570–582.

Schlaich, Klaus/Korioth, Stefan, Das Bundesverfassungsgericht - Stellung, Verfahren, Entscheidungen, 11. Auflage, München 2018.

Schmidt-Assman, Eberhard, Verwaltungslegitimation als Rechtsbegriff, AöR 116 (1991), S. 329–390.

Schmidt, Walter, Das Verhältnis von Bund und Ländern im demokratischen Bundesstaat des Grundgesetzes, AöR 87 (1962), S. 253–296.

Schmidt, Walter, Die vorbeugende konkrete Normenkontrolle des Bundesverfassungsgerichts, NVwZ 1982, S. 181–182.

Schmitt, Anette, Der bundesstaatliche Rahmen für Landesverfassungen, Die Reichweite des Art. 28 GG, insbesondere im Verhältnis zu Art. 31 GG, zu den Durchgriffs- und Bestandteilsnormen, Hamburg 2009.

Schmitt, Carl Volksentscheid und Volksbegehren – ein Beitrag zur Auslegung der Weimarer Verfassung und der Lehre von der unmittelbaren Demokratie (Neuausgabe mit Korrekturen und editorischer Nachbemerkung), Berlin 2014.

Schmitt, Carl, Verfassungslehre, 8. Auflage, Berlin 1993.

Schneider, Hans-Peter, Verfassungsrecht der Länder – Relikt oder Rezept?, DÖV 1987, S. 749–756.

Schoch, Friedrich/Schneider, Jens-Peter, Verwaltungsrecht VwGO Kommentar, Band I, München, 39. Ergänzungslieferung Stand Juli 2020 (zit.: *Bearbeiter*, Schoch/Schneider VwGO).

Schröder, Jan Ulrich, Das Demokratieprinzip des Grundgesetzes, JA 2017, S. 809–818.

Schumann, Ekkehard, Verfassungsbeschwerde (Grundrechtsklage) zu den Landesverfassungsgerichten, in: Starck, Christian/Stern, Klaus (Hrsg.), Landesverfassungsgerichtsbarkeit Teilband II, Zuständigkeit und Verfahren der Landesverfassungsgerichte, 1. Auflage, Baden-Baden 1983, S. 149–231.

Schwerdtfeger, Stefan, Die Legitimation von Quoren in der direkten Demokratie, Berlin 2018.

Schwill, Florian, Der Haushaltsvorbehalt als Grenze zulässiger Plebiszite in den Ländern, DVBl. 2019, S. 1241–1248.

Seidel, Harald, Das Petitionsrecht – Grundlagen, Verfahren, Reform, Frankfurt am Main 1972.

Seybold, Jan, Chancen und Risiken von Bürgerbegehren und Bürgerentscheiden – Untersuchung anlässlich der Reform des niedersächsischen Kommunalrechts vom 1. November 2016, DÖV 2018, S. 293–303.

Sobota, Katharina, Kompetenzen der Landesverfassungsgerichte im Bundesstaat: Zersplittert die Rechtseinheit?, DVBl. 1994, S. 793–803.

Sodan, Helge/Ziekow, Jan, Grundkurs öffentliches Recht – Staats- und Verwaltungsrecht, 9. Auflage, München 2020.

Söhn, Hartmut, Die abstrakte Normenkontrolle, in: Starck, Christian (Hrsg.), Bundesverfassungsgericht und Grundgesetz - Festgabe aus Anlaß des 25jährigen Bestehens des Bundesverfassungsgerichts, Erster Band – Verfassungsgerichtsbarkeit, Tübingen 1976, S. 292 - 323.

Starck, Christian, Der verfassungsrechtliche Status der Landesverfassungsgerichte, in: Starck, Christian/Stern, Klaus (Hrsg.), Landesverfassungsgerichtsbarkeit Teilband I, Geschichte, Organisation und Rechtsvergleichung, 1. Auflage, Baden-Baden 1983, S. 155–183.

Starck, Christian, Praxis der Verfassungsauslegung, Baden-Baden 1994.

Starck, Christian, Verfassungsgerichtsbarkeit der Länder, in: Isensee, Josef/ Kirchhof, Paul (Hrsg.), Handbuch des Staatsrechts Band VI, Bundesstaat, 3. Auflage, Heidelberg 2008, § 130, S. 317 – 382.

Stern, Klaus, Das Staatsrecht der Bundesrepublik Deutschland, Band I – Grundbegriffe und Grundlagen des Staatsrechts, Strukturprinzipien der Verfassung, 2. Auflage, München 1984; Band 2, Staatsorgane, Staatsfunktion, Finanz- und Haushaltsverfassung, Notstandsverfassung, München 1980 (zit.: Stern, StaatsR. Bnd.).

Stern, Klaus, Die Verfassungsgerichtsbarkeit in den Ländern – Einführung, JA 1984, S. 385–394.

Storr, Stefan, Verfassunggebung in den Ländern, Bad Langensalza 1995.

Stuby, Gerhard, Föderalismus und Demokratie - Ein deutsch-sowjetisches Symposium, 1. Auflage, Baden-Baden 1992.

Thaysen, Uwe, Schritte zur partizipatorischen Demokratie, RuP 1993, S. 190–200.

Thedieck, Karl, Deutsche Staatsangehörigkeit im Bund und in den Ländern – Genese und Grundlage der Staatsangehörigkeit in deutschlandrechtlicher Perspektive, Berlin 1989.

Thoma, Richard, Wesen und Erscheinungsformen der modernen Demokratie, in: Matz, Ulrich, Grundprobleme der Demokratie, Darmstadt 1973, S. 66–107.

Tilch, Horst, Die Volksgesetzgebung als Gegenstand verfassungsgerichtlicher Verfahren, in: Bayerischer Verfassungsgerichtshof (Hrsg.), Verfassung als Verantwortung und Verpflichtung – Festschrift zum 50-jährigen Bestehen des Bayerischen Verfassungsgerichtshofs, München 1997, S. 275 – 295.

Umbach, Dieter/Clemens, Thomas/Dollinger, Franz-Wilhelm, Bundesverfassungsgerichtsgesetz Mitarbeiterkommentar und Handbuch, 2. Auflage, Heidelberg 2005, (zit.: Bearbeiter, Umbach/Clemens/Dollinger, BVerfGG Kommentar).

Verfassungsausschuss der Ministerpräsidenten-Konferenz der westlichen Besatzungszonen, Bericht über den Verfassungskonvent auf Herrenchiemsee vom 10. bis 23. August 1948, München 1948.

Vitzthum, Wolfgang, 1. Bericht, Die Bedeutung gliedstaatlichen Verfassungsrechts in der Gegenwart, Berichte und Diskussionen auf der Tagung der Vereinigung der Deutschen Staatsrechtslehrer in Passau vom 07. bis 10. Oktober 1987, VVDStRL 46 (1988), S. 7–54.

Voßkuhle, Andreas, Die Landesverfassungsgerichtsbarkeit im föderalen und europäischen Verfassungsgerichtsverbund – Am Beispiel des Staatsgerichtshofs der Freien Hansestadt Bremen, JöR 59 (2011), S. 215–243.

Waack, Hans-Jochen, Der lange Weg Schleswig-Holsteins zu einem eigenen Landesverfassungsgericht, in: *Caspar*, Johannes/Ewer, Wolfgang/Nolte, Martin/Waack, Hans-Jochen (Hrsg.), Festschrift für das Schleswig-Holsteinische Landesverfassungsgericht, Kiel 2008, S. 1–55.

Walter, Christian/Grünewald, Benedikt, Beck´scher Onlinekommentar Bundesverfassungsgerichtsgesetz, 10. Edition, München, Stand 01.01.2021 (zit.: Verfasser, BeckOK BVerfGG).

Weber, Albrecht, Direkte Demokratie im Landesverfassungsrecht, DÖV 1985, S. 178–185.

Werner, Peter, Wesensmerkmale des Homogenitätsprinzips und ihre Ausgestaltung im Bonner Grundgesetz, Berlin 1967.

Wessels, Thomas, Rechtliche Beurteilung der Ausnahmetatbestände und deren Umgehungsgefahr bei Bürgerbegehren und Bürgerentscheid, 1. Auflage, Baden-Baden 2013.

Wiederin, Ewald, Bundesrecht und Landesrecht, Wien 1995.

Willers, Christian, Verfassungsgerichtliche Übergangsfristen im Mehrebenensystem – Am Beispiel der Sportwetten, Berlin 2011.

Willoweit, Dietmar/Schlinker, Steffen, Deutsche Verfassungsgeschichte – Von Frankreich bis zur Wiedervereinigung Deutschlands, 8. Auflage, München 2019.

Wittreck, Fabian, Direkte Demokratie in den Ländern – Kontingenter Prozeß oder List der Vernunft?, in: Lauth, Hans-Joachim/Jung, Otmar/Hubert, Peter/Wittreck, Fabian (Hrsg.), Jahrbuch für direkte Demokratie 2012, 1. Auflage, Baden-Baden 2013, S. 41 – 65.

Wittreck, Fabian, Direkte Demokratie und Verfassungsgerichtsbarkeit – Eine kritische Übersicht zur deutschen Verfassungsrechtsprechung in Fragen der unmittelbaren Demokratie von 2000 bis 2002, JöR 53 (2005) S. 111–185.

Wolff, Thomas, Unmittelbare Gesetzgebung durch Volksbegehren und Volksentscheid in den Verfassungen der Bundesrepublik Deutschlands, Bochum 1993.

Zacharias, Diana, Die sog. Ewigkeitsgarantie des Art. 79 Abs. 3 GG, in: Thiel, Markus (Hrsg.), Wehrhafte Demokratie – Beiträge über die Regelungen zum Schutze der freiheitlichen demokratischen Grundordnung, Tübingen 2003, S. 57–97.

Stichwortverzeichnis

www.ingramcontent.com/pod-product-compliance
Ingram Content Group UK Ltd.
Pitfield, Milton Keynes, MK11 3LW, UK
UKHW021937290926
8980IPUK00016B/1670

9 783631 875605